司法行政系统政法干警招录
培养体制改革试点专业教材

口 才 训 练

全国高职高专教育法律类专业教学指导委员会　审定

主　编◎何　欣

副主编◎曹向红　王秉英　俞国女

撰稿人◎（按学习项目先后为序）

何　欣　颜永平　王秉英

曹向红　程永艳　张丽华

谢东鹰　俞国女

中国政法大学出版社

2010·北京

出版说明

为培养政治业务素质高，实战能力强的应用型、复合型政法人才，根据中央司法体制改革总体部署，中央政法委员会等 11 部委办于 2008 年 6 月联合印发了《2008 年政法院校招录培养体制改革试点工作实施方案》，开启了政法干警招录培养体制改革试点工作。2009 年 7 月，中央政法委员会等 15 部委办又联合印发了《2009 年政法干警招录培养体制改革试点工作实施方案》，司法行政系统 20 所院校承担了培养任务，相应开设了监狱管理、劳教管理、法律事务和司法警务等专科专业和监狱学、教育学（矫正教育方向）、法学（司法行政方向）等本科专业，主要为中西部地区和其他经济欠发达地区县（市）级司法行政机关定向培养监狱劳教和基层司法行政机关应用型人才。

为规范司法行政系统院校的试点培养工作，促进试点专业教学改革，保证人才培养质量，司法部和全国高职高专教育法律类专业教学指导委员会组织有关专家制订并颁布了司法行政系统政法干警招录培养体制改革试点各专业指导性培养方案，同时组织司法行政系统有关院校专业教师和相关行业专家共同编写了试点专业系列教材。该系列教材按照应用型、实战型人才培养的改革要求，根据基层司法行政工作岗位职位能力需要和职业特点，着力培养基层司法行政业务工作人员综合素质，以政法职业精神、基本技能和创新任职能力教育培养为核心，紧密结合司法行政系统业务工作岗位的实际，充分吸收基层政法机关工作实践的新经验和政法职业教育教学改革的新成果，力求达到内容实、体例新、水平高的编写要求。

该系列教材的编写得到了相关院校及司法行政系统基层单位的大力支持，全国高职高专教育法律类专业教学指导委员会秘书处、教材编写组成员及有关教育专家为教材的组织编写做了大量的工作。每一本教材的出版都凝聚了参编专家及出版社编辑人员的辛勤劳动和付出。在此，表示衷心的感谢！

这套试点专业教材在编写过程中，由于时间紧、任务重，尚存在不少有待改进之处，希望各院校在使用过程中及时反馈意见和建议，以便进一步修改和完善。

全国高职高专教育法律类

专业教学指导委员会

2010 年 6 月 18 日

编写说明

　　《口才训练》是全国政法干警招录培养体制改革试点专业的统编教材。作为政法类高职院校各专业公共基础平台的主干核心课程，本教材以培养学生口语表达能力及沟通能力为主线，围绕"敢开口、善表达、会沟通、能思辨"递进式课程训练目标，采用"项目化"的方式编排教材内容，并以主题情景训练项目为载体，设计教材的训练目标、训练任务，注重理论与训练相结合，引导学生课堂演练、实践磨练以及平时修炼，使得学生通过训练达到敢说、能说、会说、巧说的目标，从而具备一定的口语表达能力和人际沟通能力。

　　本教材分为两大部分，共6个学习单元。第一部分为通识口才基本训练内容，以训练学习者的口才基本功为目标，按照口才知识学习及口才形成渐进规律要求，依次选取绪论、口才基本素养、口才运用基本技巧、专题口才训练四个学习单元，共设置了13个学习训练项目；第二部分为职业口才内容，以培养学习者的职业口语表达能力为目标，分别依据法律事务工作者和监狱劳教人民警察等职业岗位（群）各典型工作任务的口语要求，设计了法律口才训练和警务口才训练两个学习单元，共设置了8个学习训练项目。每个项目的编写均体现教、学、练、评相结合的原则，设计了训练目标、训练内容、知识储备、训练任务、评价与考核和拓展学习6个内容。训练目标是学前驱动，知识储备是该项目学习必要的基本知识，训练内容是该项目学习的主题，评价与考核则提供检测学习训练效果的方法及参考标准，拓展学习主要是提供学习者课外自主学习、训练的拓展延伸资料。

　　本教材适用于全国政法干警招录培养体制改革试点监狱管理和法律事务专业教学，也适用于本科院校、高职高专其他专业演讲与口才类课程教学，同时还可供相关在职培训项目作为参考资料使用。本教材由长期以来从事口才课程教学的教师以及演讲学专家共同编写，各学习项目撰稿人分别是（按学习项目顺序）：

何　欣（浙江警官职业学院）　　　　　绪论、学习项目一至三、五至六、十九

颜永平（北京演讲家文化传播中心）学习项目四、七

王秉英（山西警官职业学院）　　　　　学习项目八、十、十八

曹向红（江西司法警官职业学院）　　　学习项目九、十三

程永艳（浙江科技学院）　　　　　　　学习项目十一至十二

张丽华（宁夏司法警官职业学院）　　　学习项目十四至十五

谢东鹰（浙江警官职业学院）　　　　　学习项目十六至十七

俞国女（浙江警官职业学院）　　　　　学习项目二十至二十一

　　本教材由何欣担任主编，曹向红、王秉英、俞国女担任副主编，全书由主编拟订编写大纲及编写体例，集体讨论，分头撰稿，最后由主编统一修改定稿。

　　本教材参考、借鉴了口才研究领域诸多前辈、同仁、后生的有关教材、著作、网络信息资源，在学习项目的拓展学习部分做了推荐阅读，可能还有许多遗漏，在此谨向原作者表示衷心的感谢！编写过程中，得到了全国高职高专教育法律类专业教学指导委员会秘书处、中国政法大学出版社有关领导、专家和老师的大力支持与帮助，在此一并致谢。

　　由于编写时间紧、体例新，加之作者之间又属首次合作，书中难免有不当之处，敬请读者批评指正。

编写组

2010 年 6 月 29 日

序

　　口才是说话过程中所体现出来的个人才能，是一个人的心理素质、知识储备、文化底蕴、智慧才华、社会阅历、思想品德、理论修养、性格气质和兴趣爱好等综合素质的具体体现和展示。

　　一言而知其贤愚。在当今社会，口才的作用和地位越来越高，有人甚至称口才为天下第一才。为什么这么说呢？因为口才是一门工具，是一门学问，更是一门艺术。首先，口才是人与人之间交流、沟通最直接、最简洁、最有效、最实用的方式；其次，古今中外研究口才的学者如云，有关专著、文章不在少数，许多大学都开设了演讲这门课程。同时，好口才是门艺术，它具有很强的审美价值，表达要想出彩、出众，不仅要重视表达的内容，还得注重"情真"、"声美"、"形美"，"美是艺术的生命"。

　　知识是学来的，德行是修炼出来的，口才是训练出来的。我本来是一个很不善言谈的人。生长在文学之家，爱读书，爱写诗，但不爱说话。遇到陌生人，十分腼腆。记得18岁进入大学学习时，在小组会上都不敢发言。后来，即便由于工作需要在人群前讲话也显得很紧张。在大学学习期间，我当选了学生会主席，为了发表就职演说，这让我一直紧张了几天，甚至希望当我上台演讲时突然停电，摸着黑去演讲就可以避免同学们看到我的窘态。经过几天精心的准备和演练，我上台发表就职演说，讲到一半时，我突然发现自己讲得还不错，很有条理，很受欢迎。我感觉自己还有一点潜在的口语表达能力。后来经过多年的锻炼才在演讲上取得了一些成绩。有人说，李燕杰是天生的演讲家，一下子就轰动了全国。我说，第一，我不是天生的演讲家；第二，不是一下子轰动全国。我是在实践过程中逐渐学会了演讲，并且在实践中坚持学习，不断提高口才水平的。由于时代的需要，才在社会中产生了较大的影响。所以，如果你现在表达欠好，不善于说话，请不要灰心，只要勤学苦练，科学训练，终生修炼，就可以讲好话、会说话的！我就是一个从不会讲到会讲的例证。

　　现在书摊上有关演讲与口才的书籍非常多，但实用、能用、好用的并不是很多。我仔细研究了这个现象，发现过去一些演讲与口才的书很多是一些写作老师写的，他们虽有写好演讲与口才书的良好愿望，但他们不演讲或演讲少，缺乏演讲的实践。他们常年教语文、教作文，自然而然就提到了主题、题材、情节、结构、语言、表达。书面表达与口头表达的确有相通、相近之处，但有一个根本上的差异：一个是让文字躺在纸上，让人来读；一个是让躺在纸上的文字站起来，走向听众。让人家读的文字，如能做到文从字顺、准确、鲜明、生动，也就算不错了；走向听众的文字，想悦耳动听，为人接受，说话者必须再创造、再加工，使之有声、有色、有形，就像把黑白片变成彩色片，再变为宽银幕立体声的3D影片。要想有这样的语言表达效果，如果没有好的口才教材，没有切合实际的有指导性和针对性的口才训练，是很难做到的。

可喜的是，由中国演讲与口才协会副秘书长、有着20年演讲与口才教学经验的浙江警官职业学院何欣副教授主编的《口才训练》，为广大学演讲、练口才者献上了一部难得的好教材。该书以训练人们"敢开口、善表达、会沟通、能思辨"为宗旨，以实战训练和实际运用为主体，以提高受训练者敢说、能说、会说、巧说的能力为目标，培养人们口语表达能力和人际沟通能力。

《口才训练》一书一改过去"理论＋案例＋评述"编写的老套路，融合了主编多年教学实践的心得、精华，创造性地构架了训练目标、训练内容、知识储备、训练任务、评价与考核和课外拓展6个步骤，为国内的口才学实践教学拓宽了思路，提供了全新的训练方法和培训标准，这是十分难能可贵的。可以说，由何欣同仁主编的《口才训练》是当今口才学研究与实用训练集大成的好教材。

江山代有人才出，各领风骚数百年。我今年整80岁了，从事演讲与口才的实践和研究已有60多年了，能在有生之年看到中国演讲与口才事业的蓬勃发展，看到演讲与口才教学研究成果的不断涌现，看到有口才、能演讲、会沟通的人才辈出，我感到非常的欣慰。我期望《口才训练》一书能为渴望提高自己表达能力的人们，起到良好的帮助与促进作用，我更期待神州大地涌现出越来越多的"口能言之，身能行之"的栋梁之才！

时代需要人才，人才需要口才，有口才肯定会成才！

首都师范大学教授，著名演讲家
2010 年 6 月 12 日

目录CONTENTS

第二部分　职业口才

第一部分 通识口才

学习单元一 绪 论

美国口才教育专家戴尔·卡耐基曾经说过："一个人的成功15%是靠他的专业技能，而85%取决于沟通能力——发表自己意见的能力和激发他人热忱的能力。"如今，我们处于市场经济和知识经济激烈竞争的时代，科学技术的繁荣发达，传播手段的日益现代化，通讯工具、因特网的普及以及传声技术的迅速发展，使我们的舌头延长了，地球的半径却缩短了。过去靠文字传递的信息，今天都能用声音来代替。如今凡是人能到达的地方，都能做到直接对话。这就要求我们必须具备现代人的基本素质和能力，能在各种场合清楚、准确、简洁、具体、生动、形象地用口头语言表达出自己的思想和感情。只有善于表达的人，才能使人乐于倾听和接受，并能在现实生活或工作中解决许多实际问题。那些前言不搭后语、费很长时间却说不清、道不明的表达，无疑是在浪费别人的宝贵时间，影响自己的工作效率。因此，口语表达能力的提高是时代和社会发展的要求。

一、口才概述

我们人人都需要说话，人人都在说话，但未必人人都说得好，我们天天都在说话，但未必每句都说得那么得体。常言道"良言一句三冬暖，恶语伤人六月寒"。说话是门艺术。好口才，很多时候并不是夸夸其谈，不是口若悬河，好口才重在表达的效果。

那么，什么是口才呢？

（一）口才的含义

口才是口语表达的能力，它是口语表达能力的极致。口才指在任何场合，在没有准备或者准备不充分的前提下，能面对听众，用准确、生动、形象的语言，把话说得得体、策略、巧妙，让人喜欢听、乐意听，这样的说话才能就是口才，也就是通常说的"会说话"。

美国前总统卡特竞选时，有位女记者找到了卡特的母亲。要求从母亲的角度来考证卡特的人品。以下是女记者和卡特母亲之间的对话。

女记者："你儿子向选民说，他如果说谎话，大家就不要投他的票，你敢说卡特从来没有说过谎吗？"卡特母亲："也许我儿子说过谎，但都是善意的。"女记者："什么是善意的谎话？"卡特母亲："你可记得几分钟前，当你跨进我家门槛时，我对你说你非常漂亮，我见到你很高兴。"

看了上面的对话，大家都会明白，这位女记者的提问是很不友好的。如果卡特母亲回答儿子从没说过谎，她可能就会把卡特孩时的一些陈事拿来放大，并可

能会挖根溯源炒作成有其母才有其子。因此，面对来者不善的提问，卡特母亲的应答敏捷快速，周密细致，可谓针锋相对，她变被动为主动，变劣势为有利，答得巧妙、策略。也许有人会说卡特母亲不礼貌、不友善、不厚道，但是面对对方不友好的步步逼问，针锋相对地应答是击破险恶居心的方法之一，也是自我保护的手段。女记者最后显得非常尴尬，是咎由自取。

（二）口才的特点

口才是在人际交往和社会实践中表现和发挥出来的才能。人是这种言语活动的主体，而这种言语活动又产生了积极的效果，因此，口才的主要特点有：

1. 明确的目的性。在口语交际中，表达者说话的目的虽然多种多样，但概括起来可表现为以下六个方面：

（1）明了。即让听者听懂所传递的信息，或明白、理解他所不知晓、不了解的事情。

（2）说服。即让听者在弄懂思想观点、立场看法的基础上接受并信服，同时能产生相应的行动。

（3）感动。即让听者随着讲说者的表达而产生情感、心境的变化，同悲同喜，同忧同乐，产生心灵相通、精神共鸣效应。

（4）拒绝。即让听者明白其观点、看法、要求不被接受。拒绝是一种逆向交流，尤其需要注意，讲究方式与技巧。

（5）反驳。即指出对方观点、要求的不合理乃至荒谬。

（6）赞许。即认为对方观点正确而加以称赞、肯定。

2. 高度的灵活性。在口语交际时，情形往往较为复杂，表达者为实现特定的目的，在因人、因事、因物、因景而进行的讲说中，必须会灵活机智地选用特定的表达方式和技巧以切合言语内容，切合特定语境，切合自己的身份和交际对象的特点。只有具有高度适切性的表达，才能创造出效果良好的口才。

3. 交流的吸引性。古人曾说"语不惊人死不休"，语言是思想的外壳，思想的家园。言随旨遣，语与心通。在交流的过程中，要注重表达的效果，文雅、优美、幽默、诙谐的语言，可以活跃气氛，营造和谐的氛围，协调人与人之间的关系。因此，谈吐文雅、机智幽默、诙谐风趣、透彻深刻的语言具有感染力、震撼力、说服力和号召力，所以，我们要追求语言的美感，培养自己语言的才能。

4. 表达的综合性。优秀的口才是一个人素质和能力的全面综合反映。素质主要包括思想境界、道德情操、知识学问和天赋秉性。能力则主要包括观察能力、思维能力、决断能力、记忆能力、表达能力、交际能力和应变能力。素质和能力综合成一种文化储备。这种储备在特定的语境中，通过想象和联想，发挥和创造，促使讲说者取得所需材料和方式，实现口语表达的目的。所以，从根本上讲，好的口才，是表达者学识、素养、能力的全面和艺术的综合表现。

（三）口才必备的能力

口才是个人德、才、学、识综合素质的外化，它主要凝聚以下能力：

1. 思辨能力。口才是一个人思维品质的反映，说话能力的高低取决于思维能力的强弱。只有才思敏捷，才能言辞利达。在日常生活中，想与说、思维与表达，二者相互之间交替传递，把无声语言变成有声语言。在社会活动中展开思想的交流、情感的沟通、信息的传递，必须要有敏捷的思维、严密的思考，才能使得表达完美、严谨、开阔。

2. 表达能力。是将内部语言迅速转化为外部语言的能力。表达能力具体地说是按照要求或设定的目标，把自己的思想、情感通过口语转换出来，达到与人交流沟通的目的的能力。在思维转化为语言的整个过程中，表达能力是一种体现怎样组织材料来发表自己的观点，用怎样的方式去表达，先说什么，后说什么，重点说什么，应该怎样去策略地说、巧妙地说的能力。

3. 修辞能力。是为了把话说得生动、把思想表述得透彻、把观点阐述得通俗，熟练运用比喻、借代、双关、夸张、对偶、排比、设问等修辞技巧的能力。善用修辞技巧的人，往往能把话说得自然贴切、生动形象、含蓄幽默，能通过修辞技巧把抽象的道理形象化、深奥的观点浅显化，使得语言具有说服力、感召力、冲击力，从而取得听众的支持、引起听众的共鸣。

4. 表演能力。"一样话百样说"，不同的语音、重读表达不同的涵义。为了达到表情达意的目的，在表达的过程中，巧妙运用有声语言的语音、语调、语速、重读等的变化来传递信息，辅之以态势语言如表情、手势、眼神、服饰等来加强语义的能力。

5. 交际能力。口才与交际互为因果。一方面，口才好的人，往往在交际的过程中，能把话说得严密，说得巧妙，把话说到别人的心坎上，结交到很多朋友。另一方面，交际能力强的人，往往都很擅长表达，他能透过具体的语境，把握交往对象的心理，适时、适度、适情地表达自己的观点和见解，赢得别人的信任。

6. 控场能力。是口才能力中最能体现水平的能力。话不仅要说得好，还得说得巧。控场能力是在具体的交流过程中，面对不测，能快速、灵活、敏捷地应对各种意外情况的能力。控场能力强的人，往往能根据语境、听众的反馈，适时作出调整，能化险为夷，避免尴尬；能巧妙应对，绝处逢生。

7. 写作能力。演讲、辩论、竞聘、求职要想取胜，都得有所准备，那就必须准备好文稿，文稿的写作能力是为其锦上添花，要想把话说到位，必须把稿子写得妙。

8. 记忆能力。记忆是过去的经验在人脑中的反映。它包括识记、保持、再现和回忆四个基本过程，只有大脑中充分地积累了知识，你才可能出口成章，滔滔不绝。如果你大脑中是一片空白，那么你再伶牙俐齿，也无济无事。所以我们平时要多观察、多体会，读万卷书、行万里路，博闻强识才能厚积薄发，才能在表达的过程中信手拈来、口吐莲花。

二、科学训练口才

（一）口才训练的意义

口才是一个人智慧的反映，是一个人综合素质的体现。它伴随我们的终生，影响着我们的事业、人际关系、生活幸福的密度和精神愉悦的指数。在当今社会，随着经济的发达，百姓民主、法制意识的加强，作为法律院校的学生，拥有好胳膊好腿还得拥有一张好嘴。

18 世纪，法国军事家拿破仑曾说过："一支笔，一条舌，能抵三千毛瑟枪。"20 世纪 40 年代，美国人就把"舌头、美元、原子弹"看成是征服世界的三大法宝。20 世纪 60 年代以后，美国人认为"口才、美元、电脑"是当今世界人要生存和发展最重要的三大武器。"口才"独冠三大法宝之首。在发达国家，谁有口才谁就能赢得竞选的胜利，不久前胜选美国总统的黑人领袖奥巴马，就是因为口才好在选举中赢得了选民的支持。

我国古代文学评论家刘勰也认为："一人之辩，重于九鼎之宝，三寸之舌，强于百万之师。"在中国，演讲这一形式在古代社会已经广泛盛行，距今二千多年前的春秋战国时期，诸子百家、策士说客如雨后春笋，层出不穷。他们或办学授徒，传播自己的政治信仰、道德观念，或游说诸侯，纵论天下之大事，阐述立国安邦的计策。当时，演讲风气盛况空前。有这样一群人，他们动动嘴，轻则夺得一座城池，重则挑起一场战争，更有甚者，能颠覆一个国家。这群人有一个响亮的名字——战国说客。他们以三寸不烂之舌遍走诸侯，翻手为云、覆手为雨，雄辩家张仪、苏秦、鬼谷子等称得上战国说客之雄。现代的孙中山、章太炎、黄兴、宋教仁、陈天华、徐锡麟、秋瑾等都是演讲的高手、论辩的巨擘。特别是孙中山，一生作了无数次的演讲，以他革命的先行者的远见卓识、高度的爱国主义激情和雄辩的言辞鼓动革命，唤醒人民，立下了丰功伟绩。当代的周恩来总理，他的口才举世仰慕，被世界公认为"钢嘴"，被美国总统尼克松誉为"冠绝国际"；还有阿里巴巴董事长马云、海尔总裁张瑞敏、新东方掌门人俞敏洪都有上乘的口才，个个都是语惊四座、一呼百应、妙语连珠。

21 世纪是高素质人才的竞争，高素质人才不仅需要专业技能支撑，更需要能言善辩。"人才不一定有口才，有口才的一定是人才"，在这个竞争异常激烈的社会，"口才就是资本，口才就是财富"。拥有一张能说会道的嘴巴，就意味着多一次成功的机会。随着社会文明进步，可以说，人的所有器官中最具攻击性与杀伤力的，不是尖牙利爪，不是五大三粗的拳脚，而是舌头；世界上的争斗，最让人提心吊胆的不是刀光剑影，不是炮弹，而是舌头。

求职时，如果你不擅长表达，心仪的岗位会与你擦肩而过；晋升时，如果你的话说得不够好，会影响你职位的升迁，错失了成功发展的机遇；生活中，遇见你心爱的女孩（男孩），有爱在心口难开，你会错失良好姻缘；与友人相聚，你"没话可说"，朋友就没法知晓你的感受；面对陌生人时，你因胆怯而"说不出来"；当我们处于"不敢开口"时，很多的情谊、机会就会溜走。

那么你是否为自己的口拙感到很遗憾呢？其实，很多人在非正式场合都还能说，但是一到严肃的场合就缺乏开口讲话的信心，这是不敢讲的心理在作怪，因此只有克服心理障碍，通过专门的口才训练，经过模拟角色、情境的不断练习，才能提高在公众场合说话的水平。

（二）口才训练的原则

口才是一个人综合素质的体现，是人的德、才、学、识在口语表达中的外化。

古希腊第一位以"智者"自居的雄辩家普罗泰戈拉公开招收弟子，有一名叫爱瓦特尔的青年慕名而至，于是师徒约定：一是学费为100米乃；二是付费时间是学生学成之后、第一次打官司获胜之时。如果首次官司学生打输了，学费就一笔勾销。经过一段时间的学习，爱瓦特尔对老师说："我已经学成，但我的学费一个子儿也不交了"。普罗泰戈拉大惑不解，忙问其故，爱瓦特尔说："我是不准备付学费，你若不服气就在法庭上见。记住，如果这官司我打输了，那么按照合约，学费一笔勾销；如果我打赢了，法官会判我不用交学费，我同样可以不交学费。无论输与赢，反正我是分文不用交了"。普罗泰戈拉想了想，淡然一笑，说："话应该这样说，我和你打官司，如果你打输了，那么按照法官的判决，你少不了要交学费；如果你打赢了，按照合约，你也得付学费。所以无论你在这场官司中的输与赢，这学费一个子儿也不能少！"

据说这场官司让当时的法官一筹莫展，束手无策。你说这师徒两谁有理？他们算不算辩才？如果你是法官，你判谁是谁非呢？我们姑且不论"两难推理"、"同一律"等逻辑问题，简单地从文面上看，爱瓦特尔不但缺德而且缺才，他没有学到真正的"雄辩术"，他所用的仅仅是诡辩的"歪才"。德是口才的灵魂。因此：

1. 学口才必须先学做人，一流的口才必须有一流的人品去支撑。"修身、齐家、治国、平天下"、"艰难困苦，玉汝于成"。作为法律院校的学生，我们不仅要具备坚定的政治立场，忠诚于法律的精神，还必须具备强烈的事业心和社会的责任感，在学习和生活中练就务实的作风和过硬的心理素质及抗压能力。不仅热爱自己

的岗位，还得学会感恩，"常怀感恩之心，常念相助之人"，感恩父母，回报社会。

2. 读万卷书、行万里路，厚积才能薄发。口乃心之门户。要想学好说话，把话说好，不仅要充实自己的知识，而且要拓宽自己的思路和视野；不仅要培养观察能力、记忆能力，而且要培养思辨能力、应变能力、创新能力，才能做到"秀之于心而慧之于口"。

3. 培养良好的表达境界。诚实、守信、善良、正直、谦虚是训练口才的基础素质。在人生的征途上，了解别人是精明，了解自己才是智慧。在表达过程中必须学会认同别人，这样才能建立和谐的人际关系，同时让别人更容易肯定自己。信息语言传达信息，声音语言传达感觉，肢体语言传达态度。一个境界低的人，讲不出高远的话；一个没有使命感的人，讲不出有责任感的话；同时，一个格局小的人，讲不出大气的话。人生最大的障碍就是"看不到的目标"。训练口才的目的在于应用。

（三）口才训练的要求

口才不是天生的才能，好口才都是经过后天勤奋和努力习得的。古今中外一切能言善辩的演讲家、雄辩家无不经过刻苦训练而获得成功，他们为我们学习训练口才树立了不朽的榜样。

美国前总统林肯为了练口才，徒步30英里，到一个法院去听律师们的辩护词，看他们如何论辩，如何做手势，他一边倾听，一边模仿。他听到那些云游八方的福音传教士挥舞手臂、声震长空的布道，回来后也学他们的样子。他曾对着树、树桩、成行的玉米练习口才。

日本前首相田中角荣，少年时曾患有口吃病，但他不被困难所吓倒。为了克服口吃，练就口才，他常常朗诵、慢读课文，为了准确发音，他对着镜子纠正嘴和舌根的部位，严肃认真，一丝不苟。

我国著名的数学家华罗庚，不仅有超群的数学才华，而且也是一位不可多得的"辩才"。他从小就注意培养自己的口才，学习普通话，他还背了四五百首唐诗，以此来锻炼自己的"口舌"。

这些名人与伟人为我们训练口才树立了光荣的榜样，我们要想练就一副过硬的口才，就必须像他们那样，一丝不苟，刻苦训练。正如华罗庚先生在总结练"口才"的体会时说的："勤能补拙是良训，一分辛苦一分才。"

因此，好口才重在训练。我们要在理论的指导下，积极参与每项训练项目，并用科学的方法进行系统的、严格的训练。

在训练的过程中，我们要遵循由易到难、循序渐进的原则；由简单到复杂的原则，由单项训练到综合训练的原则；由课内规定训练到课外拓展训练，把课堂的训练拓展到课外的自练，乃至终生的修炼和磨炼的原则。

具体要求、步骤如下：

表达的内容	表达的技巧
言之有物	自 信
言之有理	激 情
言之有序	流 畅
言之有文	语 调
言之有情	态 势
言之有趣	记 忆

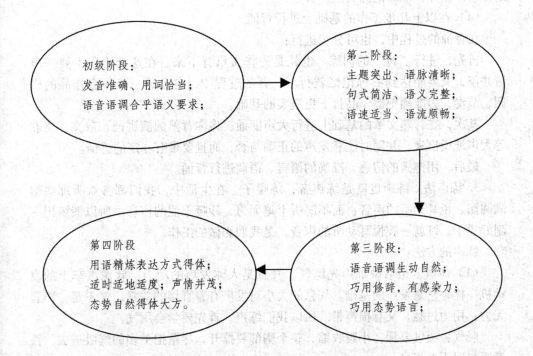

初级阶段：
发音准确、用词恰当；
语音语调合乎语义要求；

第二阶段：
主题突出、语脉清晰；
句式简洁、语义完整；
语速适当、语流顺畅；

第三阶段：
语音语调生动自然；
巧用修辞，有感染力；
巧用态势语言；

第四阶段
用语精练表达方式得体；
适时适地适度；声情并茂；
态势自然得体大方。

（四）口才训练的方法

练口才不仅要刻苦，还要掌握一定的方法。科学的方法可以使你事半功倍，加速你口才的形成。当然，根据每个人的学识、环境、年龄等的不同，练口才的方法也会有所差异，但只要选择最适合自己的方法，加上持之以恒的刻苦训练，那么你就会迅速成长起来。

我们在此介绍几种简单、易行、见效的口才训练的基本方法。

1. 速读法。"速读"也就是快速的朗读。这种训练方法主要训练我们的口齿伶俐，语音准确，吐字清晰。

方法：找一篇演讲词或一篇文词优美的散文。先把文章中不认识或弄不懂的字、词查出来，搞清楚，弄明白，然后开始朗读。开始朗读的时候速度较慢，逐次加快，一次比一次读得快，最后达到你所能达到的最快速度。

2. 背诵法。背诵训练的目的一是培养记忆能力；二是培养口头表达能力。

方法：

（1）选一篇自己喜欢的演讲词、散文、诗歌。

（2）对选定的材料进行分析、理解，体会作者的思想感情。

（3）对所选的演讲词、散文、诗歌等进行一些艺术处理，比如找出重音、划分、停顿等，准确把握表达内容。

（4）在以上几步工作的基础上进行背诵。

在背诵的过程中，也可分步进行：

首先，进行"背"的训练。也就是先将文章背下来。在这个阶段不要求声情并茂，只要能达到熟练记忆就行。在背的过程中，自己进一步领会作品的格调、节奏，为准确把握作品打下更坚实的基础。

其次，在背熟文章的基础上进行大声朗诵。将你背熟的演讲词、散文、诗歌等大声地说出来，并随时注意发声的正确与否，而且要带有一定的感情。

最后，用饱满的情感，准确的语言、语调进行背诵。

3. 练声法。练声也就是练声音，练嗓子。在生活中，我们都喜欢听那些饱满圆润、悦耳动听的声音，而不愿听干瘪无力、沙哑干涩的声音。所以锻炼出一副好嗓子，练就一腔悦耳动听的声音，是我们必做的工作。

练声的方法：

（1）练气。俗话说练声先练气，气息是人体发声的动力，就像汽车上的发动机一样，它是发声的基础。气息的大小对发声有着直接的关系。气不足，声音无力，用力过猛，又有损声带。所以我们练声，首先要学会用气。

吸气：吸气要深，小腹收缩，整个胸部要撑开，尽量把更多的气吸进去。注意吸气时不要提肩。

呼气：呼气时要慢慢地进行。要让气慢慢地呼出。因为我们在演讲、朗诵、论辩时，有时需要较长的气息，那么只有呼气慢而长，才能达到这个目的。呼气时可以把两齿基本合上，留一条小缝让气息慢慢地通过。

学习吸气与呼气的基本方法，你可以到室外、公园去做这种练习，做深呼吸，天长日久定会见效。

（2）练声。我们知道人类语言的声源是在声带上，也就是我们的声音是通过气流振动声带而发出来的。练声时千万不要张口就大喊大叫，那样对声带会起破坏作用。

声带活动开了，我们还要在口腔上做一些准备活动。我们知道口腔是人的一个重要的共鸣器，声音的洪亮、圆润与否与口腔有着直接的联系，所以不要小看了口腔的作用。

口腔活动可以按以下方法进行：

第一，进行张闭口的练习，活动嚼肌。这样等到练声时嚼肌运动起来就轻松自如了。

第二，挺软腭。这个方法可以用学鸭子叫"gāgā"声来体会。

人体还有一个重要的共鸣器，就是鼻腔。有人在发音时，只会在喉咙上使劲，根本就没有上胸腔、鼻腔这两个共鸣器，所以声音单薄，音色较差。练习用鼻腔的共鸣方法是，学习牛叫。但我们一定要注意，在平日说话时，如果只用鼻腔共鸣，那么也可能造成鼻音太重的结果。

我们要注意，练声时，千万不要在早晨刚睡醒时就到室外去练习，那样会使声带受到损害。特别是室外与室内温差较大时，更不要张口就喊，那样，冷空气进入口腔后，会刺激声带。

第三，练习吐字。只有发音准确无误，清晰、圆润，吐字也才能"字正腔圆"。

吐字发声时一定要咬住字头。有一句话叫"咬字千斤重，听者自动容"说的就是这个意思。所以我们在发音时，一定要紧紧咬住字头，这时嘴唇一定要有力，把发音的力量放在字头上，利用字头带响字腹与字尾。

字腹的发音一定要饱满、充实，口形要正确。发出的声音应该是立着的，而不是横着的；应该是圆的，而不是扁的。但是，如果处理得不好，就容易使发出的声音扁、塌、不圆润。字尾，主要是归音。归音一定要到家，要完整。也就是不要念"半截子"字，要把音发完整。当然字尾也要能收住，不能把音拖得过长。

如果我们能按照以上的练习要求去做，那么你的吐字一定圆润、响亮，你的声音也就会变得悦耳动听了。

4. 复述法。简单地说，就是把别人的话重复地叙述一遍。这种训练方法的目的，在于锻炼人的记忆力、反应力和语言的连贯性。

其方法是：选一段长短合适、有一定情节的文章。最好是小说或演讲词中叙述性强的一段，然后请朗诵较好的同学进行朗读，有条件的话用录音机把它录下来，然后听一遍复述一遍，反复多次地进行。直到能完全把这个作品复述出来。复述的时候，你可把第一次复述的内容录下来，然后对比原文，看你能复述多少，重复进行，看多少遍自己才能把全部的内容复述下来。这种练习绝不单单在于背诵，而在于锻炼语言的连贯性。如果能面对众人复述就更好了，它还可以锻炼你的胆量，克服紧张心理。

开始练习时，最好选择句子较短、内容活泼的材料进行，这样便于你把握、记忆、复述。随着训练的深入，你可以逐渐选一些句子较长、情节少的材料，进行练习。这样由易到难，循序渐进，效果会更好。

这种练习一定要有耐心与毅力。有的同学一开始就选用那些句子长、情节少的文章作为训练材料，结果常常是欲速则不达。我们要知难而进，勇于吃苦，不怕麻烦。没有耐心与毅力，那么你将注定是一事无成的。

5. 模仿法。我们每个人从小就会模仿，模仿大人做事，模仿大人说话。其实模仿的过程也是一个学习的过程。我们小时候学说话是向爸爸、妈妈及周围的人学习，向周围的人模仿。那么我们练口才也可以利用模仿法，向这方面有专长的人模仿。也可以通过影视模仿优秀的表达，只要坚持，天长日久，我们的口语表达能力就能得到提高。

6. 角色扮演法。我们所指的角色，与戏剧、电影中讲的角色，有着相同的意义。

角色扮演法，就是要我们学演员那样去演戏，去扮演作品中出现的不同的人物，当然这种扮演主要是在语言上的扮演。

其方法是：

（1）选一篇有情节、有人物的小说、戏剧为材料。

（2）对选定的材料进行分析，特别要分析人物的语言特点。

（3）根据作品中人物的多少，找同学分别扮演不同的人物角色。比比看，谁最能准确地展现自己扮演的角色。

（4）也可一个人扮演多种角色，以此培养自己的语言适应力。

这种训练的目的，在于培养人的语言的适应性、个性，以及恰当的表情、动作。

7. 情境模拟法。设定一个情境，通过情境表象，使我们如临其境，如闻其声，并从整体上将我们自己作为活动的主体，最大限度地发挥学习的潜力，达到理想的学习效果。模拟法庭演示正是情境教学法在我们法学专业中的具体应用。情境模拟训练法能发展我们的创造性思维和探索精神，同时可以达到假案真做的效果。

口才训练课程将使我们走上自信、成功的人生，是我们当众说话由胆怯、紧张到泰然若素、侃侃而谈的实训课程，是我们从笨嘴拙舌转变为舌灿莲花的必修课程，是一堂获得与众不同的人生感悟的训练课程。

是懦夫将自己变成懦夫，是英雄把自己塑造成英雄！

那么，是谁将不善言辞的你塑造成为口才出众的人呢？只能是，也必须是你自己！请记住，言之无才，行之不远。

好口才是辛勤加技巧训练的结果！

学习单元二　口才基本素养

【学习目标】

　　通过本单元的学习，强化口才的基本素养，尽量突破自身表达的"瓶颈"，初步训练思维能力与当众说话的情感调节能力，达到敢开口，为善表达奠定基础。

【学习内容】

　　思维素养能力和心理素质。思维素养包括形象思维、逻辑思维、逆向思维；心理素质包括克服恐惧心理，培养自信能力。

训练项目一　思维素养训练

【训练目标】

通过本项目的训练，强化思维能力，拓展思维方式，为语言顺畅表达奠定基础。

【训练内容】

形象思维训练，逻辑思维训练，逆向思维训练。

【知识储备】

要提高口语表达能力，"瓶颈"在哪里？

生活中我们不难发现，善于表达的人往往都把话说得得体、说得巧妙、说得策略。这就是说好口才主要表现为：一是怎么说；二是说什么。沿着这一思路，我们可以负责任地说，一个人口才水平的高低与其思维能力的强弱密切相关。语无伦次源于思路不清。因此，好口才强在思维，思维是好口才的灵魂。

一、口才与思维

口才离不开思维，口才与思维的关系十分密切。

思维是人的大脑对客观事物的一种主观反映，是人类智力构成的主要因素。没有思维就没有感情交流和信息传播。思维的结果需要语言去表达，人的思维活动与语言紧密相联。语言既是人们进行交际的工具，也是思维的外化表现。思维能力的高低对口语表达的优劣、成败起决定作用，主要表现在：思维的选择性和创造性制约着语言活动，思维的内容决定了语言表述的意义，思维的质量决定着语言表达的效果。我们在口语表达中存在的诸如条理不清、语言干瘪、语无伦次、无话可说等现象，可能都是因为思维混乱引起的，口语表达能力的提高很大程度上得益于思维素质和能力的提高。因此，要想表达顺畅成功，必须以训练快速、敏捷的思维为前提。

二、思维能力

思维能力最常见的主要包括形象思维能力、逻辑思维能力和逆向思维能力等。形象思维是通过感性形象，运用想象、联想和幻想等手段来把握事物的思维活动；逻辑思维是以提示和把握事物的内在本质为根本任务，依据一定的系统知识、遵循特有的逻辑程序而进行的思维活动；逆向思维经常打破常规思维从反方向进行思维，是一种变肯定为否定或变否定为肯定的思维方式，逆向思维方式往往产生新观点。

思维能力在口语表达中的作用，如图（选自文若河先生所创的口才树）：

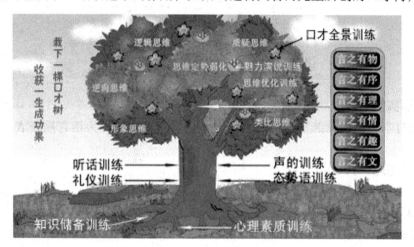

【训练任务】

人们的思维产生和发展有着共同的规律，但是人与人之间的思维又存在着个性差异，这就表现为思维的不同品质，也就是说不同人的思维的敏捷性、灵活性，思维的逻辑性，思维的独立性、批判性，思维的深度和广度都存在着差异。通过语言表达，可以促进个人思维品质得到训练和培养。

🔵🔵🔵训练任务1　形象思维能力训练

形象思维是人们认识客观世界的基础，是思维主体运用直观形象和表象揭示事物本质和规律的一种认知方法。在口语表达中，运用、强化和拓展形象思维，有助于将抽象的概念、纷繁的事物、复杂的道理表述为具体、生动、鲜活的语言，使大家一听即明。形象思维可以为我们的表达插上翅膀。

1.1 范例

情境再现：

  1945 年重庆谈判期间，重庆文艺界的部分名流邀请毛泽东作了一次演讲。演讲结束后，有人问毛泽东："假如谈判失败，国共全面开战，毛先生有没有信心战胜蒋先生？"毛泽东回答说："国共两党的矛盾是代表着两种不同利益的矛盾，至于我和蒋先生嘛……蒋先生的'蒋'字是'将'字的头上加一棵草，他不过是一个草头将军而已。"毛泽东说完，发出了爽朗的笑声。

  "那毛……"有人不怀好意地问。

  不等那人问完，毛泽东不假思索地说："我的'毛'字可不是毛手毛脚的'毛'，而是一个'反手'。意思是，代表绝大多数中国人根本利益的共产党，要战胜代表少数人利益的国民党，易如反掌。"

范例评析：

  经过八年艰苦卓绝的抗日战争，广大民众非常渴望过上安定的生活，在举国上下呼唤和平的大背景下，即使蒋介石也不敢冒天下之大不韪而公然发动内战，于是他导演了 1945 年的重庆谈判。但是他一边假意和谈，一边调兵遣将，暗度陈仓。面对这样一种微妙的局势，面对随时会燃起的战火，面对靠美式装备"武装到牙齿"的国民党军队，毛泽东怎样有力地表达了共产党人对蒋介石的阴险图谋洞若观火以及必胜的信念呢？靠形象思维！他巧妙地抓住了"蒋"、"毛"这两个姓的不同字形做足了文章，戏谑间传递了对蒋介石及其百万之众的不屑一顾，讽刺蒋介石只是个"草头将军"，根本不堪一击，要打败他"易如反掌"！这一精彩的字形分析，看似玩笑，却又句句在理，既幽默生动又无懈可击，使对方无从辩驳，只能"照单全收"。说到这里，我们不禁联想到毛泽东同志的又一名言："一切反动派都是纸老虎。""纸老虎"这一非常形象的比喻，道出了反动派外强中干的本质，字字千钧，发人深省。

1.2 训练

  将形象思维运用到口语表达中来，是我们口才训练的目标。在口语表达中，形象思维能力的提高，关键要靠大家在日常的口语交际中多思考、多运用，有意识地将抽象的事物形象化、具体化。

训练情境 1 描述自己最熟悉的人，介绍给老师和同学听。

训练要求：请用顺畅的语言描绘出你最熟悉的人的面孔、发型、微笑的样子，他的身高、体态、举止，他讲话的速度、音质和手势等，讲得越详细越逼真越好。

训练提示：通过具体形象的外表描绘来设想抽象的品质。用流畅的语言叙述他高尚的品德、优雅的举止、出众的才能，以及你希望他所具有的品质和能力。

训练情境2 一场春雨过后，落英缤纷……请你与同学一起续接下面的故事。

训练要求：由两人对谈或多人小组讨论，说自编的故事至少3分钟，有头有尾，有条有理，故事要有连贯性，内容要丰富。

训练提示：以上练习，可以对情节展开丰富的联想推理，对故事情节进行合理的构思，娓娓道来，把故事讲述得活灵活现。

训练情境3 请说出台风和人类有什么相似的地方。

训练要求：至少说出4个相似点，尽量发挥想象说出9个相似点。

训练提示：台风本身是无形的，但它所造成的影响或损失却是有形的。如果拿人和台风相比，一个实体的生命和一个虚无的空气，实在是难以比较。本题中要找出台风和人类共性的东西进行比较，就需要发挥联想。可以把台风的"个性"及它的威力和人类相比，例如，台风的脾气就像人类暴跳如雷的情况一样，轻度台风雨和女人的泪水一样，等等。充分发挥自己的想象力，你将得到意想不到的收获。

训练情境4 如果孔子在大学任教，他将会……

训练要求：至少能够说出4种可能的现象，尽量能说出8种以上的合理推理。

训练提示：这是历史反移位的想象，即如果历史人物活在今天，以现在的情境推演他的作为。或许孔子会很痛苦，因为他将无法实现他"无分贵族与平民，不分国界与华夷，只要有心向学，都可以入学受教"的"有教无类"的理想。因为每个大学生都是同龄人中的佼佼者，都是久经"考"验才进入大学的；或许孔子也会"走穴"，因为大学教师的工资偏低，何况孔子又是个乐善好施之人，那点工资一定不够花；如此等等。发挥你的想象力，大胆去表达吧！

此外，我们平时还可以通过练习猜谜语和心算等方法，训练自己的形象思维。我们知道，有相当一部分谜语是由形而生的，猜谜语可以训练我们对事物形状、颜色等的敏锐反应。而在儿童中方兴未艾的珠心算教学，则是经过反复的刺激与训练，在孩子们的大脑中建立起一个算盘的形象，并通过这个形象进行演算，同样可以作为成年人开发右脑、训练形象记忆的较好方法。

训练任务2 逻辑思维能力训练

逻辑思维又称抽象思维，是指舍弃事物的一般属性和具体形象，借助概念、判断和推理来反映客观事物的本质和规律的思维方式。逻辑思维具有普遍性、严密性、稳定性、层次性等四大特征，它要求我们在思考问题、表达思想时要遵守逻辑思维的同一律、矛盾律、排中律和充足理由律。

2.1 范例

情境再现：

鲁迅先生在厦门大学担任研究院教授时，校长林文庆经常克扣办学经费，刁难师生。一天，林文庆把研究院的负责人和教授们找去开会，提出要把经费削减一半。教授们纷纷反对："研究院的经费本来就少，连研究成果的印刷费都付不出，绝对不能再减了。"林文庆却阴阳怪气地说："关于这件事，不能听你们的，学校的经费是有钱人拿出来的，只有有钱人，才有发言权！"他刚说完，鲁迅立即站起来身来，从口袋摸出两个银币，"啪"的一声放在桌子上，铿锵有力地说："我有钱，我是有'钱'人，我也有发言权！"林文庆料不到鲁迅会说出这句话来，弄得措手不及，狼狈不堪。接着，鲁迅力陈研究经费不能减少的道理，一条条，一项项，有理有据，驳得林文庆哑口无言，只得灰溜溜地收回自己的主张。

范例评析：

"打蛇打七寸"，驳斥错误的观点也必须要切中要害，迎头痛击。那么，在这个例子中，什么是林文庆讲话中的"死穴"呢，是他抛出的概念——"有钱人"以及由此而做出的"只有有钱人才有发言权"的论断。鲁迅先生对其无理狡辩、遏制言论的企图洞若观火，他反应敏捷，思维缜密，有意违背同一律，巧换概念，故意曲解"有钱人"的含义，随着两枚银币敲击桌面的脆响，一句"我有钱，我是有'钱'人，我也有发言权！"掷地有声，出其不意的有力反驳，给林文庆当头棒喝，打乱了他的阵脚，鲁迅先生一开口就气势非凡，使对方在心理上先输了几分，为接下来阐述自己的观点扫清了"路障"，不能不令人叹服。

2.2 训练

口语交际中运用逻辑思维，就是要求我们在表达的过程中不能前后不一，不能自相矛盾，不能模棱两可，同时还必须要有充足的理由印证自己的观点，做到层次分明，条理清晰，前后呼应，才能无懈可击。

训练情境1　运用归纳法整理一段内容较为混乱的录音材料，然后按照你认为合理的思路，将整理后的材料复述出来。

训练要求：要求线索清晰、重点突出、框架完整、层次分明、有条有理。

训练提示：如果录音内容是叙述的，可按时间、地点、人物、场景、情节来复述；如果是议论某事件或热点问题的，可采用总—分—总的方法展开，并附上自己的观点。

训练情境2　有个富翁，左邻是铜匠，右邻是铁匠，成天叮叮咚咚吵得厉害。富翁特备一桌酒席请他们搬家，左右邻舍都爽快地答应了。但两家都搬了家之后，叮叮咚咚的吵闹声还是照旧。富翁出去一看气坏了，原来是左边的邻居搬到了右边，而右边的邻居搬到了左边。

训练要求：运用逻辑知识分析案例，指出症结所在。叙述语流连贯，简洁明了。

训练提示：在口语交际中，同一律要求我们谈话的主旨以及所使用的概念、作出的判断必须是确定的，不能前后不一，随意变更，否则就会破坏话语的严密性、连贯性和一致性。

很显然，在这里富翁所说的"搬家"是指搬到一定距离之外的意思，可照字面讲，只要把住处挪动一下就是搬家。所以，这两位邻居就借机偷换了概念，着实拿富翁开了一次玩笑。

训练情境3　一个小男孩在面包店里买了一个面包，发现面包比平时小得多，于是对老板说："这个面包怎么这么小啊？"老板说："哦，这样你拿起来就方便了。"面对老板的诡辩，请你帮小男孩出个主意，该采取什么样的方法对老板进行反击呢？

训练要求：运用逻辑知识指出老板违反了什么逻辑规律，如果你是小孩，该怎样反击。

训练提示："以其人之道，还治其人之身"，小男孩无需和他争辩，只放下一点钱转身离开就可以了。那么老板肯定会大声对小男孩说他的面包没给足钱。那么男孩就可以振振有词地说："哦！不要紧，这样，你收起钱来就方便了。"

训练情境4　有一家三口，儿子今年要参加高考了，可是还很贪玩，喜欢看电视。为此爸爸、妈妈批评他好多次了，他就是不改，这不刚吃完晚饭，他又把电视打开了，下面是父子间的一段对话。

爸爸："不是不让你看电视了吗，怎么又看了，你问过妈妈了吗？"

儿子："我问过了。"

爸爸："你可要留心点，如果你不但看电视还说谎，我就对你不客气了！我再问你一遍，你看电视问过妈妈了吗？"

"真的，爸爸，我问过妈妈的。"儿子信誓旦旦地说，然后做了个鬼脸，小声说，"她说不让我看电视。"

训练要求：分析儿子的回答违背了逻辑思维中的什么规律，并模拟场景分角色对话。

训练提示：在这段对话中，爸爸所说的"问过妈妈"表示的是"征得妈妈的同意"，而儿子所说的"问过妈妈"表示的则是"问过妈妈这一事实"，这是两个不同的命题。儿子利用了"问过妈妈"语义上的模糊性偷换了论题，违背了同一律。

🔲🔲🔲训练任务3　逆向思维能力训练

逆向思维又叫反向思维、求异思维，它是对传统思维模式作反方向运动的一种思考，是对司空见惯的事物或已经被社会公众普遍认同的观点、主张反过来思考的一种思维方式。逆向思维最显著的特点就是转换思考问题的角度，即所谓的"反过来想一想"、"反其道而行之"。经常进行逆向思维，可以使我们的视野更加开阔、反应更加迅捷、方法更加新颖、见解更加独特。

3.1 范例

情境再现：

加里·沙克是一个具有犹太血统的老人，退休后，在学校附近买了一间简陋的房子。住下的前几个星期还很安静，不久有三个年轻人开始在附近踢垃圾桶闹着玩。

老人受不了这些噪音，出去跟年轻人谈判。"你们玩得真开心。"他说，"我喜欢看你们玩得这样高兴。如果你们每天都来踢垃圾桶，我将每天给你们每人一块钱。"三个年轻人很高兴，更加卖力地表演"足下功夫"。不料三天后，老人忧愁地说："通货膨胀减少了我的收入，从明天起，只能给你们每人五毛钱了。"年轻人显得不大开心，但还是接受了老人的条件。他们每天继续去踢垃圾桶。一周后，老人又对他们说："我最近没有收到养老金支票，对不起，每天只能给两毛了。""两毛钱？"一个年轻人脸色发青，"我们才不会为了区区两毛钱浪费宝贵的时间在这里表演呢，不干了！"从此以后，老人又过上了安静的日子。

范例评析：

这位老人的处理方法让人佩服。管理血气方刚的年轻人，强制性的命令只会让他们变本加厉适得其反，因为日常生活中的大量事实都说明了那样做的效果微乎其微。利用逆向思维，这位老人有意让年轻人知道自己是在肯定他们的行为，把面子给足他们，使事情的本质发生了逆转：由原来一帮年轻人的骚扰行为变成了取悦老人的一种娱乐活动，由以前势不两立变成了你付费我表演的合作。那么对于年轻气盛的年轻人来说，表演远没有挑衅有意思，何况表演费用还在一降再降呢，所以自然也就不再奉陪老人玩这个所谓的"游戏"了。于是，老人才能将他们控制在股掌之中，事情的结果也向着自己的意愿发展。这位老人采用逆向思维，做到了"不战而屈人之兵"，真是厉害！

3.2 训练

根据逆向思维反其道而行的特点，我们要求大家在口语交际的过程中，主动尝试对那些表面看起来不合道理，甚至明显有误的事物、行为或观点等采用肯定视角来进行思考，相信这一思维方式定会引领你进入一个全新的境界。

训练情境1 "这山望着那山高"常被人否定，看成是贪心不足的表现。请你用逆向思维来为这句话翻出新意。

训练要求：要求把命题变否定为肯定，拿生活中的实例来证明你的论点。

训练提示：科学家的创造发明，都是这山望着那山高的结果；运动员如果满足于一次的夺冠就不会有二连冠、三连冠。

训练情境2　周末，你的同学来家串门。你们很多年没见，聊得很投机。不知不觉中，就到了中午吃饭的时间了。你的外甥刚满5岁，突然跑过来趴在你的肩膀上"咬"耳朵。你们聊得正起劲呢，于是你不耐烦地对外甥说："干什么啊，怎么这么没有礼貌，当着客人咬舅舅耳朵，李叔叔又不是外人，有话就说嘛!"外甥听你这么一说，大声地说道："外婆说家里没菜了，不要留客人在家吃饭!"

顿时，两个大人都愣住了，接着是一阵短暂的尴尬。

训练要求：请用角色扮演展开对话。

训练提示：日常生活中，尴尬的局面在所难免。如何用语言来化解尴尬是一门学问。你可以采用逆向思维，沿着"外婆不让客人在家吃饭"这一观点，进行"肯定视角"的审视，然后推理出"到饭店吃饭"，迅速摆脱了尴尬的局面。你可以这样：抱起孩子，用手指刮一下他的鼻子，说："你外婆真好! 以前家里来客人她都让在家里吃饭，今天居然这么大方起来。好，那我们就听外婆的，请你李叔叔到外边饭店撮一顿!"

训练情境3　一位母亲有两个儿子，大儿子开染布作坊，小儿子做雨伞生意。每天，这位母亲都愁眉苦脸，天下雨担心大儿子染的布没法晒干；天晴了又担心小儿子的伞没人买。

训练要求：运用逆向思维的方式劝说母亲。让她改变她的心态，使每天都过得很开心。

训练提示：你可以这样去劝说：天下雨，小儿子的生意红火；天晴，大儿子作坊的布很快就晒干，使她产生"柳暗花明又一村"的生活态度。

训练情境4　依照例子，对下列事物按正向、逆向思维分别列出不同的观点，比一比，谁列得快，列得准确。一分钟准确列举4个得60分，8个以上得100分。

例：天平　正方——公正无私的楷模

反方——谁多给点就倾向谁

镜子、尺子、杨柳、月亮、太阳、茶杯、暖水瓶……

总之，说话能力的高低取决于思维能力的强弱，要提高说话能力，必须学会科学的思维方式，并经常进行思维和口语表达的同步训练。此外，在我们学习和生活中，还必须培养多向思维能力、综合思维能力、纵深思维能力。只有这样，才能把理说得透，把话说到位。同时，我们还得认识到，思维是由问题开始的，在学习口才的过程中，要养成勤于思考的习惯，它是促进思维发展的一个重要因素；思维是有目标的，强烈的责任感是发展我们思维能力的动力；思维是靠学识支撑的，"读万卷书，行万里路"将为我们的思维插上飞翔的翅膀。

【考核与评价】

考核内容：

1. 给故事设想一个合理的结局。要求表述流畅、语速正常，用时3～5分钟。

小李最近失恋了，他魂不守舍，正临近期末考试，大家都为他着急，小李能闯过感情关和考试关吗？

2. 将下面的命题，做多种内容的表述。

好男儿志在四方

东施效颦有错吗

也说邯郸学步

重解龟兔赛跑

质疑愚公移山

3. 延伸思维及训练。

（1）有位农民带着一条狗、一只猫和一筐鱼去赶集，到了渡口，那里有一只很小的船，农民一次最多带一样东西上船。若先带鱼过河，又怕狗欺负猫。他坐在河边冥思苦想，终于想出了一个好办法，你知道是什么办法吗？

（2）英国一家图书馆准备搬入新址，负责组织计划的人，在考虑如何节省经费问题时，偶尔听到有人谈话中提到"化整为零"，他一下子有了好主意，他想出了什么主意？

◆学生自评

1. 自我评价思维的敏捷度及反应能力。

2. 评价自我思维与表达的同步性，并对自己思维的独立性、深刻性、灵活性、广阔性作出正确的评判。

拓展学习

1. 何欣、姜健：《口语表达学》，吉林人民出版社2002年版。

2. 颜永平、文若河：《会说话，得天下》，北京大学出版社2008年版。

3. 中华演讲网，http://www.zhyjw.com/index.html.

4. 中国口才网，http://www.koucai.cn/index.html.

训练项目二　心理素质训练

【训练目标】

通过本项目的训练，突破表达中的心理障碍，能在当众说话时调节自己的情感，克服怯场，做到敢开口。

【训练内容】

克服恐惧心理训练、培养自信心训练。

【知识储备】

20 世纪 80 年代，美国心理学家曾进行一次有趣的调查，题目是"你最害怕的是什么？"答案竟然是："当众演讲"名列榜首；"死亡"列于第二。又有调查数据表明，有 41% 的人觉得在公众面前讲话比做其他任何事情都感到恐惧。在公众场合当众发表自己的观点，"每个新手，常常都有一种心慌病。心慌并不是胆小，而是一种过度的精神刺激"（罗斯福）。好口才是练出来的，要想练就好口才，必须要拥有良好的心理素质。口语表达能力的提高，应该从敢于在公众场合开口讲话练起。因此，口才的训练，从训练心理素质开始。只要开始，永远不迟。

一、心理素质与表达

心理素质是以生理素质为基础，将外部获得的信息内化成稳定的、基本的、与人的社会适应行为和创新行为密切联系的心理品质。心理素质是口语表达的条件，只有具备良好的心理素质，才能在任何环境下，面对不同的对象，能大胆地、从容地表达自己的观点。在生活中，个性热情开朗、活泼大方、积极向上的人，更容易在口语表达活动中展现出自己的才华，因为他们比较自信，也善于鼓励自己，同时能正确面对自己的失误，会化解尴尬。但是在与人交往的社会活动中，由于环境、地点、对象的频繁变化，有些时候即使很自信很优秀的人，也会产生生疏、紧张、胆怯等现象，以致在公众场合表现为无法清晰地思考，甚至把原本早已想好要说的话都忘得一干二净。为什么会出现如此不尽如人意的现象呢？追溯原因，除了临场经验不足外，大多是怯场、紧张、自卑等不良心理因素造成的。因此，培养健康良好的心理素质，克服在公众场合表达的怯场、紧张、自卑心理是有效提高口语表达能力的基本途径。

二、克服怯场的方法

怯场是指表达者在大众面前说话时出现的恐惧慌乱的心理。其具体表现为：心率加快、血压升高、口干舌燥、喉咙发紧、声音打颤、肌肉痉挛、头晕目眩等生理反应，从而出现面部感情尴尬、手脚发抖、言不由衷、语无伦次等现象。出现怯场的原因很多，如准备不够充分，担心自己讲不好；场合比较隆重，气氛比较严肃；听众多、求胜心切；面对的是陌生的环境，有恐惧情绪等。

那么，怎么克服怯场呢？请大家先来看一个例子：

众所周知，戴尔·卡耐基是美国著名的演讲家，以他的名字命名的演讲口才训练班一度风靡全世界，他被誉为"20世纪最伟大的心灵导师"和"世界成功学鼻祖"。然而很多人却不知道，卡耐基和普通人一样，并没有演讲家的天赋，他也备受胆怯的折磨。那么，他到底用了什么方法战胜了胆怯，走上成功的演讲道路呢？

1904年，16岁的卡耐基高中毕业后，就读于美国密苏里州华伦斯堡州立师范学校。那时候，要想成为学校里具有特殊影响和名望的人，必须是棒球球员，或者是辩论和演讲获胜的人。为了寻找出人头地的捷径，卡耐基选择参加演讲比赛，因为他知道自己没有运动员的才华。没料想，他一连参加了12次比赛，却接连失利了12次。30年后，卡耐基谈及第一次糟糕的演讲时，还用半开玩笑的口吻说："是的，虽然我没有找到旧猎枪和与之相类似的致命东西，但当时我的确想到过自杀……我那时才认识到自己是很差劲的……"

卡耐基并没有选择自杀，而是发奋振作，决心重新挑战自我。1906年的一个上午，他准备参加第13次比赛。赛前，他去向一名教授请教如何演讲成功。教授只赠给他一句话：猫捉老鼠的时候，它的全部精神都集中在老鼠身上，它可没有多余的精力去注意自己。

卡耐基如获至宝，在心中反复咀嚼着教授的这句话。终于，他悟出了一个道理——要"忘我"地去演讲。卡耐基又一次满怀信心地走上演讲台，全身心投入到了演讲中。当台下响起雷鸣般的掌声时，他才意识到演讲结束了。他以《童年的记忆》为题的演讲，获得了此次比赛的最高奖——勒伯第青年演说家奖。这是他第一次成功尝试，这份讲稿至今还收存在华伦斯堡州立师范学院的校志里。

这次获胜，对他的一生产生了非同小可的影响。他在后来回忆时不无自豪地说："我虽然经历了12次失败，但最后终于赢得了演讲比赛的胜利。更为激励我的是，我训练出来的男学生赢了公众演讲赛，女学生也获得了朗诵比赛的冠军。从那一天起，我就知道我该走怎样的路了……"

从此，他成了全学院的风云人物，在各种场合的演讲比赛中大出风头。全院的师生对他刮目相看；但他并不满足于此，他开始走出学院去扩大自己演讲的事业了。我们已经知道，后来他把才华发挥得越来越出色，终于成为闻名全世界的演讲家。

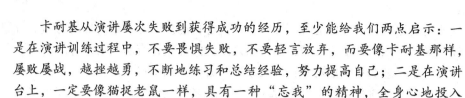

卡耐基从演讲屡次失败到获得成功的经历，至少能给我们两点启示：一是在演讲训练过程中，不要畏惧失败，不要轻言放弃，而要像卡耐基那样，屡败屡战，越挫越勇，不断地练习和总结经验，努力提高自己；二是在演讲台上，一定要像猫捉老鼠一样，具有一种"忘我"的精神，全身心地投入到演讲中去。可以说，"忘我"是卡耐基从失败走向成功的一条重要捷径。换句话说，忘我正是一种专注，一种执著。

卡耐基正是凭借"忘我"的态度，专心演讲，才战胜了胆怯，赢得了演讲的成功。

一些青年朋友在演讲比赛时也不乏这样的现象：一上台便紧张得要命，手足无措，东张西望，甚至前言不搭后语。这时，我们可以像卡耐基一样，摇身一变，成为一只专注于捉老鼠的"猫"，专注于自己的演讲，当你听到热烈的掌声时，你会发现，原来你已经成功了。

卡耐基走向成功的例子，说明了：首先，我们可以在主观上有个清醒的认识，正确地认识自我；其次，要充分考虑环境等因素的千变万化，同时给自己积极的心理暗示；最后，平时注意演练，乐于吸取别人和自己的经验。

克服怯场常用的具体方法是：

（1）注意积累，提升自己的综合素质及能力，才能做到厚积薄发。

（2）平时就加强语言表达的实践和训练，不怕讲错，就怕错过。

（3）认真对待每一次机会，讲话前做好周密而充分的准备。

（4）知彼知己，善于了解听众的情况，提早熟悉讲话的环境。

（5）进行自我鼓励及自我激励，暗示并坚信自己一定能成功。

（6）演说时心中有情，但要做到"目中无人"，对听众视而不见。

（7）把握好自己的情感、情绪，把兴奋点控制在最佳状态。

三、克服自卑的方法

自信心是口语活动应具备的基本素质。而自卑属于性格上的一个缺点。自卑的人通常是对自己的能力、品质等作出偏低的评价，总觉得自己不如人、悲观失望、丧失信心等。在口语表达过程中，引起自卑的原因可能是担心自己讲不好，被人嘲笑；可能是认为自己学历低、学识浅，不敢在公众面前讲话；可能由于准备不充分，不能在公众前面说话；也有可能因为外貌的原因如五官不够端正，过胖、过瘦、口吃等缺陷；还有人的自卑心理的诱因是社会环境方面的，如出身农村、经济条件差等；有的是曾经的阴影挥之不去，如情场失意，当众被出丑，曾被人嘲弄等。

树立自信是口语表达成功的秘诀。那么怎样克服自卑的心理，树立自信心呢？

（1）正确对待荣誉和成功。

（2）正确评判自己的能力。

（3）培养乐观的人生情趣。

（4）扩大知识视野，提高认知能力。

（5）用勇敢顽强的精神激励自己。

（6）在生活或训练中有意识地磨练自己。

【训练任务】

在当今社会，要想吃好饭就得说好话。很多时候你拥有好胳膊好腿还比不上一张能言善辩的好嘴。口才是经过长期磨练而成的。一般来说，越怕当众讲话越要训练当众说话，只有在反复的训练和锻炼中，才能克服胆怯紧张的情绪，才能达到良好的心理状态。永远不敢开口就永远开不了口，就永远怕开口。只有多练多讲才能克服紧张的状况，才能从"不敢讲"到"不怕讲"。

训练任务1   克服怯场心理训练

在公众场合表达自己的观点，有时因恐惧而怯场是正常的现象。但程度和表现却因人而异，有的人表现为呼吸急促、很不自在；有的人满脸通红、头在冒汗；有的人表情尴尬、肌肉紧绷；有的人嘴里念念有词、脑子一片空白。

1.1 范例

情境再现：

> 古罗马著名的雄辩家西塞罗总结自己第一次演讲时说："演讲一开始，我就感到自己面色苍白，四肢和整个心灵都在颤抖。"古雅典大演说家德摩斯梯尼在第一次演讲时，就紧张得丑态百出，结果被听众轰下台。二战时期英国的首相丘吉尔更实在，说自己第一次在公众场合演讲时，心窝里好像塞了一块9英寸的冰砖，使得自己本来就有点发音不清的嘴索性不能说出半个字。喜剧大师卓别林在初次演讲时，由于紧张，没说几句话，就从台上摔到台下。爱尔兰政治家潘乃尔第一次上台时，紧张得紧握拳头，指甲都扣进肉里，掌心出血。敬爱的周恩来总理在南开读书时，登台演讲过程中因为浓重的江南口音而被人哂笑。我国著名的话剧演员乔奇说自己在中学第一次演说时，登上讲台竟两眼发黑，说不出一句话。

范例评析：

在大众面前讲话产生怯场紧张是十分正常的现象，历史上著名的人物、一流的演说家都有如此"出洋相"的经历，我们就更没必要担心过多了。俗话说"头一个烙饼不圆"，"失败乃成功之母"。初次演说失败，并不能说明自己不具备演说的才能。重要的是要善于分析原因，总结教训，增强胆量，不再走回头

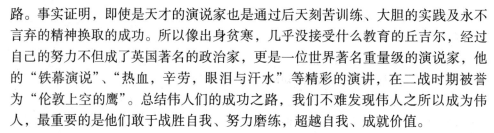
路。事实证明，即使是天才的演说家也是通过后天刻苦训练、大胆的实践及永不言弃的精神换取的成功。所以像出身贫寒，几乎没接受什么教育的丘吉尔，经过自己的努力不但成了英国著名的政治家，更是一位世界著名重量级的演说家，他的"铁幕演说"、"热血，辛劳，眼泪与汗水"等精彩的演讲，在二战时期被誉为"伦敦上空的鹰"。总结伟人们的成功之路，我们不难发现伟人之所以成为伟人，最重要的是他们敢于战胜自我、努力磨练，超越自我、成就价值。

1.2 训练

初学者在公众场合发表自己的演说，出现胆怯和紧张的情绪是极其正常的，我们都不必担心，这不是什么不治之症。心理学认为，怯场是自我保护的心理本能，适度的紧张可以提高思维的张力，成为表达的动力，可一旦过度则会降低效率，甚至会使身心健康受损。每个人面对陌生人或在公众场合讲话都会出现轻微的怯场和慌张，只要大家树立明确的训练目标，持之以恒，做个有心人，平时加强训练，台上台下的成功将属于我们。

训练情境 1　无语练胆训练

训练要求：利用课堂进行训练，每位同学都必须精神抖擞地走上讲台，让视线控制整个教室，用虚拟的目光与在座的每个同学交流，时间长达 2~3 分钟。

训练提示：用视线笼罩全场，自信地与同学的目光进行交流，达到无语练胆的目的。

训练情境 2　举行主题演说会，要求每个同学发表自己一分钟感言。老师宣布开始了，但很长时间都没同学响应，于是老师点将了，你被第一个叫到，大家都把目光投向你。面对台下几十双眼睛，你很紧张，你很恐惧，你该怎样来放松自己？

训练要求：每个同学都必须上台体会被注视的感觉，并进行一分钟的感言。做到心中有情、目中无人，能自我调解情绪、放松心情、顺利表达。

训练提示 1　梳理好感言内容，采用目光回避法、呼吸松弛法训练，在讲台上站立、目视前方、全身放松、做深呼吸以调整心境，缓解紧张情绪。

训练提示 2　用自我陶醉法训练。

当你开口时，面对满场的听众，可能你会因紧张而出现表达失误，这时你可以设想着他们都很欣赏你，设想着你已经获得巨大的成功。

训练提示 3　自我调节法训练。

在上台前 10 分钟，跑趟厕所；练习打哈欠，放松你的喉咙；喝口水润润喉；或者闭上眼睛说"放松放松……"

训练提示 4　语言暗示法训练。上台前对自己说：我准备得很充分了，我很有把握、很有信心。

训练情境3 当众应景宣讲一段有准备的讲稿，用时6~8分钟。

训练要求： 在人多的公众场合完成，尽量选择陌生人当你的听众。

训练提示： 可以选择学院的广场或者人流量较大的汽车站、火车站等地点进行训练、亮出你的嗓音，大声地去宣讲，可以以安全出行的重要性等为主题。

训练任务2 培养自信心训练

自信是什么？在口语表达过程中，自信就是认为自己说的都是对的，李燕杰老师曾经说过"上台之后，千万不要想自己这不好，那也不好，要有充分的自信。在台下，我们可以'虚怀若谷'，上了台就该有点'舍我其谁'的劲头"。事实上，从我们出生的那一刻起，我们就是大赢家，三百万亿分之一的概率才使得我们成为一个人，所以地球上的所有人，人人都是幸运者，人人都是最棒的。你也是如此——最棒的！

2.1 范例

情境再现：

众所周知，对自己的容貌不满并因此而自卑的大有人在。如"挟天子以令诸侯"、权倾朝野的曹操因为自己的身高颇为自卑。当匈奴使节来参拜时，他认为自己长得太矮小，"不足雄远国"，就叫了一个美男子来假扮自己。美国总统罗斯福在自传中也曾写到："我曾是病病歪歪而又蠢拙的孩子。年轻时，起先既紧张且对自己的能力无信心，我不得不艰苦而辛劳地训练自己，不只是身体，还有灵魂和精神。"萧伯纳年轻时胆子很小，性格内向、不擅长社交，到别人家做客就为敲门这点小事，常常难下决心、犹豫不决，据说有次为了敲开别人家的门，整整在门口徘徊了半个小时才有勇气进门拜访。古雅典大演说家德摩斯梯尼因为与生俱来的毛病，说话时发音混沌、吐字不清而且伴随着肩膀抽搐的毛病，经常被人讥笑。为了克服这些不足，他钻到地下室对着镜子练习发音，嘴里含着石子练习朗读，还经常迎着狂风练发音，面对海潮背名篇，淋着大雨搞朗诵。几乎是玩命的练习，让他克服了先天的不足，找回了鲜有人能及的表达自信，成为了当时的十大演讲家之一。

范例评析：

自信来自于磨练。卡耐基曾说过"路是可以开拓出来的"。人生难免坎坷跌撞，曾经的挫折经历，可以对人们的心理造成不同程度的影响。但是在遭遇挫折后，有的人应激力会被充分激活，意志越发坚强，会迸发出超常的力量去战胜挫折；有的人则可能会产生较为偏激的情绪反映，如对社会、对他人的仇恨与敌视；还有的人在遭遇挫折后，出于下意识的自我保护，刻意回避挫折，将受挫的

情绪体验压抑到潜意识中。现实生活中，令我们敬佩的人，他们都善于通过自我调节，成功地将自卑心理转换成行为动力，牢牢地"扼住了命运的咽喉"，获得了事业和人生的成功。一般来说，与陌生人打交道，别人不会轻易耻笑你，只是很多时候，自己会顾前思后，疑心重重，过多注意别人对自己的看法或评价，或太在意自己的外貌、形态、表情与动作，这样的结果是影响了与人交往的心态，顾虑重重，无法把自己的优点展示出来。因此，要建立良好的心态，就要告诫自己"没什么可怕的""要勇敢些""不过如此"……用镇定自若的态度，大大方方、不卑不亢地与人交往，与人沟通。做一个自信的人，是提高口语表达水平的必要条件。

2.2 训练

心理学家认为自信是个体对自己认识活动和实践活动的成果抱有成功把握的一种预测反应。坚定的自信心是口语活动成功的第一要素。在口语表达过程中，自信往往表现为说话过程中精力旺盛、意气风发、情绪饱满，在众人面前神情自若、思维敏捷、记忆准确、言语流利，正如拿破仑所说"因为我决心要成功，所以凡是我做的事都得到了成功"。

训练情境1　美国著名心理学家罗森塔尔教授来到一所普通中学，在一个班级的同学名单上随便圈了几个同学的姓名，然后告诉老师说被圈的几个同学智商特别高、很聪明。一个学期后，教授又来到这所学校，奇迹发生了，被圈姓名的几位同学真的成为了各方面的佼佼者。罗森塔尔教授这时告诉老师说，其实他对这些同学压根儿就不了解。这让老师们都很是意外。这就是著名的"罗森塔尔效应"。

为什么会出现这种现象呢？是"期望"这一神奇的魔力在发挥作用。罗森塔尔教授是著名的心理学家，在人们心中有很高的权威，老师们对他的话都深信不疑，因此对他指出的那几个学生产生了积极的期望，像对待聪明孩子那样对待他们；这几个学生也感受到了这种期望，认为自己是最聪明的，从而提高了自信心，提高了对自己的要求标准，最终他们真的成为了优秀的学生。

训练要求：用"罗森塔尔效应"来激励自己；列举自己过去做过的事中最漂亮、让自己最得意的事件，自信、记忆准确并用简洁的语言表述出来，用时在3~5分钟。

训练提示：把你所做的事情进行整体回顾，你会发现你所满意的事情是因为你事前做了充分的准备，做事过程中你特别认真、投入。不是吗？

训练情境2　假设你要参加一个大型集会，你在和一群朋友聊天，想象你的听众在认真倾听，在颔首发笑，在为你鼓掌；想象着你的热情和想要帮助听众的渴望以及你在公众演说时做得多么好。

训练要求：用时3~5分钟，把你的想象准确描述出来。

训练提示：把对自己的激励贯穿于生活中，你将会有很大的收获。

训练情境3　语言激励。我们经常可以看见在公众演讲的时候，很多世界顶级明星也会紧张，所以你不必担心自己的不足。要经常对自己说"我是最棒的""我行""我不比别人差""他行我更行"。

训练要求：每天坚持对自己进行鼓励，以积极的心态去迎接每一天的生活和工作。

训练提示：培养自我意识，通过自我暗示和自我激励进行自我强化、得到自我体验、自我提升、自我控制。

训练情境4　参加学院演讲与口才协会，定期进行课外的练习。

训练要求：训练内容包括自我介绍、言谈礼仪、着装顺眼得体等。

训练提示：每个人都是协会的主人，在训练中，大家可以进行角色轮换训练。

训练情境5　出席公众场合，勇于坐在前排。

训练要求：在无座位规定的场合，为培养自信心，争取坐在前面，并力争用目光与主座上的人交流。

训练提示：座位的远近在心理学上反映了自信心的大小和地位权力的微妙差距。专业知识过硬，但公共场合喜欢选择坐在后面的，就会显示出自己没有强烈的进取心，在团体中的作用也较不重要。

【考核与评价】

考核内容：

1. 知晓自己怯场的原因，并正确认识恐惧是正常的心理反应，"急中生智"地将恐惧转化为有利于表达的动力。

2. 不管在什么环境下，你能否用积极的心态评价自己。

3. 站在公众场合发表演说，你是否表现出神态自若，从容镇定，举止得体，记忆准确，表达流畅。

◆学生自评

当众讲话时你是否不再感到紧张、恐惧，是否实现了由当众讲话紧张、忘词、不敢说到了初步敢说、想说的心理转变？

拓展学习

1. 田野主编：《拿破仑·希尔成功学全书》（上、下），经济日报出版社2000年版。

2. ［美］戴尔·卡耐基：《人性的弱点》，良石编译，内蒙古科学技术出版社2003年版。

3. 中华演讲网，http://www.zhyjw.com/index.html 相关栏目。

4. 中国口才网，http://www.koucai.cn/index.html 相关栏目。

学习单元三　口才运用基本技巧

【学习目标】

　　通过本单元的训练，在口语表达过程中能综合运用倾听技巧、语音技巧、表达技巧、修辞技巧、体态技巧等基本的口语表达技巧。在不同的场合中，能应对不同的人，采用不同的语体，用不同的态势语言，把话说得得体、说得巧妙，让人喜欢听、乐于听，达到善表达的目标。

【学习内容】

　　倾听技巧、语音技巧、表达技巧、修辞技巧、体态技巧。

训练项目三　倾听技巧训练

【训练目标】

通过本项目的训练，认识到在交流应对过程中倾听的重要性。学会倾听，在倾听过程中陶冶情操，获取信息，练就包容心；能听出言外之意，弦外之音。

【训练内容】

倾听注意力训练，倾听记忆力训练，倾听归纳力训练，倾听理解力训练。

【知识储备】

上帝赐给我们两只耳朵、两只眼睛、一张嘴巴，这是为什么？有人说那是因为在交流中，听比说更重要。我们姑且不论这样的比喻是否恰当，可是倾听在口才训练中的作用倒是不容忽视。

回顾我们以前的学习生活，我们在课堂上花了大量的时间，反复学习了读、写，但我们却很少涉及学习如何倾听、如何说。在口语表达过程中，倾听是所有交流沟通技巧中最容易被忽视的部分。据调查数据表明，在人类的各种交际和生活中，人们通常花在听、说、读、写的时间所占的比例大约是：倾听占40%，交流占35%，阅读占16%，书写占9%。应该说我们利用听的活动来获取信息的机会比其他都要多。听力正常的人都能听，但能听的人不一定会听。在口语交际中，会说是徒弟，会听才是师傅。因为倾听可以让你获得你所需要的信息；因为倾听可以陶冶你的情操，练就你的包容心；因为倾听不仅要察言，而且要观色，既要充分注意说话者说的内容，又要主动分担交流的责任。因此，无论是人际往来还是交流沟通会倾听是获得良好人际关系的途径。

一、倾听能力

"攻城莫若攻心，善辩莫若善听"。在口语表达的过程中，听与说是一个互动的过程。口语表达区别于书面语的一个重要特征是它在交流过程中的双向性。如果说话是言语生成与编码，那么听话则是言语理解与解码。一个善于倾听的人，他不是用耳朵在听，而是用心去体味、去感悟、去理解。因此，倾听能力的构成不仅需要具备听力而且更需要具备听才。

通常，只要不是聋哑人或耳疾患者都具备听力，但是要取得有效的信息，必须听得专心，听清表达者的每一句话。听话的效果就取决于听才。听才是交流过程中所表现出来的个人能力与才干。如大家在一个教室上课，有的同学只会死记硬背，有的同学却能举一反三；出席同一个会议，会后有的人一头雾水，理不出头绪，有的人却能三言两语就归纳出主题；与人交谈，有的人思维混乱、表述前言不搭后语，有的人却思维清晰、语脉准确流畅。存在差异的原因是听才的不同，而个人的听才不仅受制于心理素质、知识的结构还受制于个性的思辨能力、记忆能力、反应能力、知识运用能力等。因此，训练口才不仅需要学表达，更需要培养倾听能力。说得好才能听得明白，听得准确才能说得清楚。听说是相辅相成的。所以，倾听能力包括：①能积极思考获得的信息，理解说话者谈论的基本大意；②能捕捉说话者的主要信息、重要细节，记住重要的详细内容；③能概括归纳谈话者言语的中心、主旨，形成整体认识；④能分析谈话者言语中的具体因果关系，学会整理理解言语中的相关信息；⑤能根据说话者的话语进行合理推断，听出言外之意，掌握谈话者语用策略；⑥根据言语能判断出说话人的真实态度、意图、倾向、目的。

二、倾听技巧

口才追求表达的效果。一个善于表达的人并不一定是在任何情况、任何语境下都能滔滔不绝、口若悬河表达的人。有的时候"沉默是金"，做个认真的倾听者更受人欢迎。倾听能更好地了解对方，促成有效的交流。

1. 集中精力倾听。在口语交流过程中，认真倾听对方的讲话是对他人的一种最高奖赏，也是实现有效沟通的关键。认真、专心、耐心地倾听能充分了解对方的意图，以便调动自己的思维寻找对方表达的主旨。与人交流时，在倾听的过程中你可以或补充、或提问、或接续、或转移话题，认真倾听不是毫无原则地任人瞎说，而是为了自己说得更准确。只有认真倾听，才能增强表达的有效性和技巧性。

2. 让对方多说话。与人交流，听清楚不难，难的是能听懂对方的隐性话语。如果你希望自己成为一个善于表达的人，首先就要做个善于倾听的人。"要使别

人对你感兴趣，首先就要对别人感兴趣"（卡耐基）。让别人去表达，做个好的倾听者，不仅会使对方产生被尊重、被关切的感觉，更是让对方在表达的过程中把他的需求表述出来。

3. 适时作出反馈。与人交流，听是对人的尊重，是对事的理解，是表达者与聆听者两者间的胸怀和人格的展示。倾听一般以安静认真地听为主，脸应该向着说话者，眼睛要注视着对方的表情与手势，以便理解对方的身体辅助语言。在倾听的过程中，必须适时作出反馈，如当对方与你分享内心的快乐时，你应随之欢笑；当对方向你倾诉烦恼时，你可发出轻叹；当对方表达卡壳时，你可投去鼓励的目光；当对方向你娓娓道来时，你可颔首应答……

三、倾听能力的培养

（一）倾听注意力

注意力是听话的一种基本能力，注意力其实是一种耐心与专注。在口语交际中，专心倾听，不仅要用耳，而且要用全部身心，不仅是对声音的吸收，更是对意义的理解。由于来自不同的地方，受说话人的文化水平、知识能力、风俗习惯、个性差异、周围环境等诸多因素的影响，有的人在表达时会表现出思维混乱、前言不搭后语；语速过快，方音严重；有时周围环境喧哗嘈杂等，这些都要求我们在倾听时必须集中注意力，只有专心致志地倾听，才能把握听的内容准确性、全面性。再说，认真听别人讲话是对人的一种尊重，是社交场合基本的礼貌要求。

怎样保证在交流的过程中，集中注意力倾听呢？如果对方表达的是议论性的内容，倾听时摄取信息的重点应该是蕴含的观点；如果对方表达采用的是说明性的语体，那么我们关注的应该是说明的中心；如果对方是叙述性的语脉，则要抓住语言信息中的时间、地点、人物、事件等要素及话题的中心思想。在口语交际的过程中，听话者只有抓住上述语言重点，才能领会对方所要表达的意图。

（二）倾听记忆力

记忆力是倾听能力的重要构成因素。记忆是人的大脑对信息、知识的保存与储备。在口语交际中，记忆力是好口才的重要依托。"手中有粮，心中不慌"，只有具备足够记忆的信息量和知识点，才能从容表达。如果"左耳朵进，右耳朵出"，听到的话不能记住，就很难做出有效的回应，表达交流的效果就不佳。因此，我们必须加强倾听记忆力的训练。明确识记的任务，专注识记的目标，掌握良好的记忆方法，遵循记忆的规律。

（三）倾听归纳力

口语表达是通过声音来传递信息的，声音转瞬即逝，覆水难收。因此在倾听的过程中不仅要注意归纳力培养而且要注意归纳应变能力的训练。因为说话时，由于受时间、心理、环境等因素的影响，不可能字斟句酌，在口语表达的过程中会出现许多的散句、省略句，甚至会说许多与话题无关的或关系不大的内容，这就要求倾听者必须能区分主次，把对方零乱的信息理出头绪，抓住所说内容的主旨。

（四）倾听理解力

理解力是倾听过程中高层次的核心能力。倾听理解力，就是对谈话内容自觉努力地去接收和处理，一方面用自己具有的科学知识、人生体验、实践经验，正确和全面理解，另一方面以谈话背景为参照，有重点、有取舍地理解。因为倾听的目的是为了理解对方的意思，倾听不仅能理解对方发出的语言信息和态势信息，还得结合自己的见识和阅历，对它们进行分析理解。理解不仅是倾听中理解话语表面内容，更应能揣摩对方表达的意图、情感色彩、态势语所表达出来的信息，即能听出言外之意、弦外之音、正话与反话、真心话与违心话等。

【训练任务】

善于表达是一种艺术，要把话说得得体就需要一定的技能去表现。一个会说话的人首先得会听话。现实生活中，只要你留意就会发现，拥有出众表达能力的人，他不仅能表达，而且都是善于倾听的高手。在口语交际中，学会"倾听"是一个非常重要的环节。俗话说"会说的不如会听的"。通过"听"，我们不仅可以了解对方所要表达的意思，还可以掌握双方观点的分歧，并能分析辨别出言外之意、弦外之音，从而做出有针对性的反应。应该说"听"是为了更好地"说"，只有听得准才能说得好。因此，倾听能力是一项综合能力，它是我们训练中不可忽视的重要环节。学习提高口语表达能力，我们要从训练倾听注意力、倾听记忆力、倾听应变力、倾听理解力等倾听核心能力开始。

训练任务1 倾听注意力训练

在口语交际中，认真听别人讲话是对别人的尊重，是一种基本的礼貌要求。听话注意力训练应该在自觉状态下有意识地进行。

1.1 范例

情境再现：

那是一个圣诞节，一个美国男人为了和家人团聚，兴冲冲从异地乘飞机往家赶，一路上幻想着与家人团聚的喜悦情境。恰恰老天变脸，这架飞机在空中遭遇猛烈的暴风雨，飞机脱离航线，上下左右颠簸，随时随地都有坠毁的可能，空姐吓得脸色煞白，惊恐万状地吩咐乘客写好遗嘱放进一个特制的口袋，这时，飞机上所有人都在祈祷。在这万分危急的时刻，由于驾驶员的冷静及杰出的飞行技术终于转危为安，飞机平安着陆，大家都松了口气，为平安活着而欢呼。这个美国男人回到家后异常兴奋，不停地向妻子描述飞机

上遇到的险情，并且满屋子转着、叫着、喊着……然而，他的妻子正和孩子们兴致勃勃分享着节日的愉悦，对他经历的惊险没有丝毫兴趣，男人叫喊了一阵，却发现没有人听他倾诉，死里逃生的巨大喜悦与被冷落的心情形成强烈的反差，就在他妻子去准备蛋糕的时候，这个美国男人却爬到阁楼，用上吊这种古老的方式结束了从险情中捡回的宝贵生命。

范例评析：

一个在飞机上遭遇惊险却大难不死的美国人回家反而自杀了，原因何在？心理学研究表明，人在内心深处，都有一种渴望得到别人尊重的愿望。倾听是一项技巧，注意关注别人的感受是一种修养，甚至是一门艺术。夫妻之间需要沟通，更需要倾听！当你在倾诉时，却发现无人在倾听，这种痛苦，无疑是很大的打击！一个善于倾听的人在他人眼中是一个很健谈的人，夫妻之间如此，亲朋好友之间也应是这样。懂得倾听，不仅是关爱、理解，更是调节双方关系的润滑剂，每个人在烦恼和喜悦后都有一份渴望，那就是对人倾诉，他希望倾听者能给予关注、理解与赞同，然而美国男人的妻子没有做到，所以导致了悲剧的产生。

学会倾听应该成为每个渴望事业有成、家庭幸福的人的一种责任，一种追求，一种职业自觉，倾听也是优秀人才职业成功必不可缺的素质之一。可以这样说，倾听的注意力是口语交流中最美的动作。

1.2 训练

人有两只耳朵，只要先天或后天不是聋子，每个人都会听，但听的质量好坏，关键是听时注意力是否投入。在人生旅途中我们会因不注意倾听失去很多的机遇、丢失许多朋友，甚至会因不善倾听导致无法沟通而恋人弃你而去。所以倾听技巧的训练应该从训练倾听的注意力开始。

训练情境1　用录音机播放一段讲话的录音，音量控制在低档，时间在10分钟左右。

训练要求：悄语训练。要求学生倾听后复述，内容越具体越详细越好。

训练提示：播放录音时间不宜过短，以训练倾听注意力的持久性。

训练情境2　以嘈杂声为音响背景，请一个同学来讲述一件事或解说一个事理，也可选用录音合成，时间为10分钟左右作为训练材料。

训练要求：闹语训练。训练时让同学们注意倾听，对所听到的重点信息加以复述，介绍所给材料的主要内容。倾听时要注意沉住气，防止烦躁情绪；背景音响不宜过大，喧闹声可以用波浪式地断续干扰出现；听辨的内容要完整连贯；训练过程要注意由易到难，逐步加深。

训练提示：学会"倾听"是一种心理素质，因为他必须有足够的耐心。在纷乱的环境中，能以拥有较强的自控力全神贯注地听别人并不精彩的讲述，是每个希望提高表达能力的人都应该具备的语言修养。

训练情境3 由教师或学生当众说一件事或讲一个道理，阐述时语速要说得很急，而且在快速的语流中，夹杂一些冗余的语汇。

训练要求：快语训练。大家倾听后能复述其大意。

训练提示：听辨时注意领句、结语及关键性的词语；学会边听边浓缩语言信息的要点，将其归纳成短语；以沉稳的心态适应语速，在表达的延宕间隙抓紧对语意的提炼与归纳；不要对听的内容轻率地作超前判断。

训练情境4 播放地方电视台用方言播报的新闻录像（截取15分钟左右时间为宜），或请两位同学用方言对话，大家围绕一个话题交谈10分钟，然后指定几位同学介绍内容要点，并说明这种方言与普通话之间的对应及其差异。

训练要求：方言训练。方言选择要难易适中，对使用频率高而过于难懂的方言语汇，可预先作一点提示。

训练提示：方言在社会生活中的长期存在是语言交流中经常遇到的障碍。适当地进行方言听辨训练，不是提倡方言土语，而是为了用它训练听辨注意力，提高对方言的表述的听辨适应能力。

⬤⬤⬤训练任务2 倾听记忆力训练

在口语交际中，倾听时良好的记忆力是好口才的重要依托。在交流中只有善于记忆，才能掌握应有的信息量，才能在表达时随时可以调集知识点来应对。所以，会说更要会听，会听必须加强记忆。

2.1 范例

情境再现：

香港《经济日报》记者在2007年的"两会"期间，采访了温家宝总理。

记者：今年是香港回归祖国十周年，请问总理，对香港回归十年以来的表现，您有怎样的评价？我们也知道总理一直非常关心香港的情况。请问总理对香港未来的发展有什么样的希望？在今天刚刚通过的政府工作报告里提到要加快金融体制改革。请问总理，香港作为一个国际金融中心，您认为香港在我们国家未来的金融体制改革方面可以扮演什么样的角色？

总理：香港回归十年了，确实走过了一条不平凡的道路。这十年来，中央政府坚定不移地贯彻执行"一国两制、港人治港"的方针，坚决按基本法办事，没有干涉属于香港特别行政区内部的事务。

香港特别行政区政府团结香港市民，战胜了亚洲金融风暴等一系列的困难，经济得到稳定、恢复和发展，民生得以改善。

香港目前处在一个重要的发展时期。我一直认为，香港背靠祖国、面对世界，有着特殊的区位优势。香港有着世界最自由的经济，国际上广泛的联系，有着较为完备的法制和经济管理人才的优势。

香港的金融中心地位以至航运中心地位、贸易中心地位，是其他地区不可替代的。值此香港回归十年之际，我请你转达对香港同胞的问候，我衷心希望香港更加繁荣，更加开放，更加包容，更加和谐！紫荆花盛开了，今年花儿倍娇艳，明年春色更迷人！

范例评析：

倾听是沟通的桥梁，倾听是成功应对的助推器。应对的过程首先要注意倾听，倾听包含了具体的过程：感知、选择、组织、解释和理解。面对一连串的问题，需要借助已知的信息，调动大脑贮存的知识和经验，通过判断、推理、整合才能达到正确解释和理解的目的。在上述的应对中，总理如果没有准确的记忆，就难以做出精确的回答，要想回答好这一连串的提问，在倾听时需要对问题有个准确的记忆理解。因此，提高倾听过程中记忆力的准确性和精确性对表达大有裨益。只要长期坚持，你的记忆力和表达能力将会有一个很大的提高。

2.2 训练

倾听是生活中的润滑剂，生活中，我们经常变换角色与人交流、沟通，加强倾听记忆力的训练是一种主动的生活姿态，一种由衷的信赖和美妙的心境。记住对方表达的信息及你所表达的信息被对方记住都是幸福。

训练情境1　以组划分，每组请3~5位同学用1分钟时间介绍自己的姓名、出生年月、出生地点、家庭成员和个人爱好，然后请几位同学复述，评议下谁说得完整，没有差错。

训练要求：精确复述。不准用笔记录，介绍的同学语速要稍快，语调要有一些变化。复述的同学要依次精确复述。

训练提示：这是对数字的记忆，平时碰到一些数字时，要找规律，刻意去记忆，条件允许应立刻把它说出来。平时做个有心人，注意记一些电话号码，记一些车牌号码、身份证号码等。

训练情境2　围绕某个话题，制作录音训练材料，也可由教师录讲几段话，每段话控制时间为3分钟。训练时，请前排第一人到讲台，用耳机听取其中的一段话，然后让他回到座位，以耳语的形式向后坐的同学传话，统一人数及时间，进行由前到后的快速传话，以秒表计时。

训练要求：快速传话。传话要以轻松的耳语进行，以第三人听不到为佳；传到最后一个人即举手，请他到讲台复述，并播放录音与同学所述加以对照。

训练提示：传话内容不宜过于简单，至少要有四个以上传接层次，最好加进几个容易误听的词或者语汇。教师根据传话所需时间的多少和传话的误差情况评分，排出名次。

训练情境 3　选择语音语调运用较好的同学，声情并茂地朗读文稿（可选短新闻、美文、热点问题），让聆听的同学当场背诵或复述文稿。

训练要求：现场记忆。如果要求背诵的，内容可选简单。如果是复述则应选有述有抒有议的文章为好。

训练提示：本训练是为了培养学生听记能力，因此只要当时强记即可，不必作间隔性检查。同时，鼓励并要求同学课外利用电视广播节目等经常进行记忆复述训练。

●●●训练任务 3　倾听归纳力训练

口语是通过声音传播的，如果对稍纵即逝的语言信息听不准，记不住，就不可能做出正确的推断和及时的反应，交流就会受阻。而言语表达多是在不稳定、不规则的环境中进行的，如果没有良好的归纳能力，就不能在纷繁的语言表达中获取有用的信息。

3.1 范例
情境再现：

钢盔这东西现在看起来简单，但在第一次世界大战期间还没有人能发明它。有一次，法国的亚德里安将军到医院看望伤员。在病房里，几个人闲谈中在问一个士兵：当炮弹轰炸的时候，你是怎样将头部保护得好好的，一点也没受伤？士兵回答说：当时啊，我急了，赶紧抓了个铁锅扣到了头上！这句话让亚德里安将军不由心里一动：如果让士兵们都戴上金属制作的帽子，那该多好！于是他授意如此去做，钢盔由此发明。

范例评析：

听别人说话，听到的当然不会都是金玉良言，经常会有平常和芜杂的信息。一个具备较好倾听能力并善于归纳别人说话的人，往往能从对方的话语里去粗存精，获得宝贵的信息，从而触发自己的思考，产生灵感的火花。

3.2 训练

听的过程是对信息加以整合加工的过程，把零散的信息进行整合，体现了一个人认知能力的高低，而认知的水平直接影响表达。

训练情境 1　父子两人在雪地上比赛走路，看谁走得又直又快。父亲看着终点，一步一个脚印，走得既直又快；儿子看着自己走的每一步，走一步回头看一下，结果又慢又弯曲。

训练要求：由一位同学朗读以上文字，听后请一位同学复述，再请其他同学用一句话归纳文意主旨。

训练提示：本训练可以用来训练归纳力也可用来训练倾听记忆力。参考答案：如果只盯着过程，就会忘记目标。

训练情境2　一位下士调动工作，报到时带来了原上司写给新上司的一张条子："此人嗜赌如命，如你能令他戒赌，他会成为一个十分出色的士兵。"新上司大声问下士："你赌什么？"下士答："什么都赌。比如，我敢说你右下臂有一颗胎痣。假如没有，我宁愿输200元。"新上司叫道："拿你的钱出来。"接着，他把上衣脱掉，证明并无胎痣，然后把钱装到裤袋里去了。事后，他给下士的原上司打电话，洋洋得意地说："你那位下士先生起码最近不会找人赌钱了，因为我刚才治了他一下。""别太自信了，"对方回答，"他出发到你那里之前就同我赌2000元，说见到你5分钟之内，一定能令你打赤膊。"

训练要求：请一位同学大声朗读以上文稿，其他同学听后复述，时间为3分钟。

训练提示：叙述中要归纳出趣味，绘声绘色地要呈现文稿的要义。

训练情境3　放暑假的时候，给我家送报的换了一个十七八岁的少年。我家住6楼，每天清早8点多钟，便有一阵轻捷的脚步声急急地上楼来了。不论晴天雨天，他都来得很准时。门没开的时候，他轻轻地把报纸塞进报筒。门虚掩着的时候，他便会礼貌地喊一声："万老师，报纸来了！"

我曾与他闲聊过，得知他每天凌晨5点钟就起床，每天要为200多户人家送报，而且都是楼房住户，他每天要爬一万八千多级台阶。

骄阳似火，送报少年每天大汗淋漓地骑着车子穿街过巷，一大早，他的短袖衬衣就湿透一大截，但他的车铃却拨弄得很快活，小圆脸上闪着一双清亮的大眼睛，见人就腼腆地笑着，他的日子似乎无忧无虑。7月下旬的一天，少年送报来时对我说："今天报上刊登了高考录取分数线！"我说了声谢谢。少年便下楼去了。这时，我那儿子闻声从床上跃起，接过报纸急匆匆地翻阅，高兴地说："妈，我可以上邮电大学了！"我既高兴，又对儿子的那种少爷做派很不满意。8点多钟了还穿着睡衣，卧室里空调还在呼呼作响。几乎每天都是这样，千呼万唤才起床洗漱，然后，打开电视，靠在沙发上一边啜饮牛奶一边不停地换电视频道……我说："高考完了可以休整休整，但不能天天这样睡懒觉，一个青年有没有志气抱负，就看他能不能早起床！"儿子不屑地说："你那观念早过时了！"我说："你看看人家那送报的少年，每天5点就起床了！"儿子笑得更嚣张："他是干什么的？我是干什么的？我是新世纪的第一代天之骄子，我进了大学，还要攻读硕士、博士，还要出国留学！"一个大雨滂沱的日子，送报的少年头一次误点了。上午9点半时，才出现在我家门口，他浑身衣服湿透了，像一个落汤鸡，胳膊肘上有一道摔伤的血痕，报纸也打湿了一角。他像一个做了错事的孩子嗫嚅着说：

"对不起，我摔了一跤，自行车也不能转了，连报纸也弄湿了……"我刚说了声"没关系"，儿子却夺过报纸狠狠地一摔："换份干的来，这份不能看!"我一边解围，一边把儿子推进房里。

转眼到了8月底，儿子接到邮电大学的入学通知书，高高兴兴地清点行囊准备上学了。这天8点刚过，送报的少年准时出现在门口了。他把报纸交给我后，笑吟吟地说："万老师，从明天起，这报纸还是由我爸爸送。"我随口问:"那你呢?"少年说:"我被北京大学录取了，明天去上学。"

我惊得不知说什么才好，那少年又补充道："我爸是个下岗工人，身体不太好，以后若送迟了，您多包涵!"少年深深地朝我鞠了一躬，便下楼去了。

训练要求：中心内容提炼法。请一位同学声情并茂地朗读以上文稿，听后请其他同学归纳文稿的中心内容，时间为3分钟；或者训练的同学独自阅读文稿3分钟，然后离开文稿复述以上内容。复述时间控制在3分钟内。字数不能超过500字。

训练提示：自立标题；紧扣中心；忠实原文；表述流畅；层次分明；融进情感。

训练任务4　倾听理解力训练

倾听的理解力是一种对他人的情感和语言表达的反应方式，是增强对他人的情感和心理体验的理解手段，是使人与人之间形成良好互动关系的有效方法。只有具备良好的倾听理解力，才能应对自如。

4.1 范例

情境再现：

50年代初，周总理接受美国记者的采访时，随手将一支美国派克钢笔放在桌上。

记者：总理阁下，你们堂堂的中国人，为什么还要用我们美国生产的钢笔呢？

周总理：提起这支笔，那可就话长了。这不是一支普通的笔，而是一位朝鲜朋友从朝鲜战场上得到的战利品，是作为礼物送给我的。我觉得有意义，就收下了贵国的这支笔。

范例评析：

在外交场合，因说话的目的、说话的场合及双方立场、关系等诸多因素的影响，往往存在言外之意、弦外之音，简单地说就是话中有话。总理和记者的对答双方都采用含蓄的婉言。美国记者的言外之意是讽刺中国连钢笔也生产不出来，技术太落后了；周总理则借用言外之意巧妙暗示对方：这支笔是侵朝的美军败于中朝军民的见证物，暗示美国记者不要狂妄。总理机敏的应对能力让人拍案叫绝。

4.2 训练

如果说听是人的感觉对声音的一种被动的、消极的生理反应，那么，只有理解才能倾听，只有倾听，才能理解，才能听出言外之意，从而得体、巧妙地去应对。

训练情境1 某国王请阿凡提评论自己的诗，阿凡提规劝国王不要再写诗，结果被关进驴圈。后来国王又召见阿凡提欣赏其新作，阿凡提转身就走，国王问他到哪里去，阿凡提答道："到驴圈去，陛下！"

训练要求：听出言外之意。用简洁的语言把辨析出的言外之意、弦外之音表述出来。

训练提示：我们可以推断出言外之意：谁评论国王的诗不好，谁就会被关进驴圈，阿凡提对国王新诗作的好坏不加评论，却说自己要到驴圈去，显然是说国王的诗写得很糟糕。

训练情境2 故意将一段话的表达结构打乱，形成"散点式"叙述，在不应当停顿转接处，加入一些不相关语，以此作为训练材料。训练时让同学们仔细倾听，然后对语序进行重新的调整。

训练要求：语脉听辨。潜心听辨，梳理思路，要从杂乱的表述中找到线索；注意语意理解的完整性，防止挂一漏万，以偏概全。

训练提示：可采用倾听的"定向意识"，如以时间顺序、空间顺序、过程顺序和逻辑推理顺序等来厘清内容。

训练情境3 让每个学生准备一段包含言外意、潜台词的语言小品，与同座互听互说互辨，精彩的例子供全班所用。

训练要求：要准确抓住要领，领会意思并避免倾听失误。

训练提示：表达方式一般有直率、委婉、暗示三种，综合地运用这些方式会使得语言表达更得体。

【考核与评价】

考核内容：

1. 提高听的效率有哪些好的方法可借鉴？平时提高自我素养，培养善解人意的倾听能力。

2. 观察你的身旁有哪些人是善于倾听的？请描叙他们以怎样的表现吸引你？为什么吸引你？并创造机会向他（她）学习。

3. 选一部电影，观看时试着关闭声音，凭借人物的表情、动作来猜测情节内容。

◆学生自评

你的倾听能力如何？不妨根据下表作一番自测。请在表中适合于你的空格打"√"号：

听的方法与态度	一贯	多数情况下	偶尔	几乎从来没有
1. 力求听对方讲话的实质而不只是听它的字面意义				
2. 以全身的姿势表达出你在入神地听对方说话				
3. 别人讲话时不急于插话，不打断对方的话				
4. 不一边听对方说话一边考虑自己的事				
5. 听到批评意见时不激动，耐心地听人家把话讲完				
6. 即使对别人的话不感兴趣，也耐心地听人家把话讲完				
7. 不因为对讲话者有偏见而拒绝听他讲的内容				
8. 即使对方地位低，也要对他持称赞态度，认真听他讲				
9. 因某事而情绪激动或心情不好时，避免把自己的情绪发泄在他人身上				
10. 听不懂对方所说的意思时，利用提问来核实他的意思				
11. 利用总结归纳法来证明你正确理解了对方的意思				
12. 伴以期待眼神的适当沉默，鼓励对方表达出他自己的意思				
13. 引用对方原话，以免曲解或漏掉对方说出的信息				
14. 避免只听你想听的部分，注意对方的全部思想				
15. 以适当的姿势鼓励对方把心里话都说出来				

（续表）

听的方法与态度	一贯	多数情况下	偶尔	几乎从来没有
16. 与对方保持适度的目光接触				
17. 既听对方的口头信息，也注意对方所表达的情感				
18. 与对方交谈时选用最合适的位置，使对方感到舒适				
19. 能观察出对方的言语和内心思想是否一致				
20. 注意对方的非口头语言所表达的意思				
21. 向讲话者表达出你理解他的情感				
22. 不匆忙下结论，不轻易判断或批驳对方的话				
23. 听话时把周围的干扰因素排除到最低限度				
24. 不向讲话者提太多问题，避免对方产生防御反应				
25. 对方表达能力差时不急躁，积极引导对方把思想准确表达出来				
26. 在必要情况下边听边做笔记				
27. 对方讲话速度慢时，抓住空隙整理出对方的主要思想				
28. 不指手画脚地替讲话者出主意，帮助对方确信自己有能力解决问题				
29. 不伪装认真听人家讲话				
30. 经常锻炼自己专心倾听的能力				

　　上表中所列 30 项，对每一项而言，如果是"一贯"得 4 分，"多数情况下"得 3 分，"偶尔"得 2 分，"几乎从来没有"则得 1 分。请你填完后，把所有打"√"号的格内应该得的分数加在一起，就是你即得的分数。

　　得分为 105～120 分，倾听能力为优；89～104 分为良；73～88 分为一般；72 分以下则为劣，你可得加强倾听训练了。

拓展学习

1. 孙海燕、刘佰奎编著：《口才训练十五讲》，北京大学出版社2004年版。

2. 颜永平、文若河：《会说话，得天下》，北京大学出版社2008年版。

3. 陈宇主编：《职业汉语教程（试用本）》，北京大学出版社2007年版。

训练项目四　语音技巧训练

【训练目标】通过本项目的训练，掌握有声语言的技巧，能综合运用语音、语调、停顿、节奏等有声技巧，使得有声语言的表达持久、有力、准确、清晰、圆润、悦耳、动人。

【训练内容】语音标准规范训练、以声传意技巧训练、普通话读诵训练。

【知识储备】

一、语音及特点

语音是指负载着一定的语言意义的声音，是人类发音器官发出的具有区别意义功能的声音。语音是最简洁、最直接地表达和记录思维活动的符号体系，是人类语言交际工具的声音形式。

有声语言靠声音来传递信息，而语义只有通过一定的语音和语调、语速、节奏、停顿才能表现出来。语音的表现形式是多变的，主要表现在音量的轻重、音调的高低、语速的快慢、节奏的强弱等方面。语音是构成口才的重要因素，要提高语言表达的质量，就必须在语音语调上下工夫。掌握良好的表现技巧，不仅能准确、生动地表达出说话者丰富多变的思想情感，而且能娓娓动听、声声入耳，达到使人知、令人信、动人情、促人行的境界。反之，语音不标准，不能准确地表情达意，会使听众感到茫然和烦躁，势必会影响语言表达的效果，甚至还会影响自己的形象。"一句话让人笑，一句话让人跳"，很多时候就在于语音、语调的处理。同样一句话，用不同的说话方式表达出来，有时候效果截然相反，因此，需要我们加强对以声传意技巧的学习和训练。

二、规范语音的意义

普通话是以北京语音为标准音，以北方方言为基础方言，以典范的现代白话文著作为语法规范的现代汉民族通用语。《宪法》规定："国家推广全国通用的普通话。"随着人际交往的密切，通讯工具与传声技术的广为应用，普通话标准程度的高低，对说话者的口语表达效果有着直接影响。

语音的规范不仅仅是个人的事情，它不仅直接影响到语言表达作用的发挥和艺术效果的体现，而且还关系到祖国语言的健康发展。运用不规范的语音，表达就会缺少魅力，缺少动人的色彩；发音上的缺陷，不但会让人觉得美中不足，而

且在与人交流沟通时更会感到有障碍或留有遗憾。

要做到语言的标准与规范，就必须学好普通话，而学好普通话的唯一有效途径就是熟练地掌握"汉语拼音"，并且有目的、有计划地进行语音技巧的训练。因为普通话的特点就是口耳之学，我们只要多用口去讲，多用耳去听，边讲边分析，边听边比较，持之以恒，抓住重点、突破难点，就能说出悦耳、流利、标准的普通话。

【训练任务】

要想成为一名能说、会说、巧说的人，就必须对语音的技巧进行有意识的学习与训练，只有娴熟地掌握了语音特点和规律，学会了以声传意的技巧和普通话的朗诵方法，才能使自己的声音达到持久、有力、准确、清晰、圆润、悦耳、舒心、动人的最佳境界。

●●●训练任务1　语音标准规范训练

语音的标准与规范主要表现在：发音要规范、吐字要清晰、发声要正确、共鸣要良好。语音的规范要以普通话的标准和规范来吐字、发音，要说好我们想表达的每一句话，每一个字；吐字要清晰，要做到"吐、咬"清晰，归音到位。它是练好口才必须掌握的一项基本功。

1.1 范例

情境再现：

被称为"平民市长"的黎子流，1990年10月当选广州市长，第一次向人大常委会报告政府工作时，他带着一口浓浓的粤音，用粤普话在大会上大声说道："我要拒绝接受人大对我的监督"，当时全场哗然，在电视播出时引起轩然大波。后来人们看了他的讲话稿才知道他其实要表达的是"我将自觉接受人大的监督"。原来普通话不标准的他，把"自觉"的音发成了"拒绝"，引起了听众的误解。

范例评析：

日常生活、工作中，由于普通话语音不准确而引起的笑话举不胜举。比如"坐在床头望娇妻"（坐在船头望郊区），"首长先死我后死"（首长先洗我后洗）等等都引起歧义与误解。语音不准产生歧义的实例告诉我们：在表达中，首先，要掌握普通话的发音方法与语音的规范，否则就会让听众感觉你的表达词不达意；其次，普通话和发声技巧都是练出来的，只要认真练习，科学训练，就会让自己的语音技巧迅速提升，合乎规范；最后，在公众场合每一个人都必须敢于说普通话和推广普通话，不要怕出笑话。据说，平民市长在往后的生活、工作中，不仅自己努力修正不标准的普通话，而且在全市推广普通话。为此，1995年广州市语言文字工作委员会曾授予他"推广普通话特别奖"。

1.2 训练

无论是生活还是工作都需要我们用口语来表达自己的感情，为了让人听得懂，我们就必须自己说得明白；为了让别人喜欢听，我们就得说得艺术。因此，我们在口语表达的过程中，要做到语音的准确，即要以普通话的标准和规范来吐字、发音，只有这样，才能顺畅地完成信息传递。

训练情境1 请你规范、准确地朗读下列词组：

短暂——短站	栽花——摘花	自立——智力
藏身——长生	一层——一成	仓皇——猖狂
四十——事实	三哥——山歌	散光——闪光
标志——标记	朝气——娇气	杂志——杂技
长生——强身	池子——旗子	痴人——奇人
诗人——昔人	湿气——吸气	时期——星期

训练要求：指定学生上讲台朗读或者分成一对一的分组朗读，要求发音准确并要区分平舌音和翘舌音、翘舌音和舌面音的不同。

训练提示：发音时，要遵循汉字的音节结构特点，要求"饱满悦耳"。注意分辨声母，掌握发音要领，发翘舌音，舌尖翘起后，顶住或靠近齿龈后部；发舌面音，舌面前部抵住或接近硬腭前部；吐字时，不仅要有头有尾，不含混，而且要连接浑然一体，不能有分解、断接的痕迹。

训练情境2 朗读下列词组，注意送气音和不送气音的分辨训练：

b 、p	被服——佩服	饱了——跑了	步子——铺子
d 、t	队伍——退伍	调动——跳动	河道——河套
g 、k	挂上——跨上	天公——天空	关心——宽心
j 、q	精华——清华	尖子——扦子	长江——长枪
zh、ch	摘花——拆花	竹纸——竹尺	大志——大翅
z 、c	子弟——此地	清早——青草	大字——大刺

训练要求：2~4人一组，轮流大声读出以上词组，读得不对时，立即纠正。

训练提示：《汉语拼音方案》的声母表中，在塞音和塞擦音两组音中各有3个送气音、3个不送气音。它们指的是气流送出的状态，用力喷出一口气的叫送气音；气流微弱且短的，自然地流出的是不送气音。送气、不送气是相对而言的。没有不用气就可以发出的音素。在普通话中它有辨义的作用。

训练情境3 朗读下列词组，进行舌面音的训练：

j	嘉奖	健将	讲解	简洁
q	亲切	轻巧	气球	秋千

x	新鲜	雄心	相信	行销
z	曾祖	最早	总则	造作
c	寸草	从此	苍翠	草丛
s	思索	琐碎	僧俗	搜索

训练要求：指定学生上讲台朗读或者分成一对一的分组朗读，要求注意区分团音和尖音的不同。

训练提示：舌面音 j、q、x 跟 i、ü 或以 i、ü 开头的韵母拼合的，叫团音；舌尖前音 z、c、s 跟 i、ü 或以 i、ü 开头的韵母拼合的，叫尖音。普通话里没有尖音，只有团音。部分人把舌面音发成了尖音，是因为舌面音发得太靠前了。

训练情境4　朗读下列词组，进行唇齿音 f 和舌根音 h、鼻音 n 和边音 l 的分辨训练

f 、h	开发——开花	开方——开荒	废话——绘画
n 、l	女客——旅客	男子——篮子	难住——拦住

训练要求：2～4 人一组，轮流大声读出以上词组，读得不对时，立即纠正。读声母时要咬准字头，读韵头和韵腹时要吐音清晰准确，读韵尾时要收住字尾，不能拖音。

训练提示：要学会发音要领，比较相同与不同。着重练习发音部位，分辨声母发音的不同。

注意它们的发音方法，唇齿音 f 是上齿和下唇形成阻碍，而舌根音 h 的成阻部位在舌根和硬腭与软腭交界处。发边音时，可适当地把嘴咧开一些，这样就可以帮助气流从舌头两边顺利流出。

训练情境5　吸气训练：用鼻吸气，吸气时小腹向内即向丹田（肚脐眼下三指处）收缩；同时，大腹、胸、腰部向外扩展。此时，前腹和后腰分别向四周撑开，以至于产生腰带渐紧的感觉。此种方法吸气要做到快、静、深。

训练要求：吸气时双肩不要上抬，否则会因气息过浅而变成胸式呼吸；吸气也不要过猛、过深，否则会变成腹式呼吸；要注意对气息的控制，否则会感到气不够，换气费劲；胸部不要紧张，保持气息进出自如，否则声音就会失去弹性，时间稍长就会感到嗓子吃力、紧张，发声困难。

训练提示：想象在自己的面前摆着一盆芳香扑鼻的鲜花，深深地吸进一口气，然后为了品咂花香，将气息在体内控制一会儿，稍后再缓缓吐出。

训练情境6　呼气训练：用嘴呼气，呼气时要坚持收住小腹，不可放开，同时控制住胸、腹部，将肺部在吸气时所储的气体缓慢、均匀、平稳地外呼。在呼气过程中，一个接一个地发出语音，组成有节奏的、连贯的有声语言。

训练要求：在呼气时，后颈稍挺起，提起软腭，打开后声腔，放松喉部与下巴，

胸廓不要塌下，要自然控制腹部的收缩与两肋保持的对抗，要有控制地呼气。

训练提示：想象在自己的面前摆着一个生日蛋糕，上面插满了燃着的蜡烛，深吸一口气，然后均匀、缓慢、平稳地吹出，要尽可能延长呼出时间，若出一口气达到25~30秒算基本过关。

训练情境7　用共鸣腔诵读训练：

用口腔共鸣诵读："我骄傲，我是光荣的人民警察！"

用提和不提颧肌的两种方法对比诵读："我爱您——中国"。

训练要求：要求声音圆润、响亮；吐字准确、清晰。提颧肌：脸上颧肌（面皮）向两边斜上方提起，似放松微笑状态，如不提颧肌，声沉闷；打牙关：（下巴向下移）上下后槽牙间要有一定开合度，下巴稍向后、向下移，但不要大开（一般人一到高音就把下巴向前伸，脖子就硬了，结果声音打不开）；挺软腭：软腭向上挺住，用张口急吸气体会，发出鸭叫"嘎、嘎、嘎"声，使口腔造成一个圆筒；松下巴：咬字的力量主要在口腔上半部，下巴则应处于放松状态。

训练提示：口腔共鸣器是决定语音音色的主要共鸣器。对于说话用声的共鸣来说，主要在吐字准确、清晰的基础上进行锻炼。而口腔这个共鸣器的核心就是舌头的位置。通过舌头位置的高低前后及唇的闭、合、圆、展变化，形成千变万化的口腔形状，发出各种不同的语音。

训练情境8　鼻腔共鸣训练：口腔和鼻腔是两个相邻的腔体，鼻腔通过口腔的作用参与了对语音的加工，同时也进一步美化了音色。在说话中，要想做到字正腔圆，就不能忽视鼻腔的作用。

训练要求：①学牛叫声。振动声带，发出类似打电话的"嗯"（升高，表示疑问）和"嗯"（降调，表示肯定）。②模拟汽笛长鸣声"di"。既可平行发音，也可由高到低或由低到高地变化发音。

训练提示：口腔共鸣、喉腔共鸣以及鼻腔共鸣都属于平时使用最多的中音泛音区，经常地运用这些腔体产生共鸣，可以使声音丰满、圆润、清晰、自然、动听。

训练情境9　头腔共鸣训练：头腔共鸣属于高音泛音区，需要一定的气势及一定的音高，运用起来比较吃力。一定要在练好中音区的基础上再来练习头声。

训练要求：①练习"啊"音。牙关大开合，同时发出"啊"音。②用高音说出："让暴风雨来得更猛烈些吧！"看头腔共鸣是否打开。

训练提示：保持好一定的气息后，把口腔共鸣中音波传递的方向稍向后向上移动，舌头隆起，不让声波自由地从嘴里流出来。由于共鸣腔比较小，部位又高，适合高音区用声的需要，发出的声音听起来好像不是从嘴里出来的，而是从眉心透出。

⬤⬤⬤训练任务 2　以声传意技巧训练

表达时语音要富于变化，才能吸引听众、感动听众。以声传意技巧是指为了准确、形象、生动地表达出不同的思想感情，把表达的内容通过语音的轻重缓急、语调的抑扬顿挫、语感的跌宕起伏、语速的变化多样来展示表达语义的语言艺术形式。"嘈嘈切切错杂弹，大珠小珠落玉盘"的表达效果是吸引听众的一种技巧。如果表达者长时间使用同一种音调、节奏、音量、速度来表达，对听众就会失去吸引力和感染力。

2.1 范例

情境再现：

德国著名心理学家达维茨曾经做过一个"字母读音传情实验"。他请 8 个青年学生（4 男 4 女）朗读字母，要求单凭字母读音就表达出愤怒、恐惧、喜悦、妒忌、难受、紧张、骄傲、悲伤、同情和满足等十种感情。同时，他又请了 30 名听众来听音判断。实验结果证明：没有实际内容的字母读音完全可以借助语调、节奏来传达感情。在意大利，曾有一个著名的歌唱家登台献艺，但他在舞台上并不唱歌，而是用自己富有变化的、有节奏的哼哼声音在数数，从一数到一百。可是，台下的听众仍然受到了感染并为之倾倒，甚至还有人掉下了动情的眼泪。

范例评析：

声音是传情达意的最好工具。唐代大诗人白居易就特别注重语言的感情作用，"语不惊人死不休"，并提出"感人心者，莫先乎情，莫先乎音"。因此，我们每一位练习表达者，都要掌握语音的变化及表达的技巧，运用语言的艺术去感染听众，打动听众的心扉，使听众怦然心动，热血沸腾，从而达到表达的目的。

2.2 训练

以声传意技巧主要表现在表达者用有声语言时，音量大小的控制，速度快慢的变化，音调高低的抑扬，节奏强弱的掌控等方面。

训练情境 1　用音量的变化，朗读下例文字：

亲爱的同志们、朋友们：封建时代的陆游、顾炎武之辈尚且知道"位卑未敢忘忧国"、"天下兴亡，匹夫有责"。那么在优越的社会主义制度下，我们的位不卑，我们不是匹夫，我们是国家的主人啊！是主人，就应当义不容辞地承担起主人的责任。

训练要求： 指定部分同学演练，其他同学进行评析；比较谁的表达效果好，感染力强。

训练提示： 上台开口朗读第一句时，音量不要太大，也不能太小，以听众能听清楚为佳；音量大小要根据说话内容来控制，思想的重点、情感的激烈之处，音量要大些，反之，则要小些；音量大小还可以根据听众的层次和人数以及会场秩序和场地条件而定。

训练情境2 用平直调（→）、高升调（↑）、降抑调（↓）、曲折调（∧）的语气朗读以下语句：

3月14日下午两点，当代最伟大的思想家停止思想了。（叙述，表示庄重、悼念）

中国人死都不怕，还怕困难吗？（表示反问）

多么美妙的景色啊！（表示赞叹）

你学得好，比谁学得都好。（表示讽刺）

训练要求：朗读时语调要有高有低、有升有降，富有变化，用语音语调的抑扬顿挫来表达思想情感。

训练提示：平直调（→）使整个句子语势平稳舒缓，没有明显的升降变化，一般用于不带特殊感情的陈述、解释和说明，还可表示庄重、严肃、悲痛、冷淡等语气；高升调（↑）语调前低后高，语势上升，一般用来表示疑问、反问、惊讶、号召等语气；降抑调（↓）是前高后低，语势渐降，一般用于陈述句、感叹句、祈使句，表示肯定、感叹、自信、赞叹、祝福等语气；曲折调全句语调弯曲，或先升后降，或先降后升，往往把句中需要突出的部分加重、拖长并造成曲折，这种句调常用来表示夸张、讽刺、厌恶、反语、怀疑等语气。

训练情境3 语速快慢训练：

慢速："有的人活着，他已经死了，有的人死了，他还活着。"

快速："卑鄙是卑鄙者的通行证，高尚是高尚者的墓志铭。"

中速："爱国心是最美好的心灵，爱国情是最崇高的感情。"

训练要求：3～6人一组，轮流大声读出以上语句，其他同学辨析该同学语速处理得正确与否。

训练提示：说话的速度与说话人的感情密切相关，语速的变化是表情达意的重要手段。说话的速度一般可以分为快速、中速、慢速三种。一般说来，热烈、欢快、兴奋、紧张的内容，语速快一些；平静、庄重、悲伤、沉重、追忆的内容，语速慢一些。而一般的叙述、说明、议论，则用中速。

训练情境4 停顿练习：

"让暴风雨//来得更猛烈些吧！"

"人//总是要有点精神的！"

"伟大啊！什么叫伟大？持续的平凡//就是伟大！"

训练要求：在语音准确的情况下，要求停顿得当，达到表达情感的作用。

训练提示：停顿，是指在说语句或词语之间时声音上的间歇、休止或中断。停顿是衡量说话者以声传意能力强弱的标志之一。强调停顿也叫逻辑停顿，是为了强调某个事物、某种思想，突出某一语意或某种感情，显示某种关系，而在句子中没有标点符号的地方所作停顿。以上三个句子中的"暴风雨"、"人"、"平凡"后面都没有标点符号，但都采取了停顿，起到了唤起听众注意、强调、突出重点的作用。

训练情境5 心理停顿练习：

"同胞们，你难道不为自己是一个中国人//而感到自豪吗？"

训练要求：指定学生朗读或者分成一对一的分组朗读，通过停顿用心用情地读出情感。

训练提示：心理停顿也叫情感停顿，是以讲话者与听者之间的心理活动为依据而进行的一种停顿。这种停顿能够激发听者的好奇心，集中听众的注意力，有一定的调整气氛和维持秩序的作用。

训练情境6 读下面语句，进行不同节奏的技巧处理训练：

"和谐会开花，开出的是国富民强的幸福之花；和谐会结果，结出的是国泰民安的幸福之果！"（轻快型节奏）

伟大导师马克思曾说过："如果一个人只是为了自己而劳动，他也许能成为有名的学者、出色的诗人、绝顶聪明的人，但绝不可能成为真正的完人和伟人。"（凝重型节奏）

悲剧？什么叫悲剧？鲁迅先生说过：悲剧就是把本来是美好的东西毁坏了给人看。（低沉型节奏）

中国的强盛，就在于我们青年人的强盛。青年强则国强，青年进步则国进步，青年胜于欧洲，则国胜于欧洲，青年雄于地球，则国雄于地球！（高亢型节奏）

训练要求：指定学生运用停顿、抑扬读出不同内容的不同感情，其他同学参与评议，比较效果。要求音高有节，高而不喊；音低有力，低而不散；音高声轻，轻而不浮；音低字沉，沉而不浊。

训练提示：语音的节奏，是指在说话的过程中通过抑扬顿挫抒发一定的思想感情，从而形成有秩序、有节拍、有强弱、有轻重、有缓急、有规律的声音形式，它是回环往复的，发展变化的。轻快型节奏多扬少抑，多轻少重，多连少停，语流显得轻快，多适用于讲述有趣的内容，抒发愉快的情绪；凝重型节奏多抑少扬，多重少轻，多停少连，语音坚实有力，语流沉稳凝重，多适用于语重心长地告诫与劝说；低沉型节奏语势抑闷，句尾落点低沉，停顿多而长，声音偏暗，语流沉缓，多用于悲痛伤心的诉说与痛定思痛的悔悟；高亢型节奏语势高扬，气宇轩昂，多重少轻，多连少停，语速稍快，语流畅达而明朗，多用于讲述鼓励性、号召性的内容，抒发壮烈的情怀。

训练任务3　普通话的读诵训练

如果说写文章是一种创造，读诵则是一种再创造。普通话的读诵训练就是用标准的普通话把书面文字清晰、准确、响亮、艺术地朗读出来，把躺着的无声的文字变成生动的富有情感的有声口头语言，把文字由视觉形象转化为听觉形象。更重要的，读诵是一种提高语音技巧、锻炼口才的好方法。

3.1 范例

情境再现：

中国文字声韵有致，几个字连缀起来，可以获致奇妙的节奏效果。《诗·关雎》序称："吟咏性情"，"动口曰吟，长言曰咏"。这里所言的吟咏，其实就是朗诵。抗战时期在重庆的一次聚会上，著名表演艺术家赵丹应众人之邀朗诵，苦于手里没有现成的诗稿，顺手拿起菜单用轻重缓急、抑扬顿挫的语调即兴朗诵起来，博得满堂喝彩，使得在座的宾客无不为之动容，许多人都以为是发表过的作品，情不自禁地拍案叫绝。

范例评析：

赵丹朗诵菜单都能令人动容的故事告诉我们，朗诵是朗诵者的一种再创作活动。这种再创作，不是脱离朗诵的材料去另行一套，也不是照本宣科、照字读音的简单活动，而是要求朗诵者在尊重原作的基础上，通过诵读原作的字句，用有声语言传达出原作的主要精神和艺术美感。艺术化的诵读不仅让听众领会朗诵的内容，更使听众在感情上受到感染。我们在训练过程中，要使自己的朗诵优美动听，就必须使用标准的普通话，注意运用语音、语调、节奏、停顿的技巧，更好、更准确地表达作品的思想内容，使得听众能理解与接受。

3.2 训练

读诵和说话不同，它除了要求朗读者忠实于作品原貌，不添字、漏字、改字等外，还要求朗读时在声母、韵母、声调、轻声、儿化、音变以及语句的表达方式和表情色彩等方面都符合普通话语音的规范和人们的审美理念。

训练情境1　绕口令训练。读好绕口令，是练好普通话读诵的基础。绕口令练的是"拗口"的连读时，唇、齿、舌的配合及反应能力。

双唇音：b、p、m

八百标兵奔北坡，炮兵并排北边跑。炮兵怕把标兵碰，标兵怕碰炮兵炮。

唇齿音：f

我们要学理化，他们要学理发，理化理发要分清，学会理化却不会理发，学会理发也不懂理化。

舌尖中音：d 、t 、n、l

调到敌岛打强盗，强盗太刁投短刀，挡推顶打短刀掉，踏盗得刀盗打倒。

舌根音：g 、k 、h

哥挎瓜筐过宽沟，赶快过沟看怪狗，光看怪狗瓜筐扣，瓜滚筐空哥怪狗。

舌面音：j、q、x

氢气球，气球轻，轻轻气球轻擎起，擎起气球心欢喜。

翘舌音：zh、ch、sh、r

史老师讲时事，常学时事长知识。时事学习看报纸，报纸登的是时事，常看报纸要多思，心里装着天下事。

平舌音：z 、c 、s

四是四，十是十，十四是十四，四十是四十。十不能说成四，四也不能说成十，假使说错了，就可能误事。

前后鼻音训练：n、l

同姓不能念成通信，通信不能念成同姓。同姓可以通信，通信的可不一定同姓。

快口训练：

天上看，满天星；地下看，有个坑；坑里看，有盘冰。坑外长着一老松，松上落着一只鹰，松下坐着一老僧，僧前放着一部经，经前点着一盏灯，墙上钉着一根钉，钉上挂着一张弓。

说刮风，就刮风，刮得男女老少难把眼睛睁。刮散了天上的星，刮平了地上的坑，刮化了坑里的冰，刮倒了坑外的松，刮飞了松上的鹰，刮走了松下的僧，刮乱了僧前的经，刮灭了经前的灯，刮掉了墙上的钉，刮翻了钉上的弓。（这是一段星散、坑平、冰化、松倒、鹰飞、僧走、经乱、灯灭、钉掉、弓翻的绕口令。）

训练要求：①一人自练：连念几首，录音后反复听；②单兵对抗：选材相同，轮流念，秒表计时，凡没有"卡壳"者均可参加评比，以快慢与清晰度为标准，评出名次；③连轴转：数人说同一个有一定难度的绕口令，由慢到快，说错就淘汰，其他人自动替代，依序循环进行下去，看谁能坚持到最后不出错；④打擂台：两人登场对说，各人要有充足的"储备"，可以从易到难，其难度在你来我往的比试中逐步加大，越说越难越快。

训练提示：绕口令在口语训练中既有趣又有效，它对锻炼舌肌，纠正发音，提高普通话标准程度都十分有益。练习绕口令要做到循序渐进，由简到繁、由短到长、由慢到快，最后达到清、准、快、连的目的。避免盲目图快，为了"速度"而追求"速度"，就会事倍功半，一旦养成错误的发音习惯，可就不好改了。

训练情境2　朗诵练习：

再别康桥（徐志摩）

轻轻的我走了，正如我轻轻的来；我轻轻的招手，作别西天的云彩。

那河畔的金柳，是夕阳中的新娘；波光里的艳影，在我的心头荡漾。

软泥上的青荇，油油的在水底招摇；在康河的柔波里，我甘心做一条水草！

那榆荫下的一潭，不是清泉，是天上虹；揉碎在浮藻间，沉淀着彩虹似的梦。

寻梦？撑一支长篙，向青草更青处漫溯；满载一船星辉，在星辉斑斓里放歌。

但我不能放歌，悄悄是别离的笙箫；夏虫也为我沉默，沉默是今晚的康桥！

悄悄的我走了，正如我悄悄的来；我挥一挥衣袖，不带走一片云彩。

训练要求：认真阅读与理解作品，从理性上把握作品的思想内容和精神实质；精心设计读诵方案，力求通过语音的具体形象把原作的思想感情表达出来；注意普通话和自己方言在语音上的差异；标记出文字中多音字的读音；注意由字形相近或由偏旁类推引起的误读；注意异读词的读音；全面掌握停顿、重音、语调等朗读的基本技巧。

训练提示：朗诵，是艺术化的语言表达。朗诵必须酝酿感情，理解意境，配合肢体，投入表情，达到一种美的境界。通过朗诵，在重音、语速、节奏、表情等方面的把握，能够培养语言艺术气质，增强个人魅力。通常一段朗诵需要练习15次以上。

训练情境3　对下面语段进行诵读：

"你以为当官那么快活？你以为当官的都过得挺舒坦？没那么回事儿。官场不好混！左右逢源，上下照应，按下葫芦起来瓢，没金刚钻还真揽不了这瓷器活儿。所以，你别瞧着当官的就气，别瞧着当官发号施令就腻烦，人家也有一本难念的经啊！"（谌容：《活的滋味》）

一个工厂处于困境，濒临倒闭，伤心如焚的厂长在全厂职工大会上激动地说："同志们，我们不能高枕无忧，盲目乐观了！我们的工厂面临破产，要垮了！我有责任，可我一个人也担不起这份责任呀！……工厂是咱们大家的，咱们上上下下拧成一股绳，奋发图强，卧薪尝胆，我相信我们还是有希望走出困境的……"

训练要求：认真阅读与理解作品，把握重音、语速、节奏、表情等，可选择自练也可打擂台训练。

训练提示：朗诵必须融入情感，理解语境，投入表情，传递文字美的境界。由易到难，通常一段成功的朗诵需要练习10次以上。

【考核与评价】

考核内容：

1. 通过本项目的训练后，熟练的掌握《普通话测试教材》内容，报名参加普通话的测试，争取达到"一级乙等"水平，至少也要达到"二级乙等"水平。

2. 运用科学发声、语音共鸣和以声传意的技巧，朗读毛泽东的诗歌《七律·长征》。要求放慢速度，有意识地夸张，尽量找出最佳共鸣效果，声音适当偏后些，使之浑厚有力。同时要有明显的音量大小、速度快慢、音调高低和节奏强弱的变化。

红军不怕远征难，万水千山只等闲。

五岭逶迤腾细浪，乌蒙磅礴走泥丸。

金沙水拍云崖暖，大渡桥横铁索寒。

更喜岷山千里雪，三军过后尽开颜。

3. 能在各种不同的场合下，娴熟自如的、口齿清晰的、形象生动的、持久有力的运用标准规范的语音进行讲话或交流沟通。

4. 在与人交流沟通中，把握语音的音量大小、速度快慢、音调高低、节奏强弱的变化，增强语言的感染力。

◆学生自评

1. 我的普通话能达到二级以上吗？

2. 我的发声规范、准确吗？

3. 我能用很小的气息，发出很强的声音吗？

4. 我能做到长时间大声说话后，嗓子却没有疲倦与嘶哑的感觉吗？

5. 在演讲或与人交流时，我都会注意语音的音色、音量、音质吗？

6. 接受本项目的训练后，我能找出自己语音上的主要问题吗？

7. 我在表达时能否做到下列要求，做到的请打√：

表达清楚，目的明确，言语生动，感情真挚，语音标准，朗读态度鲜明，语言形象，感受深切，语意清楚，语句重音确切，语调自然，语气得体，顿连恰当，内在语得体，节奏明显，感情充沛。

拓展学习

1. 孙海燕、刘佰奎编著：《口才训练十五讲》，北京大学出版社 2004 年版。

2. 颜永平编著：《演讲艺术与实践》，海潮出版社 2002 年版。

3. 李建南、黄淘安等：《口头交际的艺术——通用口才学》，中国青年出版社 1991 年版。

4. 中华演讲网，http://www.zhyjw.com/index.html 相关栏目。

5. 中国口才网，http://www.koucai.cn/index.html 相关栏目。

训练项目五 表达技巧训练

【训练目标】"水无常形，话无定格"，表达追求效果。通过本项目的训练，掌握不同语体下表达的方法、技巧，以求表达时达到较好的效果、最佳的境界。

【训练内容】叙述技巧训练；说明技巧训练；说服技巧训练；综合技巧训练。

【知识储备】

口才是语言技巧的展示。古往今来能说会道的人或机敏风趣、妙语连珠，或严密精巧，滴水不漏，或跌宕纵横，一语中的。他们的谈吐各有千秋，但他们在表达上有一个共同点：成功的表达者都善于运用娴熟的口语表达技巧为自己的表达内容服务。

技巧决不是雕虫小技，它揭示了口语表达的规律，是培养良好口才的基础。

那么，口语表达的技巧有哪些呢？

一、叙述技巧

叙述就是叙事和述说，是对事态的发展经过或人物的基本情况加以介绍，让听者因你的表达对其有个整体的基本的了解。在陈述事件来龙去脉的经过时，一般应该包括介绍时间、地点、人物、事件、原因、结果等；介绍人物时，不仅要介绍他所取得的成绩还得视情况叙述其兴趣爱好等。

（一）概说与详说

概说是指以简洁的语言对事件的过程或人物的情况作粗略的介绍，它注重事件的整体过程而忽略细节，一般情况下运用语言极为简约。

详说是用生动形象的语言，把人物、事件或者场景叙述出来，让听者如见其人、如闻其声、如临其境。

在日常的表达中，我们要处理好概说与详说。如刻画人物时，对人物的外貌必须详说，反之则概说；为主题服务的事件必须详说，反之要概说；事件的高潮要详说，过渡则要概说；能感染听众的要详说，平淡的地方要概说；鲜为人知的要详说，众人皆知的要概说。详说时要极尽渲染之能事，概说时要惜语如金。

（二）顺说与倒说

顺说是按照事件发生、发展的时间先后顺序来进行述说。它是最常见的表达方式，通常不枝不蔓、线索清晰。顺说较符合客观事物发展的规律，利于听众理解；顺说因其条理分明，利于表达；但由于缺少变化，要注意避免变成平铺直叙，流于呆板。

倒说是把事件的结局或某一突出的情节提到开头来说，然后再按事件的时间顺序述说其原委。倒说不仅可以造成悬念，引人入胜，吸引听众，倒说还可以先

声夺人，营造气氛；处理得好更可以使得述说波澜起伏，扣人心弦。

（三）拙说与巧说

拙说是用质朴的语言，通俗地把事件的面貌加以述说。它通常语言质朴、语词通俗、明白易懂。就表达者来说，往往比较直接，心口如一，不扭扭捏捏，让人听后感到诚实可信。

巧说是口语表达的至高境界。它往往以较简洁的语言，选准事件的角度，把事件过程述说得重点突出、条理分明、详略得当。为了使听众易于理解，通常还会运用表达的技巧，如使用修辞的手法、设置悬念、运用幽默、变换句式、锤炼语句等来加强表达的效果。同时，巧说还会注意运用态势语言、语音技巧等来达到表达的目的。

二、说明技巧

说明是用简明扼要的语言把事物的实际情况恰如其分地表述出来的一种口语表达方法。说明能给听者一个明确的概念。说明时要注意标准一致，如果标准不一，就会发生混乱，还可能会造成互相排斥或者重复。

（一）明确与模糊

明确是指表达时观点的语义要准确、鲜明，不能模棱两可；发表见解、讲述道理，要观点突出，直截了当，一清二楚。如果是陈述事实，要做到对事件发生的时间、地点、过程、人物、原因、结果表达的十分肯定、确切。表明的态度要旗帜鲜明，表露的感情要真切自然，说话语气要恳切坦率，不拐弯抹角。

模糊是指语义的概念在外延上没有明确的界限，有时出于表达策略的需要，故意使用一些语义模糊的话，达到特定的交流效果。如时间运用的模糊词"一个时期以来"、"早上、中午、晚上"、"最近"等，虽不太确切，但模糊的表达却让人心领神会；如描述高矮、距离、方位、程度的模糊词"中等个儿"、"两站多路"、"东部地区"等，只说了一个大致的范围和轮廓，但它并不影响沟通，反而提高了表达效果。在国际交往中，一方领导人当面向另一方领导人发出访问邀请，如果邀请事先未商定，被邀的一方对于是否应邀尚无把握，出于礼节又不便当场拒绝，一句"很高兴接受你的邀请，将在方便的时候访问贵国"。这样，如果是有心应邀，自有"方便"之时，如果日后无意往访则可以各种"不方便"为托词，给说话留有余地。如在答记者问时，发言人使用模糊性比较大的"外交辞令"，如"我们注意到了那里的事态发展"、"我们的立场是一贯的"、"我们尊重人民的选择"等，这样的表达具有某种弹性，能避免被动。有时对双方过去不愉快的事情不想点破，使用一句"由于大家都知道的原因"就能化解前隙，使交际双方都能理解和接受。

但是，说明时的模糊不是说话的糊涂，"模糊表达"有别于"含糊其辞"、

"语无伦次"。模糊是表达的需要，表达者的思路是清晰的，目的是明确的，语言本身也合乎语法逻辑，只是有意识地使用含义较灵活的词句，而糊涂的表达是杂乱的，语体不清，逻辑混乱的。当然，根据不同的交流语境，该明确的时候决不能模糊表达，否则将影响交流效果。

（二）简洁与啰嗦

简洁就是用较少的词语，传递尽可能多的信息，即所谓"词约意丰"。简洁是说明的要求，更是善于表达的必备条件，也是好口才所追求的表达风格和技巧。简洁是去掉毫无意义的口头语和多余的感叹词，把信息价值不大的话减到最低限度；坚持以少胜多的原则，字斟句酌地辨别词语，选择最能准确反映事物本质、表达思想感情的语词，能用一个词说清楚，绝不用两个；学会用短语；说话要抓住中心，紧扣话题，避免枝蔓太多，主干不清；避免不必要的重复，不说空话废话。养成缜密思维的习惯。说话不精是思维松散、不够缜密所致。语言精炼是思维严密、概括力强的表现。

啰嗦是指可以删去的话语或者是重复的话语。在口语表达中，这种"冗余度"较大的话却因为口语表达的易逝性、连续性的特点，成为有用的信息。啰嗦的表达技巧与本意上的啰嗦含义不同。恰到好处的啰嗦有时是一种表达技巧。

心理学研究表明，一个人完全集中在一件事上而不被其他事物干扰的时间只有 11 秒。通常说话人在讲三四十个音节（约需 11 秒）之后，不自觉地来句"口头禅"、语气词或重复词语，这是用以消除疲劳的方式，对听者来说是思维理解的时间。

三、说服技巧

说服是以劝说的方式使别人听从自己的意见。常用的方法是摆事实讲道理。它是运用概念、判断、推理等逻辑手段揭示事物的本质规律的口语表达方式。

（一）直接与委婉

我们要求说话以真动人，一般情况下真话当然是要直说、真说，但不是适合任何情况。真话不一定非得直说，根据场合和实际需要，真话可以美说、巧说。

直接即直言陈述自己的观点的表达方式。其特点是直截了当，态度旗帜鲜明，表露感情真切自然，不拐弯抹角。直接的方式一般都质朴无华，没有过多的修饰成分，直言快语，有助于提高说理的效率。与直接相对应的是委婉的表达技巧。委婉表达是表达者将某些不宜直说或不想直说但又必须要说的意思借助修辞手段来实现，用暗示或含蓄的方式表达出来。

委婉的说理能体现表达者的善意，它常常附以得体的微笑、谅解的神情，较少刺激性，是处理分歧、矛盾、差异的良好表达方式。对于否定、贬斥、批评性发言有特殊的效果，运用得当可以表现说话者的策略和对听者的尊重，易于为对

方接纳。同时委婉还能展示说话者的机智和风度，反映了一个人的口语表达水平。

运用委婉说理不仅要注意选择最佳角度，而且要看对象，如果对方缺乏推断能力，就会导致晦涩难懂，说理的效果就难以达到。

（二）平实与幽默

平实是说理时运用平顺、通俗、易懂的语言去阐述自己的观点。平实通常表现为：语言质朴无华，坦率得体，分寸感强；说话朴素，没有华丽辞藻的雕琢，用最质朴平常的话，把事情的本来面目或自己的思想、感情、观点实实在在地表达出来，乍听似乎平平常常，语不惊人，但立意深远，很有力度，能给人以强烈的感染力；平实话语具有坦直的品格，表达者往往坦诚率直，不藏不隐，不拐弯抹角，不装腔作势，给听者一种心口如一、自然亲切、真实可信的感觉，从而大大增强了话语的可信度；平实还讲究洗练精到，不铺排，不夸张，没有多余的形容，没有累赘的话语，具有以少胜多的作用。平实是平淡之中寓意深，质朴之中见真情，它是语言文字锤炼到炉火纯青的标志。"返朴归真"的说理境界应是表达者不断的追求。

幽默是指再现现实生活中喜剧性的特征和现象的一种能力。幽默者三言两语就能把要说观点表达出来，既饶有风趣，又鞭辟入里；既使人忍俊不禁，又含义深刻，能使听众领悟到蕴含的智慧和哲理。对不良现象进行批评时，恰当运用幽默可以在轻松诙谐的气氛中，使是非曲直泾渭分明，成为扬正祛邪的有力武器。运用幽默语言说理往往意味深长，启发思考，令人回味，能使人在笑声中受到启迪和教育。

【训练任务】

善于表达的人，总是能把话说得准确自如、恰到好处，在与他人的交往中，得体的表达技巧不仅赢得友谊，还为事业的成功打下基础。善于表达的人在叙述时，能具体真切地把整个事件或过程的概貌勾勒出来；说明时能简洁明了、阐述物象得体自然；说服时能把道理讲得清楚明白、形象生动；抒情时能巧妙地把自己的思想、情感、意图抒发出来。

训练任务1　叙述技巧训练

表达离不开叙述，叙述就是把一件事或某个过程的概貌勾勒出来。在日常交谈中，你把自己耳闻目睹的事情告诉对方，可以增加谈资；演讲时，声情并茂的叙述能吸引听众，引起共鸣；辩论时你可把叙述作为论据的支撑点。训练叙述的技巧，要注意抓住"四W法则"即时间（when）、地点（where）、人物（who）、什么事情（what）等四个要点，同时必须要做到的是简洁、准确、明快、生动，达到"片言以居要，一目以传神"的效果。

1.1 范例

情境再现：

20世纪80年代，中国女排在各类世界大赛中都取得了不俗的成绩，获得五连冠。但是最后一场与日本的决赛中能取胜实属不易。因为当时在连胜2局的形势下，女排的姑娘们因激动而失控，打得乱了章法，导致3、4两局都输给了日本。教练袁伟民一再要求暂停，面授机宜，但都不见成效。怎样让女排姑娘镇定下来，打出气势，获得全胜呢？在第5局开始前，袁伟民发挥了语言的魅力，对女排的队员们说道："我们是中国人，你们代表的是中国，祖国人民在电视机前看着你们，要你们拼，要你们搏，要你们全胜，这场球拿不下来，你们会后悔一辈子的。你们应该把日本人的尖叫声当做为自己加油！"

范例评析：

"言不在多，达意则灵"。在比赛被追平的情况下，很多时候打得是运动员临场的心理战、素质战。袁伟民教练仅用简短的几十个字，抚平了女排队员浮躁的心，他的话语里流淌的是带血之言、爱国之音：中国人的风貌，中华民族的精神和尊严，祖国人民的期待，姑娘们自身的利益得失，还有赢得这场球的意义，都在短短的几十个字里面做了深刻的交代和展示。真是言简意赅！

1.2 训练

叙述是口语表达中最常用的一种方法。善于叙述的人出言有方，开口有味，让人称叹。得体的叙述能把握好角度，从而再现生活、学习、工作中的场景。

训练情境1 叙述生活中的趣事。以《我的高中生活》为题目，叙述你备战高考时的学习生活，中学时期陪伴你一路走来的父母、老师和同学。

训练要求：运用第一人称展开叙述，如果为了突出强调某个人物或者事件，也可用第三人称；时间为3~5分钟。

训练提示：结构要完整，交代事件来龙去脉要清晰；可以采用概说与详说结合，也可以运用倒说或插说的方法来完成叙述。

训练情境2 变换语体叙述。以《石壕吏》为背景材料：

暮投石壕村，有吏夜捉人。老翁逾墙走，老妇出门看。吏呼一何怒，妇啼一何苦！听妇前致词：三男邺城戍，一男附书至，二男新战死。存者且偷生，死者长已矣！室中更无人，唯有乳下孙。有孙母未去，出入无完裙。老妪力虽衰，请从吏夜归。急应河阳役，犹得备晨炊。夜久语声绝，如闻泣幽咽。天明登前途，独与老翁别。

训练要求：结构要完整；交代时间、地点、人物、事由，要虚构出一个简单的情节；语言简短，不超过4分钟。

训练提示：可以运用简单的联想，对材料给以符合语体想象的细节补充。

训练情境3 《庄老之哀》。某小县有一户姓庄的人家，老伴去世时，由于吊唁出殡时没有听到哀悼痛哭声，招致群众的怀疑，群众报案，庄老被公安局抓去审问，后放回。

训练要求：扩充式叙述；用时在3~4分钟。

训练提示：认真选择叙述的角度，可以用目睹、听说或者是自己关注等角度来丰富故事情节。

训练任务2 说明技巧训练

说明的"说"是手段，"明"是目的，是指用简洁的口语方式向听众解说、阐述概念、现象、方法，再现某个人的特质或者某个事件的性质，目的是帮助别人理解。训练说明要注意语言的准确性，不能同语反复，不能用否定的判断形式，一般也不用修辞手法。

2.1 范例
情境再现：

成都军区武术总教练是一名法师，1985年12月，偕同他的高徒范应莲访问美国。在一次记者招待会上，美国的一位记者要求就1979年的中越战争作一说明。他说：法师和你的高徒担任成都军区的武术教练，而成都军区担任打越南的任务，这岂不是犯了你们佛教的杀戒，坏了佛门的规矩？面对不怀好意的挑衅，法师听后一笑，作了以下说明、应对："朋友之言须作以下修正，勿称'打越南'，而谓之'自卫还击'，此其一。其二，我佛慈悲，善恶须分。惩恶扬善，佛门之本。越南当局忘恩负义，与邻反目，骚扰边境，杀害无辜，吾为中国一佛徒，岂能坐视？"

范例评析：

明确与简洁是应对说明的制胜法宝。这位法师先订正提问中的不妥之词，然后直言回答了提问的内容，对"犯杀戒、坏规矩"的质问，法师从容不迫地在应对时予以正名，"打越南"意味侵略，但用"自卫还击"准确地阐述了战争的性质。巧妙地将佛教宗旨与爱国之心圆满地结合起来，作出了令人信服的解释。由此可以看出，这位法师不仅武艺超群，而且舌头功夫颇深。

2.2 训练

说明的口语应该做到平凡、朴素、简洁。柏拉图曾经说过："人类传播的最高境界是'思考透彻、用字精确'。"文学大师林语堂曾经说过："绅士的演说应该像女人穿的迷你裙，越短越好。"精彩的语言无需长篇大论，短小更显精悍有力。因此，说明的口语训练应该追求语言的以少胜多，文约事丰。

训练情境 1 最了解自己的人是自己，最不了解自己的人也是自己。认真研究自己的个人信息，作个足以展现个人魅力的自我介绍。

训练要求：介绍自己的兴趣、爱好、特点、追求等，可进行整体回顾和展望，让别人了解你；特别是你的名字，一定要让人一次性记住，终生记住。时间为 2～3 分钟。

训练提示：敢于剖析自我，勇敢地把自己推出；介绍要有个性，男生与女生运用语体上有所侧重。

训练情境 2 选定某个品牌，假如你被选为某个品牌代言人，你不仅要出形象，还要如实客观地推介产品，你怎样去完成介绍产品的任务？

训练要求：可选生活的必需品或学习中的工具性用具，只要是你所喜爱的任意商品都可入选；介绍时用词客观、语言质朴。时间为 3 分钟。

训练提示：必须用说明的语体；商品的介绍必须忠诚于商品的特质，不能因自己的喜好而夸大其词，注意回应听众的反应。

训练情境 3 猜词比赛。指定某个同学，由他随意指出 10 个词，其他同学根据口语中经常运用这些词的语言环境，为给定的词下定义、做解释，基本正确的得分。

训练要求：分组训练，每组 5 人。答题速度快、答案准确的小组胜出。

训练提示：参照答案可以查找字典。冷僻的词比例最多只占 30%。

训练情境 4 一个礼拜天，马克·吐温到教堂去，适逢一个慈善家正用令人哀怜的语言介绍非洲人民的苦难生活。当慈善家介绍了 5 分钟后，他马上决定对这件有意义的事情捐款 50 美元，当慈善家介绍了 10 分钟后，他决定将捐款减至 25 美元，当慈善家继续滔滔不绝地讲了半个小时以后，马克·吐温又决定将捐款减至 5 美元，当慈善家讲了一个小时后，拿起钵子哀求大家捐款捐助，当他从马克·吐温面前经过时，马克·吐温却从钵子里顺手拿走了 2 美元。

训练要求：上述例子，说明了什么？谈谈你的体会。用时为 3 分钟。

训练提示：可从不同的角度分析表达中应注意的技巧问题。

◉◉◉训练任务 3　说服技巧训练

　　说服的目的是以理服人，让对方采信你的话语，赞成你的立场和观点。因此在运用议论语体时，必须做到阐述观点有论点、有论据；说话的层次要分明，前言后语之间逻辑要严密。

3.1 范例

情境再现：

  贞观六年（公元632年），唐朝处于太平盛世，群臣奏请太宗前往泰山举行封禅大典，以显文治武功。这时唯独宰相魏征反对，他认为泰山封禅不妥。把他进谏的话翻译成白话文，魏征的议论是这样展开的："陛下的功业虽高，但恩泽尚未及全国；国家虽已太平，但物质还不够丰富；外邦虽已臣服，但还不能满足他们的要求；祥瑞虽多次出现，但法网还不够严密；年成虽说不错，但仓库还很空泛。所以，我认为还不可举行封禅。"在例举五个颇具说服力的事实后，魏征接着说"一个刚刚病愈的人，让他负重日行千里，这样做肯定不行；我们的国家刚刚治好战乱的创伤，元气还没恢复，就急于向上苍报告功绩，当然是欠妥当的"，见太宗已经动摇，魏征进一步说"东封泰山，万乘千骑，要耗去大量的资财，若遇上灾荒，风雨骤变，不明事理的人横生是非，那将悔之莫及"。太宗见他说得在理，欣然接受了停止封禅的要求。

范例评析：

  古人云：伴君如伴虎。太宗是明君，魏征是谏臣。但是无论君主如何圣明，作为臣子的谏言一定得注意表达的方法。历史上很多逆耳的忠言为谏臣引来杀身之祸。魏征说话非常讲究策略，他直接说出自己的观点，认为泰山封禅不可行，然后，魏征的议论分三步展开，首先提出五个问题，剖析矛盾中潜伏的不利因素，其次又以形象的比喻增强说服力，最后回到现实中分析利弊得失。层层深入，步步递进，环环紧扣，直接又简洁地陈述了自己的观点。具有很强的说服力，充分展示了说服的技巧及令人信服的观点。

3.2 训练

  以劝说的方式使得别人听从自己的意见，通常采用论证、反驳、规劝等多种方式，晓之以理，动之以情，最终使得对方心悦诚服地接受你的观点。

训练情境1 这是一个真实的故事。一天傍晚，我到邻居家串门，看到邻居家的孩子拿着语文书，坐在桌子旁叽里呱啦地读着。他的父亲在一旁干活。我看着孩子有点心不在焉，走过去一看，他的书竟然是倒着拿的！这种事我以前只听说过，可没见过。看着眼前这孩子煞有其事地读着。我心里感觉到的不是可笑，而是悲哀。

训练要求：根据所给的材料，题目可以自拟，也可以《亦读亦思》为题，发表你的观点；要求有理有据，用正反对比阐述；时间为3分钟。

训练提示：孔子曰："学而不思则罔，思而不学则殆"；鲁迅先生强调一定要用自己的眼睛看，用自己的脑袋思考，千万不要让自己的脑袋变成别人思想的跑马场。

训练情境2　2008年5月12日，汶川大地震发生时，时任四川省都江堰市光亚学校老师的范美忠正给国际文凭一年级班上语文课，他丢下学生先行逃生，撤至学校的操场。班上的十几名高中生随后才反应过来，陆续来到操场。5月22日，范美忠在中国著名的天涯社区论坛发表《那一刻地动山摇——5·12汶川地震亲历记》一文，记述自己在震中及震后的经历，描述到地震时逃跑这一情况。文中写道："在这种生死抉择的瞬间，只有为了我的女儿我才可能考虑牺牲自我，其他的人，哪怕是我的母亲，在这种情况下我也不会管的。"范美忠说，逃跑是自己瞬间的本能行为，但同时也反映了他对自我与他人生命孰为重的权衡，他并不认为作为一名老师，有为救学生而牺牲自己生命的义务。这些言论引发了部分网民对其教师道德素养的声讨，一周内该帖在天涯社区上的浏览量达十四万余次。

训练要求：指定学生，选定角度展开议论，观点具有说服性；要求有分析、有层次、有思想深度；时间掌握在3~5分钟。

训练提示：可以针对道德、师德、诚实、伦理、生命、法律等一系列问题展开有说服力的阐述。

训练情境3　近年来，经常从媒体上见闻腐败分子被绳之以法，人心大快的消息。一方面使我们看到了反腐败取得的成绩；另一方面，使我们深为忧虑的是，我们的腐败问题已到了多么令人发指的地步！难道这只是冰山下不小心露出的一角吗？这些腐败分子祸国殃民，损公肥私，其罪行示之于众，无不令人瞠目而发指，于民于国于社会造成的损失、危害之大实在是罄竹难书。"不反腐败则亡国"这话绝非危言耸听，这些民族的败类、社会的蛀虫如若不除，任其蔓延，则改革大业，强国之梦，几十年的经济建设取得的辉煌业绩将为之一溃。正如中央所讲，反腐败应坚持不懈，绝不言罢。这把斩魔利剑应永远高悬于腐败分子头上。

训练要求：以《反腐败——利剑应永远高悬》为题发表议论。要求运用议论的语体，层次清楚，有立有破；说自己想说的话；时间为3分钟。

训练提示：结合自己的认知，用观点鲜明、层次清晰、论据充分的议论，展开一段有理有据的阐述。

▦▦▦训练任务4　表达综合技巧训练

怎样的表达才是准确、恰当？什么样的话说出来别人爱听？同样一句话为什么有的人说得好，吸引人，而有的人表达却思路混乱呢？究其原因，可能是表达的技巧不当，那么如何恰当运用语言的技巧才能使我们的说话目的明确，因人施语，并且合乎情境呢？

4.1 范例

情境再现：

　　"3 月 14 日下午两点三刻，当代最伟大的思想家停止思想了，让他一个人留在房里总共不过两分钟，等我们再进去的时候，便发现他在安乐椅上安静地睡着了——但已经是永远地睡着了。这个人的逝世，对于欧美战斗着的无产阶级，对于历史科学，都是不可估量的损失。这位巨人逝世以后形成的空白，在不久的将来就会使人感觉到。"

范例评析：

　　这是恩格斯《在马克思墓前的讲话》的经典片段，仅仅一百多字的开头极其深沉地表达了失去战友的困苦又悲痛心情，而且从革命理论建设和革命实践活动两个重要方面，指出马克思逝世所带来的不可估量的损失，同时也对马克思伟大的历史功绩做出了公正的评价。尽管语言简洁、质朴却显示了思想内容的丰富、深邃，"思想家停止思想了"，"在安乐椅上安静地睡着了"初看起来语句很平凡，然细细琢磨却在平凡中看出语言的真功夫。一百多个字，揭示出最本质的东西，没有一个字是多余的，信息量可谓"超载"，实在是表达技巧的炉火纯青！

4.2 训练

　　说话是手段，不是目的，表达必须追求效果。如果你的表达非常准确，然而对方不乐意接受，那说得再多又有什么用呢？

训练情境 1　　有一次，一位贵夫人在宴会上问萧伯纳："先生，您看我有多大的年纪？""尊敬的夫人，据您晶莹剔透的牙齿来看，您大概 18 岁吧？要是据您优美弯曲的秀发推算，您顶多 17 岁，可是如果看您灵活的细腰，您还不到 14 岁。"萧伯纳答道。听了这话，贵夫人面生悦色，又穷追不舍地问道："可是，先生您能否准确说出我的年龄呢？""那就把我刚才说的三个数字加起来吧！"

训练要求：分析萧伯纳先生的表达技巧，再回顾你平时的积累，阐述你的见解。用时 3 分钟。

训练提示：真话不一定非得实说，善意的谎言大家都爱听。在社交场合，萧伯纳的表述既体现了他的机智与幽默，又让对方高兴接受。因此，当我们要表达自己的观点或判断时，不要只从自己的角度，想到什么就表达什么，而应该多考虑对方能否接受，对女性的表达要遵循"逢物加价，逢人减岁"。

训练情境 2　　以"春天"、"园丁"等为话题，用不同语体阐述话题。

训练要求：分组训练或者指定同学训练，用时 3 ~ 5 分钟；分别运用叙述技巧、说明技巧、说服技巧等进行综合表达的训练。

训练提示：表达时可以借助书面语的语体，拟定提纲，做到心中有底，表达有礼有节。

训练情境3　二战期间，英国首相丘吉尔到华盛顿会见美国总统罗斯福，要求美国共同抗击德国法西斯，并给予物质援助。丘吉尔受到热情的接待，被安排住进白宫。一天早晨，丘吉尔正躺在浴盆里抽着特制的雪茄。突然，罗斯福推门进来，丘吉尔大腹便便，肚子露出水面，这两个世界大国的领导人在此刻见面，确实非常尴尬。怎样的表达才能化解尴尬？

训练要求：分组讨论，角色扮演，寻找最佳表达。

训练提示：可用言此意彼的手法；可用幽默自嘲的手法。参考答案：丘吉尔扔掉烟头，利用这种特殊的情境以幽默的口吻说："总统先生，我这个英国的首相在您的面前可真是没有一点隐瞒。"这样既可以解除尴尬，又袒露联合抗击法西斯的诚意，从而增进双方的相互了解与信任。

【考核与评价】

考核内容：

1. "有了巧舌加诚意，就能用一根头发牵动一头大象"你是怎样理解的？

2. 从表达技巧的角度，谈谈"说话"有哪些要求？

3. 说服的艺术在今天的社会中有什么作用？

4. 怎样理解说服不是"战胜"而是"争取"？

◆学生自评

1. 你能利用情境增强说话效果吗？

2. 表达时，你能主动热情、以真动人吗？

3. 在交际过程中，你能根据"喜闻美言"的心理，因人施语吗？

4. 当众讲话时，能否运用不同的表述方式，得体地展示你的思维及思想？

5. 人际交往时，能否用得体的表达说"不"，从而婉言拒绝对方？

6. 有哪些好方法能让你巧妙地摆脱尴尬？

拓展学习

1. 何欣、姜健：《口语表达学》，吉林人民出版社2002年版。

2. 胡旋主编：《卡耐基成功之道全书》，沈阳出版社1995年版。

3. 陈翰武编著：《语言沟通艺术》，武汉大学出版社2006年版。

4. 中华演讲网，http://www.zhyjw.com/index.html相关栏目。

5. 中国口才网，http://www.koucai.cn/index.html相关栏目。

训练项目六　修辞技巧训练

【训练目标】

通过本项目的训练，不仅能把话说得通顺，更要把表达的效果加以提升，即

把话说得好，说得动听。

【训练内容】

言之有趣训练；言之有文训练；言之有度训练；言之有情训练。

【知识储备】

我们人人在说话，天天在说话，但未必每句话都说得策略、说得巧妙。与人交流时，把话说得准确得体、巧妙有趣，有一种动人的力量；回答问题时有条不紊，应对自如，则体现言语的智慧；与人论辩，要言不烦、言辞犀利，展示人格的魅力。如果说，在口语表达过程中，语法是为了句式的正确、恰当，解决通不通的问题，逻辑是为了语言的严密，富有理性色彩，解决对不对的问题，那么，修辞则是为了把话说得鲜明、形象，富有情趣，解决话语表达得好不好的问题。说话水平高，语言富有感染力的人，往往比较注重在表达中运用修辞技巧即运用各种巧妙而有效的方法，从而增强语言的表达力和感染力。不讲究修辞技巧的谈吐，则往往显得平俗、枯燥、淡而无味。

修辞必须要有修辞格，现在人们认可的修辞格有一百多种，在这里我们回顾下常用的几种。

一、比喻和夸张

比喻就是打比方，"以其所知喻其所不知而使人知之"。比喻不仅能把深奥或生僻的事实、道理通俗化、简明化，而且能使所谈的事实道理形象、生动并富有感染力。口语表达中运用比喻，可使抽象的概念形象化，深奥的道理浅显化，复杂的事物简单化。如20世纪爱因斯坦创立了相对论，很少有人能读懂他关于相对论的著作。一次，有人要求爱因斯坦用最简单的话来解释相对论。爱因斯坦是这样解释的："你同你最亲爱的人坐在火炉边，一个钟头过去了，你觉得好像只过了5分钟；反过来，你一人孤孤单单地坐在热气逼人的火炉边，只过了5分钟，但你却像坐了1个小时。这就是相对论。"爱因斯坦用日常生活中人们体验过的真切感受来解释高深玄妙的相对论原理，就显得通俗明了。

使用比喻要注意比喻的事物和被比喻的事物，即比体和喻体必须是可比的，有比喻的条件。作为口语表达的一种技巧，比喻能增加语言的表现力，但必须运用得自然贴切，富于创造性，切忌滥用，否则就会出现"比喻不当"的毛病，或落入老生常谈的俗套。

夸张是指为了启发听者或读者的想象力或者加强所说的话的力量，用夸大或缩小的词句来形容事物。如"他的嗓子像铜钟一样，十里地都能听见"。合理地运用夸张，便于揭示事物的本质，加强说话的感染力及启发听者的想象力，使话语的感情色彩更强烈，运用得当，表达的效果也会更好，听者明知是言过其实却不以此为虚假。如你发高烧，当你向医生诉说你的病情时，你说全身像"炭火"

一样发烫。当你描绘有人又矮又瘦时，你说他像芦柴棒，都用了夸张手法，听者好奇，能诱发其想象，增强了语言的感染力，收到了良好的表达效果。

夸张是"言过其实"，但不是浮夸，不能哗众取宠，更不能无中生有，信口开河。必须要以现实生活为基础，不能漫无边际。要使人感到既不可能，又合情合理，既言过其实而又不虚假，即要有"不似真实胜似真实"之妙。运用夸张技巧时要注意分寸，要让听众明白你在夸张而不是写实，不要单纯为了猎奇而强行夸张，汇报情况、介绍经验等场合就不能随意运用夸张。

二、排比和对偶

排比是指连续使用三个或三个以上意义相关或相近，结构、语气相同或相似的词组（主谓/动宾）或句子，以达到一种加强语势的效果。排比是一种富于表现力的修辞方法，它可使得语言富有节奏感和韵律美。用它来叙事，可使表达集中完美；用它来说理可把论点阐述的更严密更透彻；用它来抒情，可以把感情抒发的淋漓尽致，激昂高亢。运用排比必须从内容的需要出发，不能生硬的拼凑排比的形式。使用排比的句子要注意两者的内在联系，如果不按事理的内在逻辑顺序表达，不仅说明自己思维混乱，也让别人抓不着头绪。

对偶是指结构相同、意义相关的两个句子或词组对称地排列在一起的一种修辞方式。通常用字数相等、结构形式相同、意义对称的一对短语或句子来表达两个相对或相近的意思，它要求结构相称，字数相等。因此对偶句形式工整、匀称并节奏鲜明，音调和谐，便于记忆和传诵；对偶句前后呼应，互相映衬，对比鲜明，语言凝练，能增强语言的表现力，给读者留下深刻的印象。

对偶有正对、反对、串对。它们能够高度概括所要表达的内容，使之凝练集中；能够增强节奏感，使语言整齐、语句匀称，朗朗上口，便于记忆和背诵；它可使文章的节奏感加强，条理性更好，更利于表达强烈的感情。使用对偶应注意，要从结构上下功夫，做到上下连贯一致，而且要注意内容与形式的吻合，对偶的运用不宜过多，尽量做到口语化、通俗化。

运用排比和对偶的修辞方法，可以增强话语的节奏感和语势，特别是在论辩和演讲中，如果能够恰当地运用一些排比或对偶的句式，能增强语言表达的节奏、气势和旋律。如恰当运用排比句式，宛如江河奔腾，气势磅礴，锐不可当，既淋漓尽致地表达了演讲者的思想感情，又增强了语言的韵律美和节奏感。如"教师是蜡烛，燃烧自己，照亮别人；是绿叶，默默生存，点缀生活；是渡船，迎着风浪接送人们。"排比在口语表达中具有独特作用和奇妙效果。如"墙上芦苇，头重脚轻根底浅；山间竹笋，嘴尖皮厚腹中空"，"有理走遍天下，无理寸步难行"，这样的表达形式整齐，结构匀称，语言精练，看起来醒目，读起来顺口，听起来悦耳，便于记忆，便于传诵，为听众所欢迎。又如陶涛在《崇高的理想》这篇文章中，"他们为了自己的伟大理想，有些人真正是做到了'富贵不能淫，贫贱不能移，威武不能屈'的地步"，这种对偶与排比的运用，使表达节奏明朗，语意贯通，气势强劲。使用排比和对偶，要求说话者具备丰富而深刻的思想，要有较高的语言组织能力和概括能力，才能形成一气贯之的效果。

三、设问和反问

设问即自问自答。在表达中为了引起别人注意，以自问自答的形式，故意先提出问题然后自己回答的形式。它的作用是引起听众的注意和思考，起到承上启下的作用。

反问是只问不答，明知故问，是加重语气的一种修辞手法。通常反问句是陈述的改版，是用疑问的形式表达确定的意思，说话者为了强调语气或者表达特殊的感情，引起听者的注意而故意发问。在表达中运用反问可以加强语气，发人深思，激发听者的感情，加深听众的印象，增强说话的气势和说服力，奠定一种激昂的感情基调。

设问和反问都是无疑而问，但是有明显的区别：设问不表示肯定什么或否定什么，反问明确地表示肯定或否定的内容。设问主要是提出问题，引起注意，启发思考；反问主要是加强语气，用确定的语气表明作者自己的思想。设问是自问自答，有问有答，答在问外；反问寓答于问，有问无答。

古希腊演说家德摩斯梯尼就特别喜欢用设问和反问的方法演讲，如他《金冠辩》中的一段：是谁欺骗了国家？当然是那个内心所想与口头所说不一的人。宣读公告的人该对谁公开诅咒？当然是上述那类人。对于一个演说家，还有比心思与说话不一更大的罪名吗？你的品格志趣正是这样。你还胆敢张口说话，敢正视这些人！你以为他们没有认清你吗？你以为他们昏昏沉睡或如此健忘，已忘记你在会上的讲话？这段话，几乎全是由设问和反问组成，可以想象，德摩斯梯尼在讲述这段话时会是一种什么样的语调和感情，而如果把它们换成一般的陈述语句，效果可能就差得多了。

著名的演讲家李燕杰的演讲很受欢迎，在他的演讲中，也常常运用设问和反问。如在讲"爱国之心"时，他首先说明"爱国是神圣的"，为进一步说明这一点，紧接着他提出了两个问题："翻开世界史，有哪个国家的人民不主张爱国？又有哪个国家的人民不把爱国精神看做是一种伟大而崇高的心灵美呢？"然后再从古今中外大量的事实中说明了爱国主义的实质和行为。这种先提出问题，然后再作解答的表达方式，是许多演讲为了唤起听众激情所采用的一种方法。使用设问和反问要注意恰到好处，好的问句不在多而在于用得巧妙。发问太多会形成另一种形式的"单调"。

四、双关与对比

双关是指在特定的语境中，利用语音或语义获得双重意义的修辞技巧。它的特点是利用汉语词语的多义性或者谐音，使得一句话有几种可能的理解或解释。运用双关技巧，可以使得话语含蓄委婉，蕴含弦外之音，言外之意；有时可借题发挥，让话语幽默风趣，如果把双关运用到论辩中，可使得话锋犀利、深邃，让所说的话更生动，收到更好的表达效果。如一位年轻人向路人老人问路："喂，到西湖怎么走？还有多远？"老人抬头看了眼年轻人，冷冷地说道："走大路一千丈，走小路就百丈。"小伙子听了很纳闷："你们这里怎么论丈不论里？""本来我们这儿是论里的，不讲里（礼）的人来了才讲丈的。"老人说道。年轻人明白过来是自己失礼了，马上给老人赔礼道歉。

对比就是把两个相反、相对的事物或同一事物相反、相对的两个方面放在一起，用比较的方法加以描述或说明的修辞手法。把两种不同事物或同一事物的两个方面放在一起相互比较，可使事物的性质、状态和特征等更加鲜明突出，明确说话人的立场和观点。通过对比，通常是使好得显的更好，坏得显得更坏；大的显得更大，小的显得更小。将同一事物的两个不同方面进行对比，能把事物表达得更透彻、更全面、更鲜明。总之，运用对比这一技巧，目的就是突出其差别及特点的鲜明性。运用对比，能把好与坏、善与恶、美与丑的对立揭示出来，给人们以深刻的印象和启示。鲁迅在《战士和苍蝇》中这样说："有缺点的战士终究是战士，完美的苍蝇竟不过是苍蝇。"鲁迅在这里用"战士"和"苍蝇"作对比，深刻地讽刺了那些诬蔑革命者的可耻奴才。坚决地支持了坚持革命的勇敢战士。闻一多先生在《最后一次讲演》中多次运用这种技巧，如讲到国民党特务暗杀李公朴，嫁祸于共产党，并说是什么桃色新闻时，闻一多先生说："这是某集团的无耻，恰是李先生的光荣。"把国民党反动派的无耻和李公朴为革命而献身的光荣相对比，旗帜鲜明地表现了闻一多先生的爱憎感情。

【训练任务】

在口语表达中，要使自己的语言生动有趣，吸引人，修辞是必不可少的"添加剂"和"兴奋剂"。恰当的修辞能使语言既生动又有情趣，增强语言的表现力、感染力、说服力。

训练任务1 言之有趣训练

言之有趣，是指语言要耐人寻味，生动有趣。在口语交际的过程中，要使语言有趣，必须学会适时适度、自然贴切、巧妙恰当地在话语中运用修辞技巧，只有增加了话语的趣味性，才能增强讲话的冲击力和表现力，提升表达的水平及交流的效果。修辞让我们的语言靓起来。

1.1 范例

情境再现：

1990 年，中央电视台邀请了台湾地区影视艺术家凌峰先生参加春节联欢晚会。当时，大陆观众对他比较陌生，但他以一段精彩的开场白得到观众的认同。他说：在下凌峰，我和文章（台湾歌星）不同，虽然我们都得过'金钟奖'和最佳男歌星的称号，但我是以长得难看出名。一般来说，男观众对我的印象特别好，因为本人长得很中国，中国五千年的沧桑和苦难都写在我的脸上，女观众对我的印象不很好，她们认为我人比黄花瘦，皮比煤球黑。但这不是我的错，是我的爸妈没经过我批准，就把我生成这样了……

范例评析：

自嘲是一种很高超的幽默艺术，凌峰先生在自我介绍时巧妙地运用了比喻、借代、象征等修辞手法，采用自嘲的方式，把自己隆重推出，让在场的观众捧腹大笑，赢得热烈的掌声和观众的认同。应该说笑声和掌声是对演说者最好的褒奖。

1.2 训练

在日常交流中，使用修辞的目的不是单纯追求形式之美，而更应该注重表达的效果。言之有趣训练的语言要有"意料之外，情理之中"的效果。

训练情境 1　根据所给材料，仿造语段。

社会生活是复杂的，有的同学对社会上的某些现象感到困惑和迷茫，老师为此对学生们说了如下一段话：幼年时觉得高不可攀的滑梯，现在几步就能到顶；幼年时觉得很高的假山，现在竟能一跃而上；幼年时觉得很宽的街道，现在回头却是狭窄的胡同；……之所以产生认识上的差异，是因为我们成长了，眼界高了；是因为我们自己改变了，难办的事情今天极为顺手；是啊，昨天的对手今天可能变成了助手，昨天的惆怅今天转化为喜悦，昨天的失败今天转化为胜利……学会改变自己吧，那样你会觉得世界其实很可爱，水比昨天的清，花比昨天的艳，天比昨天的蓝……

训练要求：分析上文用了哪些修辞手法。根据例文所用的手法，仿造一段话，时间为 2~3 分钟。

训练提示：模仿修辞方式，表述自己的感悟，可从多角度、多层次加以类比，所表达的语言要有情趣、富有哲理。

训练情境 2　话题训练。

训练要求：以"说说我自己"为话题，趣说自己。时间为 3 分钟，可采用自嘲的方式。

训练提示：设计开场白要考虑听众的心理需求。制造悬念要符合客观实际，自然贴切。

训练情境3 辨析修辞 "我失骄杨君失柳，杨柳轻飏直上重霄九"，"春蚕到死丝方尽，蜡炬成灰泪始干"，"谈笑有鸿儒，往来无白丁"，"茶壶里煮饺子——心里有嘴倒不出"，"老太太抹口红——给你点颜色瞧瞧"。

训练要求：多角度指出上例的修辞，并依此仿照句子，多者胜。

训练提示：语言的积累重在平时，在日常的学习、生活中要善于积累，用时才能信手拈来。

⬤⬤⬤训练任务2 言之有文训练

孔子曾说"言之无文，行而不远"。要使我们的表达深入人心，达到交流的目的，就要注意语言的生动，激发对方的共鸣。因此，要求我们以优美生动的语言叙述，灵动多变的句式烘托，恰到好处的修辞渲染来达到巧妙的表达的目的。

2.1 范例

情境再现：

> 大会主席和各位先生们：如果我们能以最及时的方式了解到我们的处境，以及对未来的选择，那么我们就能更好地判断我们现在应该做些什么和怎么做。自我们以最真挚的、充满信心的态度履行诺言以来，迄今已是第5个年头了，这项政策公开宣布了我们的宗旨，并郑重地作出过承诺，我们要结束因奴隶制问题引起的动荡不安。但是在执行过程中，动荡的局面非但没有平息下来，反而不断加剧。因此，在我看来，如果不经历一场灾难的降临并经过洗礼，动荡是不会停止的。"裂开的房子"是站不住的。我相信这个政府不能永远保持半奴隶半自由的状态。我不期望联邦解散——我不期望这座房子倒塌！但我确实期望它结束分裂的状态。它要么全部变成眼前这种局面，要么全部变成另外一种局面。要么将由反对奴隶制的人去制止奴隶制的进一步扩展，并使公众相信它正处于最终消灭的过程中。要么就让维护奴隶制的人去把它向前放纵，一直到它蔓延到各个州之中，不论是老的州还是新的州，北部还是南部，都同样变得合法为止。

范例评析：

这是林肯在1858年7月10日发表于伊利诺斯州国会参议员竞选辩论会场的演讲。当时正值南北战争时期，林肯在演讲中运用了比喻的技巧来增加语言的表现力，使得表达自然贴切，富于创造性，如文中用"房子"比喻国家政府，用房子的分裂状态比喻国家半自由半奴隶的状况，这些比喻不仅恰当，而且新巧，很准确地说明了联邦解散政府必垮台，十分确切，又给人一种鲜明的画面感。

2.2 训练

言之有文是指让干巴巴的话语变得生动活泼，让深奥晦涩的道理变得通俗易

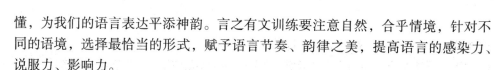

懂，为我们的语言表达平添神韵。言之有文训练要注意自然，合乎情境，针对不同的语境，选择最恰当的形式，赋予语言节奏、韵律之美，提高语言的感染力、说服力、影响力。

训练情境1　以"爱心"、"积累"、"教师"、"美"等为题，写排比句或者对偶句。

训练要求：选择其中两个话题，分组进行训练。

训练提示：运用的修辞格要恰当，不能牵强；有自己的创新；以得体、生动为胜。

训练情境2　利用修辞技巧，把下面的话说得有文采些。

1. 我呀，老样子，这几年没什么长进，也没什么变化。

2. 时间过得真快啊，一晃十多年过去了，不过你还是老样子，看起来跟以前一模一样。

3. 我们学校里的某某老师都已经三十多岁了，恋爱倒谈了不少，就是因为学校收入差，房价高，现在女孩太现实，连媳妇都没娶上，还是光棍一个。

训练要求：对上面的句子加以修饰，让语言变得生动；可分组进行，每组选出最佳答案，最后评比。

训练提示：互相讨论，明确"一样话、百样说"的不同效果，注意修辞对文采的作用。平时关注身边同学的表达，把你认为缺少文采的语句，加以修饰。

训练情境3　两家公司一家在海南，一家在河南，为了庆祝合作10周年，在农历七月初七举行了一场别开生面的庆祝宴会。在庆祝宴会上，双方的总经理频频祝酒。如果你是一方的公关部经理，此情此景之下，请你代表公司发表一段祝酒词。

训练要求：运用多种修辞技巧，发表3分钟的演说。

训练提示：两家公司一家在海南，一家在河南，可以用"南南合作"来展开；农历七月初七牛郎织女鹊桥会，可从联姻合作方面来抒发感情。鼓励独辟蹊径的表达。

🔵🔵🔵训练任务3　言之有度训练

"到什么山唱什么歌"，表达要注意场合，符合身份；要审时度势，随机应变；要围绕主题，灵活展开；不能信口开河，胡言乱语，这是对他人的尊重，也是一个人良好素质的体现。在表达中，语言要得体切境。修辞不能漫无边际。

3.1 范例

情境再现：

　　　　原驻美大使李肇星有一次到美国俄亥俄州大学演讲。演讲过程中，一个老太太质问道："你们为什么要'侵略'西藏?"听到对方用"侵略"一词,李肇星并没有表现出气愤的神情,他亲切地说道："请问夫人,您是哪里人?"老太太回答道："我是德克萨斯人。"李肇星接着说："你们德克萨斯州1848年才加入美国,而早在13世纪中叶,西藏已纳入中国版图,中国与西藏自古以来就是不可分割的整体。您瞧,您的胳膊本来就是您身体的一部分,您能说您的身体侵略了您的胳膊吗?"

听到这生动的比喻,老太太心悦诚服地笑了。演讲结束后,她上前热情地拥抱李肇星,连声说："谢谢您!是您让我明白了历史的真相。"

范例评析:

西藏自古以来就是中国领土。美国老太太因不了解中国历史,才错误地使用了"侵略"这个词语。身为驻美大使的李肇星,对这位普通的美国老太太的错误,没有拍案而起、勃然大怒,更没有气势逼人、反唇相讥,而是平易近人地给老太太讲历史、做比喻,最终使老太太明白了历史、心悦诚服。在这件事上,李大使分析入情入理、态度沉稳和蔼,堪称言之有理的典范,令人由衷钦佩。

3.2 训练

言之有度就是指在口语交际过程中,应注意说话的情境和语境,说话不但符合自己的身份,还要把握好分寸,不说不及或过头的话。要训练自己在不同的场合能说不同的话,能巧说、策略地说,不能随心所欲,否则弄巧成拙。

训练情境1 小王和小李是同事,平时爱开玩笑和斗嘴。小王见到因长时间出差没见到的小李,高兴又诙谐地说:"几天都没见着你,你没死啊!""等你买棺材呢",小李笑着说。俩人哈哈一阵大笑。事也真巧,过了几天,小王出了车祸,小李去医院看他,说顺的一句话脱口而出"你还没死啊!""滚!"小王气愤地说。

训练要求: 请举例阐述"话随境迁"的重要性。

训练提示: 表达要注重语境。同样的话,不同的场景,不合时宜的玩笑,会伤了人的感情。

训练情境2 有一次,中央电视台资深节目主持人敬一丹去山东采访一位养猪分会的会长,开口就问:"会长,你们这个养猪分会辐射了多少农户?"可她万万没想到,这个会长满脸迷惑,看着她问:"对不起,记者同志,什么叫辐射?"敬一丹一时语塞,窘迫万分。请你接住话题回答,化解尴尬。

训练要求: 表达追求的是效果,不同的对象有不同的表达。应该把话说得通俗、明白;训练时,用第一人称把实例展开,演说2分钟。

训练提示: 表达时要注意对方的身份和文化背景,才能使言语既能恰到好处地表达自己的思想感情,又能让对方准确地理解、愉悦地接受。利用修辞,或者运用当地的熟语来让对方听明白你所表达的意思。

训练情境3　张先生宴请王、赵、李、吴等客人，约定的时间到了，王、赵、李均已到达，可吴迟迟不到。此时，张先生显得很焦急，说道："该来的怎么不来？"话刚落地，王先生马上离席说道"我暂时有点事情，出去办下"。见王先生走了，张先生心急，脱口而出"不该走的走了"。在座的赵先生看了看张先生，也找了个借口开溜。此时张先生更急了，不停地嘟哝"我又不是说他俩"。此刻，李先生再也坐不住了，接应道："你不是说他俩，那你肯定是说我的。"说完就气冲冲地摔门而去，一场精心准备的宴请就这样不欢而散。

训练要求：张先生表达错误在哪里？他应该怎么说才得体？请同学转换语体叙述。

训练提示：这是语言表达中的修辞限制问题，找到话语的症结，然后复述得体的话语。

🏵训练任务4　言之有情训练

言为心声，口才是传递信息、沟通交流的工具，要激发听众情绪，引起听众的共鸣，我们的表达必须用心、用情，"感人心者，莫先乎情"。在表达中要让别人了解你的热心和真诚，做到"话必由衷，言必有情。"言之有情不是矫情，是真情的自然流露。

4.1 范例
情境再现：

世界上很多非常聪明并且受过高等教育的人，无法成功。就是因为他们从小就受到了错误的教育，他们养成了勤劳的恶习。很多人都记得爱迪生说的那句话吧：天才就是99%的汗水加上1%的灵感。并且被这句话误导了一生。勤勤恳恳地奋斗，最终却碌碌无为。其实爱迪生是因为懒得想他成功的真正原因，所以就编了这句话来误导我们。

很多人可能认为我是在胡说八道，好，让我用100个例子来证实你们的错误吧！事实胜于雄辩。

世界上最富有的人比尔·盖茨是个程序员，懒得读书，就退学了。他又懒得记那些复杂的 DOS 命令，于是，就编了个图形的界面程序，叫什么来着？我忘了，懒得记这些东西。于是，全世界的电脑都长着相同的脸，而他也成了世界首富。

世界上最值钱的品牌，可口可乐。他的老板更懒，尽管中国的茶文化历史悠久，巴西的咖啡香味浓郁，但他实在太懒了。弄点糖精加上凉水，装瓶就卖。于是全世界有人的地方，大家都在喝那种像血一样的液体。

……

还有更聪明的懒人：

懒得爬楼，于是他们发明了电梯；

懒得走路，于是他们制造出汽车、火车和飞机；

……

我以上所举的例子，只是想说明一个问题，这个世界实际上是靠懒人来支撑的。世界如此的精彩都是拜懒人所赐。现在你应该知道你不成功的主要原因了吧！

懒不是傻懒，如果你想少干，就要想出懒的方法。要懒出风格，懒出境界。像我从小就懒，连长肉都懒的长，这就是境界。

范例评析：

"懒不是傻懒，如果你想少干，就要想出懒的方法。要懒出风格，懒出境界。"这是马云演讲的核心观点。他的这篇演讲角度刁钻，构思奇绝，寓意深刻，趣味盎然，堪称经典。

4.2 训练

表达贵在真诚。说话一定要有感而发，要有真情实意，用真心说真话抒真情。切不可无病呻吟，言不由衷。言之有情训练不仅要言语含情，更要注意得体，不亢不卑。

训练情境1　一企业经济效益连年下滑，为扭转局面，面向社会公开招聘了一名MBA来做总经理。在全厂职工大会上，新上任的总经理发表了热情洋溢的就职演说。演说结束后，主持人（该企业的一名副总）说道："非常感谢马总鼓舞人心的讲话。刚才马总已经为我们指明了公司前进的方向，规划出了公司发展的宏伟蓝图。我想，只要我们团结一致，同心同德，迎难而上，一切唯总经理马首是瞻，我们公司就一定能够打一个漂亮的翻身仗，我们的明天一定会更美好！"

训练要求：分析上例话语成功之处；请你以贺年为主题发表2分钟的致辞。

训练提示："马首是瞻"原指作战时士卒看主将的马头行事，后比喻服从指挥或依附某人，本例中副总巧用"马首是瞻"这个成语，不仅表达了对新任经理的敬仰、忠诚，还表明了共同奋进的决心！

训练情境2　假如你已经恋爱了，你和你的女朋友（男朋友）感情特好，眼看到了谈婚论嫁的阶段，突然有一天，她（他）莫名其妙地提出来要和你分手，请你用言之有情的方法进行劝说，让她（他）回心转意。

训练要求：角色扮演，分选几组对话比试，看哪组对话入人心。

训练提示：人要有尊严，人格要独立，言语要到位，劝说要用情。

训练情境3　某老师在上课时不慎把知识点解说错了，不管是疏忽还是口误，对正确的观点你有充分的把握，请你与老师沟通，说出你的正确见解。

训练要求：把你的观点和老师沟通，采用老师能接受的方式表达。

训练提示：把老师的类型加以归类，对不同类型的老师采用不同的沟通方法。说话要注意身份、得体，要有人情味。

【考核与评价】

考核内容：

1. 活用修辞，以"爱心""美""积累"等词述说排比句、对偶句。

2. 读下面例子，分析错在哪里？

美国前总统里根一次在国会开会前，为了试试麦克风是否好使，张口便说："先生们请注意，5 分钟之后，我们将对苏联进行轰炸。"一语既出满座皆惊。为此还引起了前苏联政府的强烈抗议。

◆学生自评

会说话首先得会做人，学说话首先得学做人。一个不孝顺父母的人，在人前大谈孝道，即使他讲话"表演"得很好，人们也不会相信他，不会被他感染，而且只会鄙夷他的伪善，厌恶他的做作。一个不会感恩的人，大谈爱国、爱岗也纯属矫情。三省吾身，愿我们都能在口语交际中讲出真话，抒出真情，辨出真意，牢记真爱。

拓展学习

1. 陈汝东：《当代汉语修辞学》，北京大学出版社 2004 年版。

2. 黄华新、陈宗明：《描述语用学》，吉林人民出版社 2005 年版。

3. 李军：《话语修辞理论与实践》，上海外语教育出版社 2008 年版。

4. 颜永平、文若河：《会说话，得天下》，北京大学出版社 2008 年版。

训练项目七　态势技巧训练

【训练目标】

通过本项目的训练，掌握态势语言的应用技巧，用态势技巧为有声语言的沟通做好辅助工作。

【训练内容】表情语训练，目光训练，手势语训练，姿态语训练，服饰语训练。

【知识储备】

一、态势语言的含义

态势语言是说话者必须具备的一种非口头语言。它是说话者通过自己的身体姿态、仪表风度、手势动作、面部表情和服饰穿着等来表情达意、传递信息的一种无声语言。它是流动着的形体动作，在口语表达时辅助有声语言运载着思想和感情，诉诸交流的全过程，从而使对方产生效应。美国心理学家艾伯特说过："人的感情表达由三个方面组成：55％的体态，38％的声调及7％的语气词。"在人际交流的过程中，态势语言与书面语言、口头语言一样，可以表达感情、交流信息、被人理解并且自成体系。

二、态势语言的作用

态势语言在表达中极为重要，它辅佐有声语言，"此时无声胜有声"，能达到有声语言所不能达到的效果。古希腊著名的演说家德摩斯梯尼认为："说话的秘诀在于姿态。"我国的教育家陶行知先生说过："一个人的讲话能使聋子看得懂，则语言表达之技精矣。"因此，古今中外的演讲家都十分重视态势语言的运用，并把它当做辅助工具，来增强表达效果。具体来说，态势语言在语言表达中的作用主要表现在以下几个方面：

1. 替代作用。人类无声的动作具有巨大的包容性。德国表演大师吉尔·佩森曾说："我就靠我的动作、姿态向人们昭示我的内心世界，昭示我的所思所想，昭示我的喜怒哀乐。"体态语可产生有声语言来传达信息，进行交际。交流过程中，一个眼神，会意的一笑，都能代替难以言尽的话语，而且具有极大的保密性。在人与人的交流中，很多时候利用体态语能产生有声语言无法达到的效果，而且更具感染力。

2. 表露作用。态势语言是受生理性需要制约的。当人们进行思维活动时，大脑会支配身体的各个部位发出各式各样的细微信号。用有声语言表达难以启齿时，用体态语表露出来免得使人尴尬。如学生在受老师批评时，他如果低头垂睑，双手不自然下垂，则表示他愿接受批评、承认错误并表示改正；若他偏头或昂着头，目中无"人"，表明他不服气，拒绝批评。因此，态势语言是情感与情绪的自然流露。"打肿脸充胖子"的现象，只要你细心观察，是很容易发觉的。

3. 辅助作用。态势语言的作用还在于辅助有声语言更准确、更形象、更有效地表情达意，弥补有声语言表达上的不足。态势语言可以把有声语言不便说、不能说、说不出的意思表达出来，或者帮助表达未尽之意，它具有取代和补充功能。因此演说家在发表言论时，都会利用他的面部表情、手势语言等来加强他所要表达的意思。

4. 调整作用。有时候由于心理素质的原因，在面对听众时心情会紧张，而情绪紧张所产生的心理、生理上的变化，又会对说话产生消极作用，如无法控制语言速度，语音走调，遗忘内容等，这时候如果用态势动作就能起到调整作用。如在拥挤的公众场合，往往会用体态语来协调与他人的关系。你不小心踩了对方一脚，你用脸部表情告诉他，我不是故意的，这也许比说"对不起"效果更佳。

三、态势语言的类型

心理学研究表明：人感觉印象的77％来自眼睛，14％来自耳朵，视觉印象在头脑中保持时间超过其他器官。这一研究表明，在口语交流中，仅有有声语言的表达是不够的。口才的"才"，不只是靠"口"去完成的，还要靠谈吐时的风度，亦即人们在说话时表现出来的仪表举止、精神状态、待人态度、表情、语气等。人们常常认为那些演说家、歌唱家、影星的一举手、一投足都很美，当然这与他们的知名度及名人的"光环效应"有关，但最重要的是他们确实比普通人更善于利用非言语表达的技巧。

（一）态势语言的类型

态势语言分为动态体语和静态体语两大类。动态体语是以人的身体在某一场景中的动态姿势所表示的无声语言。静态体语是以身体在某场景中的静态姿势所表示的一种无声语言。详见下图。

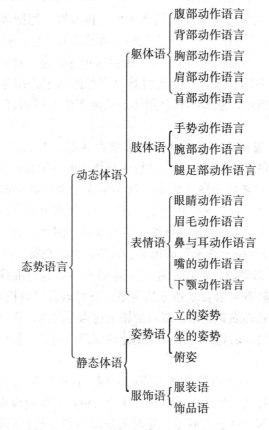

（二）动态体语寓意

1. 躯体语。

（1）腰部动作语言。腰部在人的骨架中起"承上启下"的支持作用，腰部位置的"高"或"低"，与一个人的身份地位、心理状态和精神状态有关。弯腰表示对他人的尊重。演讲时的鞠躬、点头是对听众的尊重，表示谦逊、尊敬的态度。挺腰是情绪高昂，充满自信，体现出神圣不可侵犯，往往表示有较强的自信心和自制力。

（2）腹部动作语言。腹部展示是心理优势、自信与满足感的表现，又是意志和胆量的象征，给人以气宇轩昂、派头十足的感觉。腹部蜷缩则给人以不安、消沉和沮丧的印象。

（3）背部动作语言。背脊代表人的性格和气节，挺直背脊，给人以力量。背过身去，表示拒绝、不原谅或回避。

（4）胸部动作语言。挺胸表示自信和得意，若表现过分，则转变成自满自大。挺胸又可理解为扩大自己的势力范围，两手抱胸是表现充满自信或悠闲自在，或正在考虑问题。

（5）肩部动作语言。肩是（尤其男性）尊严、威严和责任感的象征，"肩负着民族的希望"。手置于对方的肩上，暗示对他的信任或友好；肩与肩的抵触显示双方的对等关系。耸肩意寓自我存在和威慑对方，有意接受挑战，若加上摇头或双手动作表示不明白、没办法。缩肩表示不愉快、困惑、猜疑和避开对方的挑战。

（6）首部动作语言。首语是通过头部活动来传递的信息。在中国，点头表示肯定、同意、欣喜、致意、肯定、承认、感谢、应允、满意、认可、理解、顺从，摇头则表示否定。但是，在保加利亚和印度，他们的首语是"点头不算摇头算"。通常，点头是表示"应和"，侧头则表疑问、无法决定或表示对话题感兴趣。低头听人说话，多半倾向于否定。歪着头行礼表示天真，垂头表示心事重重或体力与精力不支。

2. 肢体语。

（1）手势语。掌心向上，拇指自然张开的仰手式，手部抬高表示"赞美"、"欢欣"、"希望"之意；平放是"乞求"、"请施舍"之意；手部放低表示无可奈何，很坦诚。掌心向下的俯手式是审慎的提醒手势，演讲者可用来控场，同时可用来表示反对、否定，又用以指示方向。五指并拢，手掌挺直的手切式，像一把斧子用力劈下，表示果断、坚决、排除之意。五指并拢呈簸箕形，指尖向前的手啄式，这种手势表示"提醒注意"，有很强的针对性、指向性，并带有一定的挑衅性。五指自然并拢的抚身式，演讲者把手势放在胸前，表示沉思、谦逊、反

躬自问。如果以手抚头表示懊恼、回忆等。手举过头的挥手式，表示兴奋、致意，双手同时挥动表示热情致意。双手自然撑掌，用力分开的掌分式，掌心向上表示"开展"、"行动起来"，掌心向下表示"排除"、"取缔"等；平行伸开还表示"面积"、"平面"之意。单手或双手握掌的拳举式，平举胸前，表示示威、报复；高举过肩或挥动或直锤或斜击，表示愤怒、呐喊等。这种手势有较大的排他性，演讲中不宜多用。双手握拳在胸前作撞击动作的拳击式，表示事物间的矛盾冲突。用手指拍肩击膀的拍肩式，表示担负工作、责任和使命。用手掌拍头的拍头式，表示猛醒、省悟、恍然大悟。用拳捶胸的捶胸式，辅之以跺脚、顿足，表示愤恨、哀戚、伤悲。双手摩擦的搓手式，意味做好准备，期待取胜；如果速度慢则表示猜疑。

（2）腕部动作语言。腕部是力量、伎俩、能力的象征。

（3）腿足部动作语言。小幅度的腿部摇动或抖动，意味着不安、紧张和焦躁。

3. 表情语。人们参加各种社交活动，常需面部表情来传递信息、接收信息。国外心理学家研究表明：信息总效果 ＝8％的书面语＋37％音调＋55％面部表情。

（1）眼睛动作语言。正视表示庄重，斜视表示轻蔑，仰视表示思索，俯视表示羞涩，逼视表示命令，瞪视表示敌意，不住地打量表示挑衅，低眉偷觑表示困窘，行注目礼表示尊敬，白他一眼表示反感，双目大睁表示吃惊，眨个不停表示疑问，眯成一线表示高兴。

（2）眉毛动作语言。眉毛有表现惊恐、欣喜、愤怒、气恼、困窘、亲切、愉快和询问的功能，欢乐时眉开眼笑，眉飞色舞；忧愁时，双眉紧锁；愤怒时，横眉怒对；顺从时，低眉顺眼；戏谑时，挤眉弄眼；畅快时，扬眉吐气；等等。

（3）鼻与耳的动作语言。下颚上抬，挺出鼻子，是傲慢、自大、倔强的表现。用手摸耳垂，是想打断对方说话的信号，或者表示自我陶醉。

（4）嘴的动作语言。人的含笑、微笑、大笑、畅笑，都是与嘴唇启合及嘴的张开程度有关。嘴角后拉，表示愉快，嘴角下垂，表示不开心，紧抿着嘴，表现此人的坚定意志，撅起嘴是不满意和攻击对方的表示。咬嘴唇多含有自责内省和自我解嘲的心情。倾听对方谈话注意力集中时，嘴角会稍稍向后向上拉。

【训练任务】

训练口才时，很多人都注重语音、语调、音色、音量、音质的训练，满足于"音美"，却忽视"形美"，其实态势语言的运用得当与否直接影响到说话的表达效果和语言的可信度。因此需要大家从实用技巧和艺术手法出发，对态势语言进行科学的、系统的、形象的、有效的训练。

训练任务1 表情语训练

表情语是指一个人说话时的面部表情的运用，它包括眼神、眉目、脸部、口唇等。面部表情是十分生动、丰富和复杂的。在态势语言中，面部表情和手势是最能传情达意的。通常要表达出丰富的思想感情，吸引听众，影响听众，感染听众，除正确运用有声语言外，还必须准确、充分地利用面部表情和手势。

1.1 范例

情境再现：

> 2008年5月12日14时28分，四川省汶川县发生8.0级大地震。温家宝总理第一时间就赶到了地震灾区，第二天上午，温总理在四川省都江堰市新建小学察看灾情时，看见救援人员正在教学楼废墟里抢救一名被困的小学生。温总理蹲坐在废墟上，表情十分着急，他面带慈祥而又饱含深情地对着孩子说：我是温家宝爷爷，孩子们一定要挺住，你们一定会得救！温总理劝慰着失去亲人的孩子，当他说"不哭，我们在一起"时，自己却抑制不住悲伤，泪水充盈了眼眶。

范例评析：

温总理在地震灾区的一言一行，感动着全国人民。电视画面上展示总理时而悲伤，时而激动，时而沉着，时而严肃的镜头，准确、得体地表达了总理那"不放弃、不抛弃"的誓言，充满情感的面部表情和手势动作，让世界深切感受到了一个泱泱大国总理"民之所忧，我之所思，民之所思，我之所行"的崇高风范。

1.2 训练

1.2.1 表情语训练

我们坐在大厅里观看节目，人物上场的那一瞬间，我们首先注意的是他的整体形象，比如潇洒的风度，高雅的气质，大方的步态，得体的打扮等。对其形成晕轮效应后，我们的注意力会聚到他的脸部，并非他一定有一张漂亮迷人的脸蛋，而是因为脸部是人感情的"晴雨表"，丰富的表情往往展现着复杂的思想情韵，我们可以从脸部表情读懂他人的内心情感世界。

训练情境1 在脸部表情中，笑是最常见的表情。它有很多的种类，大家逐一演练以下几种笑：大笑、狂笑、微笑、自笑、苦笑、憨笑、傻笑、嘲笑、讥笑、耻笑、冷笑、奸笑、狞笑、皮笑肉不笑。

训练要求： 2人一组面对面，按上面"笑"的顺序，一人一遍的练习，先只发出笑声，第二遍则要求在发出笑声前先说一句话，然后再笑或一边说话一边笑，如"我们胜利了"——大笑；"你真的很优秀"——微笑；"我怎么这么傻"——自笑；"他的行为太卑鄙了"——讥笑。

训练提示： 分组或课外自备镜子训练。大笑、狂笑有喜；微笑有情；自笑有乐；

苦笑有悲；憨笑有实；傻笑有愚；嘲笑、讥笑、耻笑均有侮；冷笑、奸笑、狞笑皆有恶；皮笑肉不笑全是假。在练习所有的"笑"时，一定要从中感受出最好的笑——微笑，因为在人际交往沟通和语言表达中微笑是最好的美容剂，是最能赢得听众好感的表情。

训练情境2　请面带微笑，面对听众，用真情实感说出下面的话："作为一种取之不尽用之不竭的表情语言，笑不需要花费任何代价，而它不仅会使笑的人快乐，更会使看到的人快乐。"

训练要求：用微笑的表情说话时，语音要柔和甜蜜，目光要神韵友善，面部要容光焕发，肌肉要自然放松，情绪要舒心愉快。

训练提示：说话者在与人交流中一定要面带微笑。微笑是美好感情的自然流露，真诚的微笑，不仅表明自己有教养、有信心，同时也表明对听众的友善与信赖。

1.2.2　目光语训练

"眼睛是心灵的窗户。"目光语运用得当，能起到"此时无声胜有声"的作用。要想成为一个善于交流与沟通的人，就一定要了解和运用好目光语技巧。

情境再现：

　　曾当过演员的美国第四十任总统里根，拥有高超的表演技巧，每次演讲他都能充分运用目光语，用眼神审时度势地控制演讲的进程。他的眼神有时像聚光灯，聚集到全场的某一点上；有时则像探照灯，目光扫遍全场。因此有人评价他的目光语是一台"征服一切的戏"。

范例评析：

　　心理学研究表明，在人的各种感觉器官可获得的信息总量中，眼睛要占70%以上，人内心的隐秘，胸中的奔突，情感的起伏，总是自觉不自觉地在不断变幻的眼神中流露出来，目光犹如一面聚焦镜，凝聚着一个人的神韵气质。

训练情境1　用目光语准确地将下面神态表现出来：①庄重的；②轻蔑的；③思索的；④自信的；⑤羞涩的；⑥命令的；⑦敌意的；⑧挑衅的；⑨尊敬的；⑩反感的；⑪吃惊的；⑫疑问的；⑬高兴的。

训练要求：分组或者自己面对镜子训练，要求准确地表达出涵义不同的目光语。

训练提示：通常正视表示庄重；斜视表示轻蔑；仰视表示思索；俯视表示自信；侧视表示羞涩；逼视表示命令；瞪视表示敌意；不停地打量表示挑衅；行注目礼表示尊敬；白他一眼表示反感；双目大睁表示吃惊；眨个不停表示疑问；眯成一线表示高兴。

训练情境2　站在讲台上，用环视法、点视法、虚视法面对听众讲一段即兴的话。

训练要求：要求同学上台训练，或者课后有意识地在公众场合运用目光语分门别类地传情达意。

训练提示：①环视法。训练者有意识地环顾全场的每个听众，从左到右，从前到后，从听众的各种神态中了解和掌握现场的情况。②点视法。把目光集中投向某一角落、具体到某一部分听众或某个听众。③虚视法。说话者的目光扫视全场，建立说话者与听众之间的一种交流感。

训练情境3　运用眼神技巧的三种方法，脱稿表达以下内容：

印度著名诗人泰戈尔说过："一旦学会了眼睛的语言，表情的变化将是无穷无尽的。"美国作家爱默生对眼睛的评价是："当眼睛说得这样，舌头说得那样时，有经验的人更相信前者。"

训练要求：也可以任选一段自己熟悉的话；在比较宽敞的会场或教室，面带表情表达所选内容；注意把握好目光语。

训练提示：训练者应该用目光表达出自然、亲切或专注的感情。与听众进行交流和沟通时，不能仅盯着某处看，要学会目光流盼，使全场每一个听众都感觉到你是在看着他说话，学会营造与听众之间亲切的交流气氛。

训练任务2　手势语训练

手势语是指在表达过程中，运用手指、手掌、拳头和手臂等动作变化，表达思想感情和传递信息的一种态势语言。在说话交流过程中，手势有着不可低估的作用，恰当地运用手势，对于加强口语的语势，补充口语的不足，表现说话者的体态形象，增强语言的说服力和感染力都有着重要作用。

2.1 范例

情境再现：

2009年11月14日，我国著名的演讲教育艺术家李燕杰教授的第4126场大型演讲报告在佛山市的金马影剧院举行。80岁高龄的李燕杰老师时而挥手呐喊，时而手指天空，时而挥舞拳头，时而振臂高呼。在两个多小时的演讲中，李老师的演讲真正做到了满场走动、手势挥动、热情激动、上下互动。他无与伦比的精彩演讲震撼了到场的每一位观众。

范例评析：

手势语的恰当运用可以表现出一个人的成熟、自信、涵养、气质和风度。演讲者根据自身条件，选择符合自己身份、性别、职业、体貌、有表现力的、合适的手势，就能起到形象美的作用。李燕杰老师从1977年开始演讲至今，之所以经久不衰，深受欢迎，就是因为他的演讲具有三美：意美以感心，形美以感目，音美以感官。

2.2 训练

手是人心灵的触角和指向。在语言表达中，手势运用得准确、生动、形象，

可以有效地帮助有声语言传情达意，烘托情感，形成整体之美。做手势必须要注意：手势与全身的协调；手势与口头语言的协调；手势与表达感情的协调。

训练情境1　假设下面的内容是你讲话中的结尾，请你一边演讲一边用手势来表现语义：

"如果说，中国是头沉睡的雄狮，就需要我们每一个人用热情去唤醒，让他咆哮，让他呐喊！如果说，中国是条俯卧的巨龙，就更需要我们做主人的用双手去托起，让他腾飞，让他振兴，让他永远屹立于世界强国之林！"

训练要求：要求使用"上区手势"来完成。（上区手势是指在举手的手势超过肩部的动作）

训练提示：这是一段表现鼓动、号召、积极向上的讲话。运用上区手势通常表示理想、希望、喜悦、激动、祝贺等；应该动作幅度较大，用来表示积极向上的、慷慨激昂的感情。

训练情境2　请为以下内容配上得体的手势。

"人要成功，必须勇于接受挑战。没有挑战的人生，看起来很舒服，实际上却是平庸的。不想成为平庸者，却又不敢挑战人生，这是一种悲哀。"

训练要求：仔细体会内容所蕴含的感情，用下区手势（手心向下，手势向前或向两侧往下压，动作幅度较小，手势在腰部及以下活动），恰当得体地辅佐表达的内容。

训练提示：一般表示憎恶、鄙视、反对、批判、失望、制止等情感的手势都要以下区手势为主，下区手势一般传递的是消极否定的信息。

训练情境3　为下面的内容设计手势：

（1）演讲改变命运，口才助你成功！

（2）那么，来吧！同志们：学习吧，奋斗吧，我们的明天一定会更加美好！

（3）选择奋斗就选择了成功，选择舒适就选择了平庸。

（4）我们要坚定信心，华山再高，顶有过路。

（5）中国是一个重友谊、守信用、有民族尊严的国家。

（6）人活在世上，谁不希望自己的一生过得有意义、有价值一些呢？

（7）尊敬的各位领导、各位来宾，亲爱的同学们，大家早上好！

（8）给人民当牛做马的人，人民把他抬得很高很高！

（9）团结就是力量！

（10）我自豪，我是中国人！我骄傲，我是中国人！

（11）人格魅力是无穷的，道德的力量是巨大的！

训练要求：不同的内容应该有不同的手势，课内训练和课外自练相结合。手掌手势的基本要领是拇指张开，其余四指自然并拢微曲，手臂根据手掌的位置而灵活变化。手势的运用一定要自然、简洁，切忌做作与拖泥带水。

训练提示：运用手势，要注意感情的强弱、听众的多少、内容的需要。手指可以指天、指地、指侧面，但切记不能用手指直接指听众、指他人。手心向上，前臂略直，手掌向前平伸，表示请求、交流、许诺、谦逊、承认、赞美、希望、欢迎、诚实等；手心向上，手臂微曲，手掌高于肩膀或头，表示号召、唤起、祈求、激动、强调等。运用手掌动作要做到端正、自然、大方，符合生活美学的要求。拳头的动作一般表示力量、决心、奋斗、警告、斗争、愤怒、仇恨、无比激动、坚定信心、充满自豪等，拳头动作有较大的排他性，做拳头手势时拳头只能对上，不可将拳头对人，可根据说话内容的感情强度，用单手握拳或者双手握拳。

●●●训练任务3　姿势语训练

姿势语是人通过走姿、站姿、坐姿等各种不同的身体姿势所传递出的信息。姿势语是人体内在情感的外露。在交流沟通中，姿势语是展现魅力、表现风度、传递信息的有效手段，是传情达意必需的手段之一。

3.1 范例

情境再现：

> 1954 年 4 月，作为新中国的首任总理兼外交部长的周恩来，率团出席日内瓦国际会谈，这是周恩来第一次在国际大舞台上亮相。周总理儒雅高贵的气质，冷峻潇洒的眼神，风度翩翩的姿态，马上震撼了入会的各国领导人，仿佛中华民族五千年的优秀全聚焦在他的身上，令各国政要无比敬佩和崇拜。原国家主席李先念曾经自豪地说过：周恩来的形象气质给中国赢得了尊敬。美国一位外交官也曾说过：和周恩来站在一起我们就像是野蛮人。

范例评析：

据曾经见过周恩来总理的前辈说，周总理的个子并不太高，但是无论何时何地，他的形象在人民心中始终是伟岸高大的。这除了周恩来总理高尚的人格魅力之外，周总理的走姿、站姿、坐姿等各种身体姿势都始终给人们留下仪表堂堂、风度翩翩、魅力四射的美好记忆。

3.2 训练

姿势语是通过行走、站立等姿势传递信息的语言，是一种无声的伴随语言。不同的姿态语表现出不同人的修养、情感，传递了不同的信息。

训练情境1　假设你参加全国司法警察演讲大赛，主持人喊到你的姓名，该轮到你上场演讲了，请你设计上场时的步姿，上台后的站姿。

训练要求：警容端正，精神抖擞，收腹挺胸，步姿稳健，从容自如。面带微笑，用眼神和听众进行友好的交流。

训练提示：调整心态，注意身份，酝酿感情。事先应该察看好地形、路线，同时了解听众的情况。上台前整理好自己的衣服、仪容；听到请自己上场时，要向主持人点头致意，然后从容、大方、自信、面带微笑地走向舞台，走到舞台1/3或一半时要甩头看观众，在离讲台或立杆话筒有半步之遥时，自然的转体、敬礼，再横跨一步走到讲台或立杆话筒前的位置。

注意上台时步姿要稳健，切忌左顾右盼、摇晃，避免给人以不自信或者傲慢之感；上场后调整好音响及话筒高度，不要急于开口，应用亲切的目光注视或扫视会场几秒钟；走下台时要不慌不忙，前后一致，善始善终。

训练情境2　期末庆典，要求每个人都要上台发言，没有讲桌，只有一个立杆话筒，请你为自己设计立姿。

训练要求：站要直，立要稳，手要松，形要帅（靓）。

训练提示：站姿语是通过站立的姿态传递信息与情感的语言。不同的站姿传递不同的信息和情感。站立发言要注意：头部要端正，面要笑，眼睛要聚焦，要始终用眼神与听众交流。

训练情境3　在会议室，你被领导接见或面试应聘，采用怎样的坐姿更能为你的形象添彩？

训练要求：要求坐姿符合场景、符合语境、符合身份、注意性别要求，把最好的形象展示给人。

训练提示：以上场景的坐姿属于庄重类。上身挺直，精神集中，两手平放在膝上或手按着手，双腿并拢或略为分开，臀部一般只坐在椅子的前半部分。整个坐姿就像两个"L"。女性也可采用双膝并拢或脚踝交叉的姿势。这种坐姿通常表示尊重对方，注意放松，不可过于紧张，那样会造成呆板僵直的形象。

训练任务4　服饰语运用训练

服饰语是通过服装、发型、饰物及化妆等传递信息的姿势语。在人际交往中，衣着整齐，服饰得体，不仅会给人留下美好的"第一印象"，而且会让自己产生良好的"自我感觉"，提高自信心，从而使自己在口语交际中获得较好的效果。研究发现，服饰语在口语交际中具有重要的作用，它不仅可以展现人的内在精神面貌、生活情趣和审美追求，而且有时候在某些场合还成为决定成败的关键因素。

4.1 范例

情境再现：

20世纪60年代初美国总统竞选时，尼克松本来处于优势，但由于他没有注意修饰自己，以憔悴不堪的形象出现在电视屏幕上，结果失去了许多拥护者。而他的竞争对手肯尼迪却服饰整洁、气宇轩昂，赢得了很多选民的好感，从而以微弱的优势战胜了尼克松，这恐怕与肯尼迪服饰仪表不无关系。1983 年里根总统出访完欧洲回国时，穿了一套格子西服在电视上发表讲话，引起了一场轩然大波。因为根据礼仪惯例，美国总统在正式外交场合应该穿显得庄重的黑色礼服，否则就是对人不敬的严重失礼行为。

范例评析：

以上两个案例我们可以看出，规范、得体的服饰语不仅是一种文化，更是一张走向成功的通行证，它不仅使人的形象富有魅力，从而赢得他人的信任和尊重，甚至可以起到成败得失的作用。

4.2　训练

训练情境1　你应邀出席政府部门举办的"纪念汶川地震三周年"的大型活动，要求你发表演讲，请你设计自己的穿着。

训练要求：不同的场合应该有不同的服饰，出席这样的活动，着装要尽量做到四个协调：与体态协调；与内容协调；与听众协调；与身份协调。

训练提示：这是一个庄重、悲伤、寄托哀思的活动，应该着深色的正装。男士还应该遵守"三一律"原则。

训练情境2　参加全国大学生"幸福与尊严"演讲大赛，除了警服外，你还可以选择怎样的服装出场，要求与场景吻合。

训练要求：演讲的服饰要端庄、简洁。要求遵循"五子"原则。

训练提示：男性演讲时服装最好着正装，服饰不能过于随便和随意；女性演讲时不宜穿戴奇异夺目、坦胸露背的服饰。

训练情境3　毕业前，墨墨要去参加公务员面试，请为他设计几套穿着方案，使得服饰得体、大方。

训练要求：大家参与讨论，根据墨墨自身特点，从服装、发型、饰品、鞋子、化妆等方面一一设计，最后形成一套最佳方案。

训练提示：女性在正规的面试场合，要做到"六不"原则，即不穿金戴银；不浓妆艳抹；不穿奇装异服；不袒胸露背；不披头散发；不露脚趾头和袜头。

【考核与评价】

考核内容：

1. 准备一段 2~3 分钟的讲话稿，要求脱稿，充分利用面部表情和手势来表达自己丰富的思想感情，要求用眼神与听众交流，要达到吸引听众、影响听众、感染听众、打动听众的效果。

2. 朗诵《沁园春·雪》，每一句都要加上手势语，要求雅观自然，表情真挚，大方得体，动作到位，具有美感。

《沁园春·雪》

——毛泽东（1936 年 2 月）

北国风光，	江山如此多娇，
千里冰封，	引无数英雄竞折腰。
万里雪飘。	昔秦皇汉武，略输文采；
望长城内外，惟余莽莽；	唐宗宋祖，稍逊风骚。
大河上下，顿失滔滔。	一代天骄，成吉思汗，
山舞银蛇，原驰蜡象，	只识弯弓射大雕。
欲与天公试比高。	俱往矣，
须晴日，	数风流人物，
看红装素裹，分外妖娆。	还看今朝。

3. 声情并茂地诵读下面语句并按要求作出手势。

（1）"不！不能这样！这不是我们的逻辑！"（手心向前，前臂直伸）

（2）"谁若把金钱看得比荣誉还尊贵，谁就会从高贵降到低贱。"（手心向下，前臂下压至下区）

（3）"任长霞永远是我们每一个公安干警心中的英雄。"（五指并拢、略弯，自然放在胸前）

（4）"知识决定命运，学习成就未来！"（手掌放在身体一侧，手心朝前）

（5）"警察的责任就是舍小家为大家维护社会的安宁。"（双手由分而合在胸腹之间）

4. 养成良好的走姿、站姿、坐姿；一举一动，一招一势，一颦一笑都能给人一种风度翩翩、彬彬有礼、气势不凡的感觉。在各种场合，使自己的谈吐、举止、仪表、体态、服饰、打扮都给别人留下一个与众不同的印象。

5. 通过本项目的训练，要求具备大方的举止，优美的谈吐，得体的仪表，翩翩的风度，文明的礼仪等良好素质，提高自信力，以此增强语言表达与沟通能力。

◆学生自评

在下面的几种场景中，你会运用态势语与人沟通吗？

（1）上、下讲台时的你怎样微笑？

（2）在用语言赞美他人时你会微笑吗？

（3）与听众互动或交流时，你的微笑与目光怎样运用？

（4）你会使用微笑肯定或否定别人的言行吗？

（5）面对喧闹的听众你如何运用态势语言来表达自己的态度和情绪？

（6）你会用目光语与人交流和沟通吗？

（7）你能在各种场合，做到举止大方、服饰得体、礼节到位吗？

 拓展学习

1. 何欣、姜健：《口语表达学》，吉林人民出版社 2002 年版。

2. 颜永平编著：《演讲艺术与实践》，海潮出版社 2002 年版。

3. 中华演讲网，http://www.zhyjw.com/index.html 相关栏目。

4. 中国口才网，http://www.koucai.cn/index.html 相关栏目。

学习单元四　专题口才训练

【学习目标】

　　本单元选取社交口才、沟通口才、求职口才、演讲口才、辩论口才等生活、工作中常用的专题口才进行训练，提升各种口才的表达技巧，能根据需要，在不同场合、不同对象、应对不同的场景，形成自己的语言表达风格。达到社交时会说、沟通时能说、求职时善说、演讲时敢说、辩论时巧说的境界，具备一定的口语表达能力和人际沟通能力。

【学习内容】

　　社交口才、沟通口才、求职口才、演讲口才、辩论口才。

训练项目八　社交口才训练

【训练目标】

通过本项目的训练，知晓社交口才的一般规律，锻炼社交语言表达能力，提高自身社交口才水平，学会与人交际，做到善表达。

【训练内容】

拜访与接待口才训练、寒暄与介绍口才训练、赞美与批评口才训练、拒绝与劝说口才训练。

【知识储备】

一、社交口才

社交就是社会交际，就是社会上人与人之间的交往、联系和相互作用。换句话说就是人们在社会生活中为了满足某种需要而进行的信息交流和联系。社交成功与否与一个人的语言表达能力密切相关，俗话说："良言一句三冬暖，恶语伤人六月寒"，"一句话能把人说笑，一句话也能把人说跳"。与人交往时会不会说话，说什么话，怎么说话，体现一个人的修养，更体现一个人的能力。由此可见，社交口才就是指一个人在社会交往活动中所表现出来的语言艺术或才能，即善于用准确、贴切、生动的口语表达自己思想、意愿的一种能力。

二、社交口才的基本原则

社交口才最大的作用就是通过口语表达来传情达意，进行双向交流，以达到建立和谐友善的人际关系的目的。使用社交语言应遵循诚实、守信、平等、宽容的原则。诚实就是不说假话，不说空话，有一是一，有二是二，不文过饰非；守信就是说出的话就要遵守，承诺的事就要兑现，言而有信，勇于承担；平等就是尊重他人，平等相待，不盛气凌人，不高人一等；宽容就是将心比心，体谅他人，严于律己，宽于待人，容许别人犯错误，容许别人改正错误。

三、社交口才的基本要求

社交口才的基本要求主要表现在适时、适量、适度三个方面。适时就是要根据社交对象、时间和具体场景的不同，把握好说话的时机，说在该说时，止在该止处。适量就是说话的多少要适当，根据交际对象、环境、时间的不同，该多说时不少说，该少说时不多说。适度就是根据不同对象把握言谈的深浅度；根据不同场合把握言谈的得体度；根据自己的身份把握言谈的分寸度。

四、社交口才的主要形式

社交口才形式广泛，内容繁杂，主要有拜访与接待、寒暄与介绍、赞美与批评、拒绝与劝说等。拜访是指为了达到一定目的而去拜见和访问别人；接待就是迎接、款待，是指主人对拜访者表示欢迎并给予相应的礼遇。寒暄是指人际交往中双方见面时互相问候、叙谈家常的应酬语；介绍是指不认识、不了解的双方或多方通过引见彼此相识的一种交际方式。赞美就是在交际中善于发现别人的优点，并不失时机地夸赞对方；批评就是善意指出别人的缺点和不足，并让对方心悦诚服地接受和改正。拒绝就是不接受，就是回绝他人的请求、赠予及提出的问题或建议等；劝说就是通过言语劝解说服对方放弃已有的定见或改变原先的态度和做法。

【训练任务】

人们在社会中交往，离不开应酬，熟人见面首先要打招呼，陌生人相识需要介绍，得到别人的帮助要感谢，伤害了别人要道歉，有了矛盾要劝说化解，分别时要相互告别……可以说，人生活在社会中，就像离不开吃饭睡觉一样离不开说话。说话是交际的桥梁，而谈吐水平的高低，却是在生活磨炼中所获得的结果。我们进行这方面的训练，就是想增强大家使用社交语言的自觉性，达到不仅能说，还要会说，更要善说。

●●●训练任务1　拜访与接待口才训练

拜访与接待是人际交往和工作中最常见的应酬形式，也是联络感情、增进友谊、开阔视野、拓宽社交面的一种有效方法。在生活中，人们经常会去拜访亲人、朋友、同学等，也会接待这些人的来访。在工作中，接待或拜访也是很多企业员工一项经常性的工作。拜访要做到守时守约、礼貌周全、言辞有度。接待要

做到热情周到、因人而异、有礼有节。

1.1 范例

情境再现：

　　　　大年初一的上午，小薛提着礼物，刚要出门给王科长拜年，听见有人敲门，他把礼物放回桌上，开门一看，是同事小李。

　　　　小李说："薛刚，过年好！我来给你拜年。"

　　　　小薛热情地说："小李，过年好，快请进。"

　　　　小李进门后，小薛说："你快坐下，来，吃点水果、糖，我给你倒杯茶。"

　　　　小李说："不用客气。"他们又寒暄了几句。小李看见了桌上的礼物，他站起来说："我先走了，没别的事情，就是给你拜个年，咱哥俩有空再聊。"

　　　　小薛说："时间还早，再坐会吧。"

　　　　小李说："不坐了，改天见。"

　　　　小薛说："那好吧，改天见。"并起身送小李到门口，目送小李走远。

范例评析：

　　这是一个日常生活中的拜访与接待。小李的拜访礼貌有度，言辞得体。他既表达了同事之间的友好互通，又适时地结束了拜访，避免给对方造成困惑。小薛的接待热情周到，礼貌有加。他先放下自己的事情，热情招待同事，还能够真诚地挽留客人，避免冷落，最后礼貌送客。这样的拜访和接待，双方都很愉快，必能加深了解，增进友谊。

1.2 训练

　　走亲访友、接待应酬是人人都会碰到的事情，如何在拜访与接待中谈吐得体、游刃有余，关键要靠大家在日常生活中多学习，多积累，多运用。

训练情境1　你是应用法律系团支部副书记。近期，你们团支部要举办一场主题为"学好专业为人民"的演讲比赛。支部书记杨老师让你去请系主任王教授担任演讲比赛的评委。你如何去拜访他？

训练要求：这是工作性拜访，拜访语言要礼貌、简练，说明来意即可。

训练提示：到办公室门口应敲门而入，见到王教授要礼貌问候，自报家门，说明来意，并送达演讲活动策划书及评分标准。

训练情境2　你和你的同学已经有三年没有见面了，最近你听说他荣升某电脑公司软件开发部门经理，你正好有个工作需开发一个管理软件，你准备上门拜访他。请设计你将如何登门拜访。

训练要求：同学见面，拜访语言应随意一些，亲热一点。和同学问候寒暄之后巧妙地提出你的来意，衔接要自然。

训练提示：可以先电话预约，按时到达，敲门而入，问候、寒暄语应有较浓的感情色彩。可以从祝贺同学事业有成，谈论同学的工作引出你的请求，让对方及早了解你拜访的目的。拜访时间不宜过长，适时结束交谈，话别时要彬彬有礼，可以预约同学有空时聚聚。

训练情境3　你的好朋友小邓来拜访你，在未说明来访意图前你如何与他交谈？最后他终于说出想让你帮他一个忙，但是你却很为难，你如何与他交谈？

训练要求：要热情、真诚地接待，端茶倒水，嘘寒问暖。对朋友的请求要委婉地拒绝，说明理由，请她谅解。

训练提示：好朋友上门，你应该显得格外亲热，主动与他寒暄聊天，找一些共同的话题来谈，不能冷场。婉拒朋友的请求时真诚地解释理由，说明难处，还可以帮他想想别的办法，尽量为他着想。

训练情境4　秘书小吴负责天地公司的前台接待工作，一天，当一位客人走进办公室时，吴秘书正在办公桌前打印一份急件，他向客人点点头，并伸手示意请客人先坐下。5分钟后，他起身端茶水给客人，用电话联系好客人要找的部门，然后在办公桌前起身向客人道别，并且目送其走出办公室。为此事，吴秘书受到了办公室主任的批评。

训练要求：分析说明吴秘书在这次接待工作中有哪些不妥之处，他应该怎么做。

训练提示：欠热情，应停下手头的工作，热情招呼客人；欠尊重，应先询问来客有什么事情，需要帮什么忙，然后热情为之服务；欠礼貌，应起身送客人到门口并与客人道别。

训练任务2　寒暄与介绍口才训练

　　寒暄与介绍是人际交往中一种礼节上或感情上的互酬互通行为。在社交活动中，寒暄与介绍能使不相识的人相互认识，使不熟悉的人相互熟悉，使沉闷的气氛变得活跃。尤其是初次见面，几句简单的介绍，得体的寒暄，会使气氛变得融洽，有利于顺畅地进入正式交谈。寒暄的形式很多，最常见的有问候式、称赞式、间接式等。寒暄语言要体现出真挚、坦诚、热情、自然、得体。介绍的方式主要有自我介绍、他人介绍和集体介绍。介绍的内容主要包括姓名、单位、职务、兴趣、特长、学历等。介绍用语应简洁明确、重点突出、礼貌得体、分寸有度。

2.1 范例

　　情境再现1：

　　　　甲：这幅画是你自己画的？画得真不错！

乙：你过奖了，我不过是在业余艺校学了几天。

甲：你也进过业余艺校？

乙：怎么？听口气，你也不是外行。

甲：我在鲁迅业余艺校跟×××老师学过画。

乙：真的？太好了，我们都是×××老师的学生。

范例评析：

这段寒暄话不多，通过寻求共同爱好，在双方之间建立起了一种认同心理，一下子使双方缩短了心理差距，在感情上靠拢了，从而为双方进一步交际建立了良好的基础。

情境再现2：

同学们好：我姓颜，叫颜永平，喜笑颜开的颜，永远的永，平平安安的平。父母给我起这个名字的意义是，希望我在一生中都能够喜笑颜开、永远平平安安。在这里，我也衷心地祝愿大家永远喜笑颜开，永远平平安安！

范例评析：

这一段自我介绍包含了五个要素：姓什么、叫什么、字怎么写、姓名当中蕴含的意义、送给别人的祝福等，对自己的姓名作了全方位的介绍，既让人透过"意义"记住了介绍人的姓名，同时也通过"祝福"感受到介绍人的人性温暖。

2.2 训练

现实生活中，寒暄与介绍无处不在，尤其是寒暄，大家可能天天都在说。我们希望大家在完成这个训练任务的过程中，对照自己以往在这方面的口语表达，自检一番，增强运用寒暄与介绍语言的自觉性，有意识地把学到的方法技巧运用到生活工作中去，以提高自己的交际水平。

训练情境1　昨晚下了一场雪，天气十分寒冷。今天早上，你出门上班，在楼门外面碰见同楼的王大爷，手提菜篮，要进楼门。你如何与他寒暄？

训练要求：寒暄语要切合时间、天气及对方的身份等。熟人见面，用语应亲切、具体、随意。

训练提示：可以从天气冷、起得早、多穿点、注意身体、真勤快等方面与王大爷寒暄几句。

训练情境2　设想你去参加一个社交聚会，你想借此机会多结交业内人士，扩大自己的社交面，以寻求发展机会。设计几种与人结交的寒暄语。

训练要求：先把这个情境具体化，如商业聚会、报业聚会等，再有目标地设计结交之人及与之寒暄的语言。寒暄语要切合时境，礼貌得体。至少设计和三种人的寒暄语。

训练提示：可以与好久不见的业内老朋友寒暄；可以与你久闻大名，但素未谋面的业务高手寒暄；可以与在业内以团队合作精神闻名的某个团队集体寒暄；还可以与和你同类部门的经理寒暄……

训练情境3　"语言名片"设计。请说说下列"语言名片"有何特点，好在哪里。

　　——"我叫刘月琴。您见过刘三姐在月下弹琴吗？没见过？那是我在弹琴啊：刘月琴，刘三姐月下弹琴。"

　　——"我是公关部的小职员，姓李名杰。理解是永远的渴望，理解是永远的追求，所以常常有人向我开玩笑：'李杰（理解）万岁'。"

　　——"我叫梁艳，我出生的时候正是中国女排得世界冠军的年代，我的舅舅是排球迷，就给我起了个排球名将的名字，也许若干年后人们会发现在排球之外还有一个名将梁艳。"

　　——"我姓朱，名川。朱就是红色的意思，川就是大江或者河流。所以我的名字可以联想起一条著名的河，这就是红河。"

　　——"我叫晋群。'普'字去两点那个'晋'，不过我觉得那两点还是该放在上面，因为我太普通了，晋群，普通的群众。"

　　——"我叫腾进，很好记：我们的国家腾飞猛进！"

　　——"这位是我的老同学×××，我们从小就在一起，还偷吃过人家树上的桃子……"

　　——"他是×××，象棋下得好，是我们厂的棋圣。"

　　请运用上述例子提供的技巧，设计在一个社交场合作自我介绍或介绍他人的"语言名片"。

训练要求：设计三种以上，多多益善。

训练提示：上述例子的自我介绍，运用联想、谐音、造句、解释、诙谐幽默等方式，给人留下了鲜明的印象，可以让人加深记忆。你也可以采用最直接、简洁的方式来介绍。

训练情境4　你是学院学生会主席。今年学生会纳新工作结束后，你在一周例会上为新旧成员作介绍。

训练要求：介绍他人要双向介绍，不能只介绍一方。介绍语言要简洁，自然，得体。

训练提示：这类介绍最好根据分工对口介绍，还可以把各自的特长与今后工作的特点结合起来进行介绍。

●●●训练任务3　赞美与批评口才训练

　　赞美是一种容易引起对方好感的交际形式，也是一种有效的交往技巧。它能

缩短人与人之间的心理距离，是人际交往的润滑剂。赞美是一门学问，赞美时要能够抓住被赞美的人或者事物的实质，语言到位，一语中的，切中要害，让被赞美者听了舒服、畅快。赞美要真诚热情、真实具体、因人而异、看准时机。人生在世，孰能无过？我们需要真诚的赞美，也需要善意的批评。赞美是鼓励，批评是督促，二者缺一不可。人生活在团体中，批评人、听人批评都是难免的。批评是一门艺术，少运用且善于运用批评才是上策。批评要善意诚恳、实事求是、对症下药、讲究方法。

3.1 范例

情境再现1：

有一次，一个顾客在一款地砖面前驻留了很久，导购走过去对顾客说："您的眼光真好，这款地砖是我们公司的主打产品，也是上个月的销售冠军。"顾客问道："多少钱一块啊？"导购说："这款瓷砖，折后的价格是150元一块。"顾客说："有点贵，还能便宜吗？"导购说："您家在哪个小区？"顾客说："在东方绿洲。"导购说："东方绿洲应该是市里很不错的楼盘了，听说小区的绿化非常漂亮，而且室内的格局都非常不错，交通也很方便。买这么好的地方，我看就不用在乎多几个钱了吧？不过我们近期正在东方绿洲和威尼斯城做促销活动，这次还真能给您一个团购价的优惠。"顾客兴奋地说："可是我现在还没有拿到钥匙呢？没有具体的面积怎么办呢？"导购说："您要是现在就提货还优惠不成呢，我们按规定要达到20户以上才能享受优惠，今天加上您这一单才16户，还差4户。不过，您可以先交定金，我给您标上团购，等您面积出来了，再告诉我具体面积和数量。"这样，顾客提前交了定金，两周之后，这个订单就搞定了。

范例评析：

这位导购很善于赞美。她先赞美顾客的"眼光真好"，并用"公司的主打产品"、"上个月的销售冠军"来进一步印证顾客的独到眼光，从而使顾客得到一种心理上的认同感。接着，她又赞美顾客购买的小区是"很不错的楼盘"、"绿化非常漂亮"、"格局非常不错"、"交通也很方便"，实际上是在夸赞顾客的选择，再告诉顾客不该省钱，让顾客感觉到住这么好的小区再谈价钱有点惭愧。然后，她才告诉顾客"我们近期正在东方绿洲和威尼斯城做促销活动，这次还真能给您一个团购价的优惠"，这等于给顾客额外的惊喜。她故意让顾客感觉得到这种优惠有点"来之不易"，让顾客有一种超值的心理感受，最后达成交易。她成功交易的秘诀就是赞美。

情境再现2：

　　有位小伙子向老人问路："喂！去索家庄该走哪条路？还有多远？"老人对小伙子的傲气和无礼很不满意，随口应道："走大路一万丈，走小路七八千丈。"小伙子摸不着头脑："怎么这儿论丈不论里？"老人笑着说："小伙子，原来你也会讲'里'（礼）？"小伙子知道自己失礼了，连忙给老人赔礼道歉。

范例评析：

　　这位老人对小伙子的无礼虽然心存不满，但他不愿明言指责，而是运用谐音的方法，达到了委婉批评的效果。

3.2 训练

　　在人际交往中，赞美是必不可少的。适当、及时的赞美就像照在人们心灵上的阳光，使人感到振奋和温暖。请你用积极的目光看待别人，发现别人的长处，不失时机地去赞美别人吧！人人都需要赞美，却没有人喜欢被批评，这是人之常情。因此，批评更要讲究方法技巧，合适的时间、适当的场合、和缓的语气、含蓄的措辞、从正面引导、先赞扬再批评等，目的就是让人能够愉快的接受批评并改正不足。

训练情境1　你和李帅同是学院警训队的成员。今年，你们一起参加了全系统国庆大检阅活动。李帅因为在活动中表现突出，被评为警训标兵。你想赞美他，该如何说？

训练要求：赞美的语言要恰当、贴切，不能过分夸张。态度要真诚、热情。最好从细节处进行具体的赞美。

训练提示：可以从平时训练的态度、动作的标准程度、个头高、着装得体精神等方面进行赞美。

训练情境2　一位石油钻井队长，赞美他的队员们说："当滚滚的原油冒出地面时，我们的队员个个垂涎三尺，贪得无厌，恨不能一下子把地下的原油'喝'个净干！"请说说这位队长运用了什么方式来赞美他的队员们？请你仿照此种方式来赞美你身边的一位朋友、同学或同事。

训练要求：这位队长运用反语、夸张的方法，故意用反语言过其实，使听者初听是意外的贬低，细想才觉得赞美之情溢于言表。用反语式赞美表达要恰当，夸张要适度。从你的一位朋友、同学或同事身上找一处优点，然后借用反语来赞美。

训练提示："垂涎三尺"和"贪得无厌"原意是见了别人的东西就眼红，贪婪不满足。这位队长巧妙借作，夸大其词，表达弦外之音，赞美石油工人为多做贡献，忘我工作的奉献精神。这种赞美，犹如放大镜，使抽象变具体，言有尽意无穷。这种方式的关键在"巧借"，所借的反语能够准确地反衬出所赞美的优点。

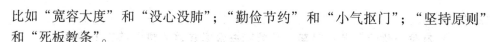

比如"宽容大度"和"没心没肺";"勤俭节约"和"小气抠门";"坚持原则"和"死板教条"。

训练情境3　你是公司老板,员工小李上班、开会经常迟到。今天,公司有个很重要的会议,由你主持,会议已进行了10分钟,小李才匆匆忙忙赶来,你如何对他提出批评?

训练要求:用缓和的方式批评。选择适当的时间和场合批评。对具体的事情提出批评。做到批评有效而又不会引起受批评者的不满。

训练提示:你可以把小李单独叫到办公室,采用关心、体谅的话语问清迟到的原因是什么,如有困难能不能帮他解决;也可以先表扬他工作上的成绩,再提出批评。

训练情境4　请判断下列批评用语的正误,说出理由:

我相信你会表现得更好。

你不行!

你这句话说得不够妥当。

你这主意糟透了!

这件事你最好再做一遍。

你连这件事都做不好!

你要用功读书,提高成绩才好。

你的学习成绩还能不能提高?

训练要求:先准确说出批评语的正确或错误,再谈理由。

训练提示:批评的目的是为了教育人、帮助人、团结人,谈理由时可以从这几方面考虑:语气应缓和、给人留面子、不伤感情、先赞扬后批评、用建议或者希望的语气批评、设身处地、关爱提醒对方、用询问商讨的语气批评等。

训练情境5　某厂厂长发现两个工人在悬挂着"严禁吸烟"的牌子旁边吸烟,就狠狠地指责他们说:"难道你们都是文盲?你们没有看到这块牌子吗?"请你指出这位厂长的批评有何不妥?再为他设计一段妥帖的批评语。

训练要求:批评语要诚恳,尊重别人,不要伤感情。

训练提示:每个人都渴望得到别人的尊重,这是与人交际不可忽视的一个重要原则。这位厂长不懂得这一点,摆出一副居高临下的架势,语气傲慢无理,对方一听就觉得受了污辱。你可以用尊重的语气直接提醒他们,也可以用幽默的话语巧妙提示他们。

◉◉◉训练任务4　拒绝与劝说口才训练

拒绝与劝说是我们在与人交际时经常碰到的话语情境。在现实生活中,我们碰到无法回答的问题或不能答应的请求时，如何拒绝就成了一门艺术。我们在拒绝时要把握委婉含蓄这个基本原则，既达到避开话题的目的，又不会使对方尴尬难堪，给人留下较好的印象。人与人在交往过程中难免会因为性情不同、思想见解的差异等种种因素导致各种矛盾的产生，这就需要劝说来解决矛盾：工作思路有了分歧，需要说服，两人闹矛盾，需要劝解，老人病了不肯上医院，要靠说服，一个人想不开要轻生，更离不开说服和劝解……我们在进行劝说时要把握平等待人、尊重对方、心理相容、对症下药的原则，注意选择时机，掌握火候，找到突破口，抓住根本，陈述利害，以帮助对方分辨是非，晓之以理，动之以情，导之以行。

4.1 范例

情境再现1：

　　在1966年中外记者招待会上，有记者问："请陈外长介绍一下中国发展核武器的情况。"陈毅答道："中国已经爆炸了两颗原子弹，我知道，你也知道。第三颗原子弹可能也要爆炸，何时爆炸，你们等着看公报好了。"陈毅的妙语赢得了满场掌声。

范例评析：

　　对方的问题涉及了国家机密，是不能直说的，所以陈毅外长避实就虚，采用无效回答，一番似是而非的话语，巧妙地封住了对方的嘴巴。既拒绝了对方的问题，又活跃了现场气氛。

情境再现2：

　　有一对夫妇因一点小事吵架。下班后，丈夫发现妻子正怒气冲冲地收拾行李，一副离家出走的阵势。他问妻子："你这是干什么？"妻子说："这个家，我再也呆不下去了！"说完，扬长而去。谁知刚出门不远，就听见丈夫大声叫喊："哎！等等我，让我和你一起走吧！这个家我也呆不下去了！"妻子听了这么幽默而又妙趣横生的话语，终于破涕为笑了。

范例评析：

　　劝说的技巧，关键在于"巧"用。俗话说"老翁牵牛，用的是巧劲"。攻心为上，巧把话说，这位丈夫运用曲线说服术，直话曲说，巧妙地化解了妻子的怒气，挽回了妻子出走的局面。

4.2 训练

　　做到委婉拒绝、不伤和气是我们的目标。不管使用什么方法，首先态度要真诚，语气要委婉。转移空间或时间、避实就虚、采用无效回答、幽默化解、巧借外因、正面引导、寻求谅解……都是婉拒的好方法。劝说的目的是为了帮助别人

化解矛盾，打开心结，疏通思路，放弃己见。其关键是让对方接受你的意见，这就不能不讲究劝说技巧。我们可以采用正面诱导、寻求一致、投其所好、将心比心、言语激将、观点归谬、以短补长等方法来实现劝说的目的。归根结底，采用什么方法要因人而定，因事而用，不可生搬硬套，免得弄巧成拙。

训练情境 1　你的朋友向你借钱不还。今天，他又来了："唉，这几天我'贫血'，再来点 O 型的？"也就是借钱的意思。你如何既不伤朋友情谊，又能巧妙拒绝他？

训练要求：说出至少三种拒绝性言辞。注意要不伤朋友情面，要拒绝得巧妙得体。

训练提示：你会不会来个答非所问，对他进行一番劝导？你能不能用幽默含蓄的话语拒绝对方？你可不可以巧借外因（如刚把钱借给同事了）拒绝对方？

训练情境 2　你高中时最要好的朋友来警院找你，说他最近找了一份当保安的工作，想借你的警服穿穿。你怎样拒绝他呢？

训练要求：解释理由的语气要委婉，态度要诚恳，用语要得体。设计两种拒绝语。

训练提示：你可以先祝贺同学找到自己喜欢的工作，然后真诚解释不能借他警服的正当理由；你也可以先关心同学生活上有无困难，然后再找托辞（如所发警服有限，只够自己学习训练使用等）。

训练情境 3　某同学家里本来就困难，昨天和同学上街买书，被小偷偷走 300 元钱，相当于她一个月的生活费，她很痛苦。你如何劝解她？

训练要求：劝说辞要情真意切，充满感情。既要表示同情，又要宽慰对方，解开心结，减少痛苦。

训练提示：可以先表示理解和同情她目前的处境，再劝慰她事已至此，多想无益，最重要的是如何渡过眼前的难关，还可以表示愿意帮助她，从而让她振作起来。

训练情境 4　你想请求某人做某事，但你又认为他（她）很可能不乐意，你能否以巧妙的言语使他（她）接受你的请求，请设计几种劝说的措辞。

训练要求：先把上面的情境具体化，再在具体的情境中进行劝说训练。最少说出两种劝说辞。

训练提示：可以先赞美对方在这方面的能力，肯定对方在这方面的作用，让对方感到自己很重要，从而接受你的请求；也可以先站在对方的立场上分析问题，给对方一种为他着想的感觉，投其所好，以心换心，劝说对方接受你的请求。

训练情境 5　台湾地区歌曲《卖汤圆》是根据街头巷尾卖汤圆师傅的叫卖声进一步创作的，它的每一句歌词都在劝说：

卖汤圆，卖汤圆，　　　　　　（广告标题）

小二哥的汤圆是圆又圆。　　（产品特点）

一碗汤圆满又满，　　　　　（货真价实）

三毛钱呀买一碗。　　　　　（价格便宜）

汤圆一样可以当茶饭，　　　（产品用途）

吃了汤圆好团圆，　　　　　（吉祥效果）

晚来一步恐怕要卖完。　　　（勿失良机）

每一句都发挥了它应有的作用，再加上那节奏欢快的乐曲，堪称沿街叫卖式广告或营销劝说的杰作。请你尝试模仿上例的技巧，设计一段劝说语，劝大家买你的东西或者同意你的意见与建议。

训练要求：以例引练，大家在阅读上面有趣的例子后，展开想象，发挥创造力，自创情境，进行劝说语言训练，至少设计两段，多多益善。

训练提示：可以设计一件物品的广告语，劝说大家接受；也可以提议一项活动，劝说大家参与；还可以设计一种事物的坏处，劝说大家杜绝（如吸毒）……

总之，社交离不开说话，社交能力的高低取决于口语表达水平的高低。我们必须学会运用准确、恰当、生动的语言来表达自己的思想意愿，才能做到会与人交际，善与人沟通。这就要求我们在日常的学习和工作中要多观察，多学习，多实践，多练习。处处做个有心人，时时不忘练口才，努力提高自己的社交口语表达水平，让自己在社会交际中做个受欢迎的人。

【考核与评价】

考核内容：

1. 请你为下面这则轶事作评，并用反转的方式续接后面的情节，该如何赞美川岛？要求语言准确、生动，表达恰当、得体。用时 2 分钟。

鲁迅有个叫川岛的日本学生，由于谈恋爱浪费很多时间，鲁迅为了提醒他，在送他的书上写道：

请你从"情人的拥抱"里，

暂时伸出一只手来，

接受这干燥无味的

《中国小说史略》……

2. 为自己设计一段精彩的自我介绍。要求表达鲜明生动，独具特色，给人印象深刻。

3. 给下面这个情境设想一段合理的拜访语，要求表达礼貌、得体、简练、清楚。

小李拿着自己写好的毕业论文去郭教授家里请教。他敲了敲郭教授家的门，

问道：……

◆学生自评

1. 练习后自我评价这则轶事作评语言的简洁、准确（要能体会鲁迅先生的善意、巧妙、含蓄）；情节续接的合情、合理（落脚到川岛的发奋学习，并学有所成）；赞美语言的恰当、具体。

2. 练习后自我评价介绍语言与自身特点的切合度；表达得是否恰当、贴切、巧妙、生动。

3. 练习后自我评价拜访语言的礼貌度、得体度，语言表达的清晰度和准确度。

拓展学习

1. 马志强主编：《语言交际艺术》，中国社会科学出版社 2006 年版。
2. 叶林主编：《口语艺术训练教程》，中国水利水电出版社 2009 年版。
3. 舒丹编著：《实用口才培训手册》，中国电影出版社 2005 年版。
4. 舒丹编著：《实用口才必备手册》，中国电影出版社 2005 年版。
5. 林语堂：《怎样说话与演讲》，文化艺术出版社 2004 年版。
6. 林华章主编：《应用口才教程》，法律出版社 2005 年版。

训练项目九　沟通口才训练

【训练目标】

通过本项目的训练，明确沟通的目的，熟悉有效沟通的技巧、步骤，能与不同的人群进行有效沟通。

【训练内容】

与上级沟通训练，与平级沟通训练，与下级沟通训练，与对手沟通训练，与亲友沟通训练。

【知识储备】

一、沟通及其要素

沟通是指人们之间进行信息及思想的传播。它包含语言讯息与非语言讯息，一个良好的沟通者会同时注意两种讯息。非语言讯息通常都比语言讯息来得真实。沟通的过程包括以下几个方面：信息发送者，信息接收者，信息内容，表示信息的方式，传达的渠道。在现代社会，越来越多的机构和组织意识到公众沟通的价值，沟通成为通过大众传播进行的公共关系活动。

有效沟通是指通过人们彼此之间的信息与思想的传递，形成群体间大体一致的共识和行动。有效及良好的沟通应该是双向沟通。一方面，要用对方明白的语言，尽量清晰、简洁、明了地表达自己的观点，另一方面要善于倾听和理解别人的观点。来自不同文化背景的人对同样事物可能有不同的理解。善于沟通的人都让别人表达出自己的观点，也善于理解别人的观点。

沟通三要素：①要有一个明确的目标；②达成共同的协议；③沟通信息、思想和情感。沟通为主体意识的思维方式，是以尊重第一、人格第一、他人第一、倾听第一、细节第一为基础的。

二、沟通的基本步骤

1. 事先准备。包括：①在与别人沟通之前，要设立一个目标，明确沟通要达到的目的。毫无目的的交流叫做聊天，不是沟通。②制订计划。先说什么，后说什么，把要达到的目的、沟通的主题、方式以及时间地点对象等列举出来。③根据具体情况对其可能性进行详细的预测，做好处理分歧、争议的充分心理准备和应对方案。

2. 阐述观点。首先需要营造轻松谈话气氛。在阐述观点时，把对方容易懂、容易接受的放在前面。同时要注意语言简洁、真诚，语气诚恳，轻柔。

3. 处理异议。此时需要注意：①要了解对方的观点，找出其中对你有利的因素，再顺着这个观点发挥下去以便说服对方；②避免沟通陷入僵局，不可把话说死，尽量留有再次沟通的空间和机会。

4. 达成协议。是否完成了沟通，取决于最后是否达成了协议。在达成协议的时候，要做到以下几个方面：①感谢、赞美、庆祝；②与沟通对象和合作伙伴分享成功，并对合作者的杰出工作给以回报。

5. 共同实施。任何沟通的结果仅仅意味着一个工作的开始，而不是结束。在实施过程中更存在反复沟通、持续沟通的工作。

6. 反思自检。对失败和无效的沟通进行必要的反思。围绕沟通计划表、沟通的目的、参与沟通者、沟通地点、沟通进行项目及自己表达的重点、沟通结果、达成共识点、实施、差异点等方面进行回顾，找出不足和原因，加以改进完善。

在沟通过程中，必须要确认对方的需求是什么。如果不明白这一点就无法最终达成共同的协议。要了解对方的需求，就必须通过提问来达到。沟通过程中有三种行为：说、听、问。提问是非常重要的行为，可以控制我们沟通的方向和谈话的方向。

三、良好沟通的主要技巧

1. 人格塑造。在沟通理念中，人格的培养是提高沟通效果的基础，也是人际关系中的关键因素，要把做人放在第一位。人品好的人，人们就愿意和其交往，本身就产生了一种吸引力、向心力，利于合作共事。

有一句话，要记住："我能为您做点什么？"这是建立良好人际关系的奥秘。

2. 坦诚相见。坦率和真诚是良好人际关系的重要因素。对待自己的交往对象，能够不存疑虑，坦诚相见，给对方以安全感、信赖感、轻松感，是人和人之间建立相互信任的基石。

3. 赞美欣赏。能够看到别人身上的优点，并及时给予赞美、肯定，对一些不足给予积极的鼓励，这是良好沟通的基础。不要背后议论别人，要常常做"送人鲜花的人"，不要做"抛人泥土的人"，和颜悦色，是人们交往的需要。你这样做了，你就一定能得到他人的喜欢。

4. 少争多让。不要和他人争什么荣誉，这是最伤害人的。你帮助他人获得荣誉，他会感激你的功绩和大度，更重要的是增添了你的人格魅力。要远离争论，对一些非原则性的问题，切忌去争什么你输我赢，否则，其结果只能使双方受到伤害，百害而无一利。

5. 善于倾听。善于倾听是增加亲和力的重要因素。当别人的家庭、生活、工作出现麻烦而心情不愉快时，他向你倾诉，你一定要认真倾听，把自己的情感融到一起，成为他（她）最真诚的倾听者，这样会加深相互之间的情感。

6. 容忍异己。容许每个人有自己独立的思维和行为方式，不要妄图改变任何人，要认识到改变只能靠他自己，劝其改变是徒劳的，"虽然我不同意你的观点，但我誓死捍卫你说话的权利"。

7. 巧用语言。沟通中的语言至关重要，应以不伤害他人为原则，要用委婉的语言，不用直言伤害的语言；要用鼓励的语言，不用斥责的语言；用幽默的语言，不用呆板的语言；等等。

8. 理解宽容。在人与人的交往中，我们没有理由苛求他人为自己尽忠效力。在发生误解和争执的时候，一定要换个角度，站在对方的立场上为对方想想，理解一下对方的处境，千万别情绪化，甚至把人家的隐私抖出来。任何背后议论和指桑骂槐，最终都会在贬低对方的过程中破坏自己的大度形象，而受到旁人的抵触。其实宽容了别人，就是善待自己，将自己心中的愠怒化作和风细雨，神清气爽地度过每一天。若真的学会了宽容待人，微笑便会时常飘荡在脸上，快乐、温馨随之而至，人生路上更会少了荆棘，多了绚丽。

9. 朋友勤联络。空闲的时候给朋友挂个电话、写封信、发个电子邮件，哪怕只是片言只语，朋友也会心存感激。对自己相识的朋友要常常联络，一个电话、一声问候，就拉近了朋友的心，如此亲切的朋友，遇到好机会能不先关照你吗？

做到以上几点，你就能在同事中间成为他们喜欢的人。关键在于行动，你首先从哲学的高度认识改变自己对人生发展的意义，去尝试，去行动，那么你就会享受到成功给你带来的喜悦。

【训练任务】

在日常生活和工作中，我们主要的沟通对象是上级领导、平级同僚、下级属下、亲朋好友。对于不同的对象，沟通的内容、方式和期望达到的目的也不相同，不同的沟通，造成的结果也会不同。沟通的基本要领是：向上沟通有胆、向下沟通有心、平级沟通有肺腑、亲友沟通有情义、对手沟通有尊重。

训练任务1　与上级沟通训练

与上级沟通主要是期望获得支持、理解、认同。通过沟通所传递的各种信息使上级对自己能力表现和自己的工作情况有更全面和准确的认识，对所提出的建议得到认可，给予相应的支持和肯定。社会心理学研究认为，交往频率对建立人际关系具有重要作用。对上级不交往，采取回避态度，很难和上级的认识取得一致。没有一致的认识，相互之间的支持、协调、配合都将大受影响。

1.1 范例

情境再现：

新任分管公司生产经营的副总经理，得知一较大工程项目即将进行招标，由于采取向总经理电话汇报形式未能得到明确答复，副总经理误以为被默认而在情急之下便组织业务小组投入相关时间和经费跟踪该项目，最终因准备不充分而成为泡影。事后，在总经理办公会上陈述有关情况时，总经理认为副总经理汇报不详，擅自决策，组织资源运用不当，并当着各部门的面给予了他严厉批评，副总经理反驳认为是"已经汇报、领导重视不够、故意刁难，是由于责任逃避所致"。由于双方信息传寄、角色定位、有效沟通、团队配合、认知角度等存在意见分歧，致使企业内部人际关系紧张、工作被动，恶性循环，公司业务难以稳定发展。

范例评析：

沟通是一个互动的过程，实现有效沟通需要沟通双方共同努力。

副总经理由于角色转换，新任分管领导，缺少一定管理经验和沟通技巧，最终导致了总经理的偏见，分析原因有三：其一，副总经理忽略了信息组织原则，在得知企业有一个商机时，过于自信和重视成绩，在掌握对方信息不足及总经理反馈信息不足的情况下盲目决策，扩大自己的管理幅度，并没有有效地对人力资源信息进行合理分析，发挥企业最强的竞争优势，致使准备不充分谈判失败。其二，副总经理忽视了正确定位原则，作为分管副总经理，没有努力地去争取上级总经理的全力支持，仅凭自己的主观和经验，没有采取合理有效的分析，拿出具体的实施方案获得沟通批准，使总经理误以为抢功心切，有越权之嫌疑。其三，副总经理没有运用好沟通渠道。事后对结果没有与总经理提前进行面对面及时有效沟通和总结，而是直接在总经理会议上表达自己的想法，造成总经理在不知情的情况下言语误会，慢慢地通过领导者的影响力导致了企业内部的关系紧张。

1.2 训练

与上级的沟通一定要注重上级的权威性。训练中要注意用语的谦恭，当然也要学会不失时机地展示自我的能力。

训练情境1 你的领导今天上班明显情绪不好，但你又有非常重要的工作事项要向他汇报，在这种情况下你如何与领导进行沟通？

训练要求：设计两种不同的开场方式，注意自己的最终目的。

训练提示：运用迂回方式从关心领导开场，然后再有效进入正题；如果直接进入正题，要运用恰当的语言不引起领导的反感。

训练情境2 你的领导将一项非常重要的工作交由你办，怎样在接受任务的第一时间赢得领导的信任？

训练要求：运用简练明了的表达方式使领导相信你对他的工作意图已完全领悟。

训练提示：你不妨用简洁有效的语言阐述该工作开展的具体时间、地点、执行者、内容、打算怎样去做。

训练情境3 你平时的工作认真且颇有成效，但领导却一直对你比较冷漠，怎样改变领导对你的态度？

训练要求：综合多种因素的影响，和领导进行一次成功的交谈。

训练提示：寻找适合谈心的场合时机，在谈话中营造出自然随意的气氛，千万不要因领导过去对你的不够重视而流露出抱怨情绪；在给足领导面子的同时，不要丢失智慧和个性。

●●●训练任务2　与平级沟通训练

平级沟通的主要目的是使工作的合作方包括同事、部门、单位和合伙人能够在工作的全过程中不断取得一致的意见，并给予相应的积极配合，减少摩擦和冲突，提高工作的效率，形成互动友好的人际关系。

2.1 范例

情境再现：

　　在"马歇尔计划"刚开始制订的时候，美国人基本上支持了这个第二次世界大战以后促使欧洲复兴的计划。然而马歇尔本人却很担心，锱铢必较的国会是否会同意拿出那么多钱去支援欧洲。有一天，马歇尔接到通知，国会拨款委员会将举行听证会，研讨马歇尔的欧洲重建计划。

为了使计划能顺利被批准，两位专家一起干了一个通宵又一个整天，起草了发言稿。他们搜集了全部事实，提出了一切必需的要求，并列举了令人信服的理由，配之以大量具有权威性的具体细节作为论据，说明实施这一计划可使欧洲免于浩劫，同时又对美国有利。当两位专家带着自己精心准备的成果回到马歇尔处，马歇尔看了一遍发言稿，半晌沉吟不语，最后他往椅背上一靠，说："我不想用这个稿子了"。

助手们大吃一惊，以为自己的稿子不符合马歇尔的要求。马歇尔似乎看透了他们的心思，说："别误会，讲稿写得很好。可是，你们想，听证会想要听的是什么？他们想听的是我马歇尔将军对这个计划的看法，而不是你们两位的看法。要是我去那里念这篇发言稿，他们会明白是你们写的。我看不带讲稿去更好些。大家以为我会先发表一篇声明，我就说，先生们，你们要我出席听证会，现在我准备回答你们的问题。不管听证会会提出什么样的问题，我都要用心阅读这篇发言稿，用你们准备的各种理由来回答他们的问题。这样才会使他们满意，因为委员会真正想知道的，是我本人是否了解这个计划。"

后来的事实证明了马歇尔的分析是正确的，计划终于获得拨款委员会的支持，从而也就有了"财神爷"的保证。

范例评析：

沟通之前做好充分细致的准备，对沟通过程中可能出现的各种情况进行预判，有针对性地制定应对措施，从而把握沟通全过程的主动。作为国务卿，马歇尔为获得国会的支持，安排了专家组对计划的可行性进行了更为具体细致的论证，更为重要的是马歇尔对沟通对象的态度、心理等做了事前的研判，运用怎样的沟通方式最可能实现沟通的目的，使双方达成一致意见。

2.2 训练

平级间的沟通要建立在理解尊重的基础上，训练中要围绕问题的解决、矛盾的化解突出言语的商议性特点。

训练情境1 小王常不顾及你及其他同事的感受在空调办公室抽烟，严重影响办公环境和大家的健康，试用恰当的方式与之沟通使他改变不良习惯。

训练要求：要求根据小王的性格特性来选用具体方式。

训练提示：假如小王是一个责任心、原则性强的人，可以直接向他阐述抽烟对他人的危害；假如小王是一个个性偏强势的人，可从抽烟对他自身危害谈起，并表明自己在他烟熏下的痛苦。无论哪种方式，都应注意态度诚恳。

训练情境2 某警院因学生早上出操训练导致部分学生上午上课精神不佳，教学管理和学生管理产生了一定的矛盾冲突，如果你代表教学管理部门与学生管理部门间进行沟通协调，你怎样去做？

训练要求：要求沟通的结果应使教学管理部门和学生管理部门间能更好地配合，消除冲突，减缓矛盾。

训练提示：就此问题交流时不要先强调自身工作的重要性，而应充分理解肯定对方的工作；围绕的中心始终应该是学生身心的全面发展和学院的整体工作目标。

🔵🔵🔵训练任务3 与下级沟通训练

与下级沟通最大的目的是要通过沟通，形成开放、自由、受尊重的人文环境，充分调动下级的积极性，使他们的潜力得以最大限度的发挥，对下属的不正当言语行为加以矫正规范，形成团队的一致性。

3.1 范例

情境再现：

20世纪50年代，周恩来总理前往机场欢送西哈努克亲王离京，陪同送行的还有罗瑞卿、刘亚楼等高级将领。巧的是，飞机起飞之际，先农坛体育场正有一场足球出线赛，是中国队对印尼队。这些送行的高级将领都是球迷，都想着送完客去看球。握手、拥抱、告别，目送着西哈努克进了舱门。门还没关上，罗瑞卿和刘亚楼就互递眼色，然后迫不及待地往机场门口走。其他将军一看有人带头，便急忙都往门口赶。

周恩来发觉周围气氛异常，左右望望，再回头一看，立刻勃然变色。但他马上又镇定下来，向身边的秘书轻语："你跑步去，告诉机场门口，一个也不许放走，谁也不准离开，都给我叫回来。"秘书赶紧跑到门口，吩咐警卫不许放走一个人。心飞到足球赛场的高级将领们有的惋惜看不见开场，有的安慰说精彩的还在后面，你一言我一语地返回，齐刷刷站在周恩来身后。

飞机起飞，在机场上空绕一圈，摆摆机翼，然后渐渐远去……

随后周恩来转过身来，与前来送行的外交使节握手告别。

直到外交使节全离开了，总理命令将军："你们都过来。"并严厉喝问："你们学过步兵条例没有？"将军们发现总理面色冷峻，立刻都屏气静声，就地立正站好。"步兵条例里哪一条规定，总理没有走，你们就可以走了？你们当将军能这样？在部队里，首长没有走，下边全走了，行吗？"

机场上静悄悄，将军们再没人敢去想看球的事了。

"客人还没走，机场已经没人了，人家会怎么想？你们是不是不懂外交礼节？那好，我来给你们上上课！"周恩来声音不高不低，讲话不紧不忙，说："按外交礼仪，主人不但要送外宾登机，还要静候飞机起飞……"

周恩来讲了足有15分钟，才缓缓抬腕看一眼表，说："我知道你们是着急想看足球赛，我叫住你们，给你们讲这些你们早就知道的道理，还讲了15分钟，为什么？就是要让你们少看点球赛，才能印象深一些。好吧，现在咱们一起去吧，还能看半场球。"

范例评析：

周恩来总理是中国杰出的领导人和外交家，当代的沟通大师。在这个故事中，部下在重要的外交场合出现了错误，总理首先是低调地及时制止，自己以身示范以规范的外交礼仪完成送行过程。在全部外交使节离开后，总理对将军们进行了严肃高调的批评，让他们认识到错误事关党和国家形象，讲授了外交礼仪的基本知识，对新中国的高级领导进行了补课，之后总理又从部下的角度着想，计算了时间，满足将军们看球的愿望，严厉之下有人情味。

与下级沟通要有严肃的态度、慈爱的情怀，平和的心态，易懂的语言，实现"让别人快速地明白你"的沟通目的。

3.2 训练

下级是工作过程中的执行主体，在与下级进行沟通时一定要做到"恩威并施"。既要严厉指出下级存在的问题，也要及时言语褒奖其取得的成绩并有效激励下级。

训练情境1 主管："请你对自己这一时期的工作总结一下，并做个评估。"

员工："我认真想过，我的任务没有完成有很多原因，更多是客观方面的原因。（拿出一些订单）例如这些订单，都是由于送货不及时和库房没货而被取消，还有就是（又拿出一些文件）我也提出了几个市场活动的报告，但都没有被采纳，还有……"

训练要求：通过沟通，帮助该员工认识到自身工作的不足。

训练提示："辩解型"的下属，不容易认识到自己的不足和错误。在与之沟通时，一定要注意"用事实说话"；还要让他明白，评估的目的不是挑毛病，而是找到解决问题的办法。

训练情境2 某公司上班时间为早8：30，时间已至9点。一员工走进办公室，面对主管招呼到："主管早"。试问主管对此员工的迟到现象应不应批评，怎样批评更有效？

训练要求：要求批评的结果应以帮助员工认识错误的严重性并能及时改正为第一目标。

训练提示：批评的语言应重谈事实，轻谈感受，避免下属不服气导致争论；注意言辞不要伤害下级的自尊心；沟通应建立在人格平等的基础上。

训练情境3 新领导明显感觉到部门下属对前任领导的留恋和对他工作的抵触，如何有效沟通消除隔阂，赢得好感？

训练要求：要求既要体现领导的大度，同时也要确立自身的威望。

训练提示：及时召开一次部门大会（个体与集体的沟通），讲话中可表达对前任领导的尊重与赞赏；分别与"意见领袖"谈心（个体与个体的沟通），谈话中应多信任，少猜疑，坦诚相见，以诚待人。

训练任务4　与对手沟通训练

与对手沟通的主要目的是使对方更清楚地了解自己的立场、原则、特殊的要求，并由此获得理解和趋同，使得合作可以继续，争端可以缓解。

4.1 范例

情境再现：

日本宣布无条件投降后，盟军统帅部根据《波茨坦公告》宣布在东京成立"远东国际军事法庭"，由接受日本投降的签字各国各派一名法官，组成审判庭，其任务是审判日本主要战争罪犯。1946年3月19日，中国大法官梅汝璈肩负着祖国的重托飞赴东京。

开庭前，各国法官都关注着法庭座次的排列。梅汝璈也不例外，因为在国际场合，座次的排定并非仅仅关系个人的名利，更关系到国家民族地位。

法庭庭长一职，已由盟军统帅部委任给了澳大利亚法官韦伯。庭长右手的第一把交椅属美国法官，以当时美国头号强国的地位，及其击败日本的作用，基本上为各国法官所接受。梅汝璈看好了庭长左手的第二把交椅，他的理由是：中国属四强之一，是抗击日本侵略的主力，如果能争到，既能显示中国的地位，又可与庭长交换意见，把握审判的局面。因此，当韦伯庭长召集法官们商讨座次时，梅汝璈毛遂自荐排在第二位。

然而，几个西方国家的法官欺负中国国敝民穷，以种种理由，要把第二把交椅给英国。尽管苏联及东亚几个小国主张归中国，但双方各执己见，难以统一。此时微笑着倾听的梅汝璈开腔说道："个人的座次，我本人并不介意，只因与各位同仁一样，是代表国家来的，所以我还须请示本国政府。"

这一军"将"的厉害，因预定的开庭日期将至，法官们如果都要请示国内而定，必要拖延时日，准时开庭谈何容易？庭长韦伯认定不能开这危险的先例，说道："为确保准时开庭，座次问题必须今天排定，希望梅先生从大局出发。"

梅汝璈收敛笑容："同意庭长今天排定的意见，但中国法官应排在第二位。众所周知，中国受日本侵略最深，抗日时间最长，付出的代价最大，审判的又是日本战犯，故我提议，各位都不要争了，法官的座次，按受降国签字的顺序排列最为合理。"他接着报了受降各国签字的顺序：美国、中国、英国、苏联、澳大利亚……

对于梅汝璈的提议，西方国家的代表心里不愿接受，却又说不出令人信服的理由。英国法官一脸尴尬又带几分恼怒，会场气氛显得紧张。梅汝璈却成竹在胸，以调侃的口吻说："各位如果不同意我的建议，那就以体重为标准吧，各自过磅，重者在前，轻者居后。"话音刚落，法官们均忍俊不禁，庭长韦伯笑着说："梅先生这一办法真好，可惜只适用于举重和拳击比赛。"

梅汝璈绵里藏针："若不以受降国签字顺序排列，还是按体重排序为好，我即使被排在最末一位，也毫无怨言，对本国政府也算有了交代。政府如果认为我坐在后边有辱使命，可另派体重者取而代之，再来较量。"

法官们哄堂大笑。韦伯不失风趣地说："梅先生真会说话，是法官更是个幽默大师。"他见没有人反对按签字顺序排列，便把话题转向下一个事项。在梅璈汝看来，座次问题似已解决了。

开庭前一天，"远东国际军事法庭"进行开幕的预演，十一名法官穿戴整齐，各国记者的相机都对准了法庭入口处。殊不料庭长韦伯出场顺序唱名时，第二名竟是英国法官！原来韦伯经不住西方大国的压力，临时对排序作了改变。此时，梅汝璈立即脱下法官袍，对韦伯说："按接受投降国签字顺序排列，你没有异议，同仁中也无反对意见，为什么不照此办理？我正式要求，马上对我的建议进行表决。"韦伯支支吾吾说："今日预演已作公告，记者也都等在场上了，还是先作演习后作磋商吧。""不！"梅汝璈断然拒绝，"正因为记者在场，一见报一广播岂非成了既成事实？如不立即表决，我只有声明退出预演，回国向政府辞职。"

梅汝璈的要求正当、词强理直，苏联等国表示支持，韦伯只好同意表决。表决结果不出意料，梅汝璈的建议获半数通过。

范例评析：

分析评估与对手沟通优劣势，根据沟通过程中情况变化，始终把沟通导向于我方有利方向，台前有从容、机变、圆通，台后有充分的各种准备和活动。重大的沟通活动不仅仅是沟通人语言的现场出色表现，而且是全方位的系列公共关系活动。

4.2 训练

对手是存在利益分歧的竞争主体。在训练与对手的沟通时一定要注意把握谈话的主动权，将结果向有利于自己的这方面引导。

训练情境1 甲乙两位同学同样符合奖学金条件，名额只有一个，最终由甲获得，乙由此对甲产生了隔阂，两人关系逐步疏远。请为甲同学设计一次谈话，改善与乙同学间的关系。

训练要求：充分考虑乙同学的心理，注意维护乙的自尊；交谈态度要诚恳，言辞尽量低调。

训练提示：交谈环境要恰当，应回避其他人；不要在交谈中流露出同情情绪。

训练情境2　一次商务谈判中，你的对手态度咄咄逼人，谈判条件寸步不让，该怎样争取谈判的最佳结果。

训练要求：采用"以柔克刚"策略，态度从容淡定，但条件决不轻易让步。

训练提示：谈判中应充分让你的对手认识到你们的利益是紧密相连的，任何一方利益的实现都必须建立在对方利益维护的基础上。

训练情境3　某国总统竞选，其中一位竞选者德高望重，但年事已高。对立党领袖在一次集会中公开向他提出："请问您是否认为您的年龄有利于您从政？"面对不够友善的提问，怎样机智作答？

训练要求：对手之间利益的冲突常易导致言辞富有挑衅性，高明的沟通者可采用"绵里藏针"之术。

训练提示：坦然承认自己的年龄，用诙谐轻松的语言突出经验丰富有利于从政。

●●●训练任务5　与亲友沟通训练

5.1 范例

情境再现：

与亲人和朋友沟通的主要目的是保持家庭组织和良好关系长期稳定和谐。但在生活中往往是人们最容易忽视正确使用沟通方法的地方，总是会使用最直接、最直觉、最简单的语言来表述自己的情绪和看法，造成沟通障碍。

小李的孩子在读一年级，一次语文考试后，他发现儿子试卷上有道看图写话题被扣了分。这道题的画面上，有个男孩正在给小树苗浇水。儿子写的话是"哥哥在种树"，结果被老师判为错，题下订正为"哥哥在浇水"。其实，根据画面显示的内容，这道题不能算错。于是，他把孩子叫到身边，问道："哥哥在种树是正确的，为什么没有得分？"儿子吞吞吐吐地说："老师说，她说的答案是标准答案。"小李没有再和儿子说下去，因为在孩子眼里，老师是绝对正确的。他不在乎儿子的分数，但心里想：老师的一个标准答案，使儿子原本该算正确的思维方式受到了否定，儿子就没有勇气再展开思维了。思维，可是孩子的一个重要素质哟。

于是，他思考如何让儿子认为自己的答案也是正确的。他和儿子一道研究那幅栽树图，温和地告诉他："画面可以说'哥哥在浇水'，也可以说'哥哥在种树'；还可以说'弟弟在浇水'。"儿子跟着说："也可以说'弟弟在种树'。"他连忙点点头，并告诉儿子一道题可能有多个正确答案，叫儿子再想想。儿子想了一会儿，说："小树长高了。"接着又说："我和小树一起长大。""真不错！"他看到儿子冥思苦想、跃跃欲试的神情，感到十分欣慰，因为儿子渐渐摆脱了教师标准答案的束缚，生出一种求异思维的勇气。但是末了，儿子疑惑地问他："老师会不会批评我想了多种答案？"他摸着孩子的头说："老师说的是标准答案，你想的是参考答案，都是正确的，老师一定会表扬你的。"儿子听后满意地笑了。

范例评析：

不少家长与孩子的沟通是不加思考，仅仅通过直观的感觉而下结论，越沟通孩子越叛逆。任何沟通都应该是建立在相互尊重的基础之上形成平等畅通的沟通渠道。这位家长在心态上有正确的定位，在沟通之前进行了思考，寻求沟通的最佳方案，而后注意语言方式的把握，用孩子能够听得懂的语言进行沟通的推进与深入。孩子得到了情感的激励和思想激活，使沟通不断达到了更高层次，使沟通双方共同受益。

5.2 训练

亲友往往是我们生命中最珍贵的人，也是感情最深厚的人。训练与亲友的沟通特别要注意细心呵护对方的情感，维系二者之间的关系。要让亲友有一个情感的接受过程，切记"欲速则不达"。

训练情境 1 儿："妈，你看隔壁王阿姨就是平时爱吃肥肉得了高血压引发脑溢血死了，您一定要平时多注意饮食。"母："放心，就是病了也不会给你添麻烦，死了更一了百了。"

训练要求：找出双方话不投机的原因，以晚辈身份设计一段劝说长辈注意健康的开场白。

训练提示：在与长辈的沟通中，晚辈一定要注意用语的委婉，表达中应偏重于强调事物美好的一面，使长辈在愉悦的情绪状态中产生认同。

训练情境 2 父亲对你的要求近乎苛刻，致使你们的关系非常紧张。怎样通过一次有效谈话让父亲改变对你的态度。

训练要求：交谈中要注意心态平和，表达节奏不要过快，避免让父亲感觉你在兴师问罪。

训练提示：充分理解父亲作为长者严格要求的良苦用心；选择父亲感兴趣的话题进行阐述，使他对你"另眼相看"。

训练情境 3 朋友因投资决策错误导致经济利益遭到严重损失，但仍一意孤行，怎样劝说他？

训练要求：劝说前要对朋友的项目进行分析，找出他的症结所在，劝说中才能对症下药，使他心悦诚服。

训练提示：言语轻重、松紧适度。

【考核与评价】

考核内容：

1. 简述电话沟通的技巧。

2. 你认为沟通出现障碍的主要原因是什么？

3. 与父母沟通应注意的几个方面？

4. 在执行某项重要工作任务时如何取得其他部门同事配合？

5. 公司为了奖励市场部的员工，制订了一项海南旅游计划，名额限定为 10 人。可是 13 名员工都想去，部门经理需要再向上级领导申请 3 个名额，如果你是部门经理，你会如何与上级领导沟通呢？请你就以上案例作两种不同的沟通方式并进行评析。

◆学生自评

训练后自我评价与人沟通的灵活性、准确性、有效性。

拓展学习

1. ［美］霍莉·威克斯：《哈佛经典沟通术》，綦丽芹译，中国人民大学出版社 2008 年版。

2. 蒋玉林：《公务员沟通协调能力的培养与提升》，中共中央党校出版社 2007 年版。

3. 杜慕群编著：《管理沟通》，清华大学出版社 2009 年版。

4. 余世雄：《有效沟通》，机械工业出版社 2008 年版。

5. 沟通中国，http://www.gotozg.com 相关栏目。

训练项目十　求职口才训练

【训练目标】

通过本项目的训练，知晓求职面试的基本规律，锻炼求职面试语言表达能力，提高求职面试时口语表达的水平，具备相关的求职素养，能得体推销自己从而获得求职的成功。

【训练内容】

求职准备训练、应对技巧训练、求职礼仪训练。

【知识储备】

现代社会中，个人事业的发展大多起步于谋求职业，即求职。求职就是个人在就业市场上寻找自己理想的工作单位和工作岗位。面试，狭义上指面谈，是求职过程中常见的一种以选择人才为目的、以谈话为主要手段的考核方式，是用人单位招聘工作最重要的环节，也是用人单位挑选员工的一种重要方法。一个人要想求职成功，顺利通过求职面试是关键一环。面试主要依靠言语沟通来达到目的，自身口语表达能力的好坏直接关系到求职的成功与否。因此，掌握求职面谈的基本规律和技巧，对于现代社会的人来说是至关重要的。

招聘单位由于职业类型不同，单位有别，面试目的也有所不同，测评内容也有区别。但有一点是共同的，那就是用人单位通过面谈在短时间内对应聘者的整体素质做出全面的综合性考评，从众多的求职者中挑选出比较优秀的人才，以确定招聘录用人选。一般来讲，求职面试测评的主要内容包括仪表举止、专业知识、实践经验、口头表达能力、反应能力与应变能力、综合分析能力、人际交往能力、自我控制能力、求职动机、业余爱好及特长等十个方面。

求职面试的主要形式有面谈式、无领导小组讨论式、情境模拟式等。面谈式是指一位或多位主考人员与应聘者面谈测试；无领导小组讨论式是指多位求职者同时面对主考人员的面试，也叫小组应试；情境模拟式是指设置一定的模拟情境，要求被测试者扮演某一角色并进入角色情境去处理各种事务及各种问题和矛盾。不管使用何种形式，主考官都是依据应聘者在面试过程中的言语表达来判断其综合素质是否与拟聘职位相符，是否符合聘用标准。

求职面试的主要环节包括求职前的准备和求职面谈的应对策略。求职前要做好充分的准备，要认识自己、确定应聘目标，要了解招聘单位及有关招聘岗位的情况，要向招聘单位提交一份文字材料（求职自荐书），要拟定应聘策略等。求职面试过程要做到有自信心、有诚心、有耐心、有主动性，还要有礼貌、有仪表。

【训练任务】

求职面试口才是求职的"敲门砖"，在整个求职过程中，犹如一柄护身的利剑，保证求职最终获得成功。我们也可以把它看做是一种说服过程——说服招聘单位录用你。有关研究表明，说服效果的大小，只有8%与说服内容有关，42%与说服者的仪容有关，50%却与说服者的语言魅力有关。我们进行这方面的训练，就是想要增强大家的口才魅力，为你的求职插上翅膀，任你在职场翱翔。

训练任务1　求职准备训练

中国有句古话："知己知彼，百战不殆。"求职过程无异于一场没有硝烟的"战争"。要想求职过程更加顺利，就要事先做好充分的准备。

首先，要"知己"，要全面了解自己，正确评价自己，做好自我评估，弄清我想干什么、我能干什么、我应该干什么、在众多的职业面前我会选择什么等问

题。其次，要"知彼"，要了解用人单位及拟聘岗位的基本情况。尽可能了解用人单位的性质、背景，找出与自己经验或专业最相符的部门或岗位，有可能的话还应了解主试者的情况，从主试者的观点来设问自己。再次，要准备好相关的资料，例如求职简历、自荐信、工作经历及成绩、各种证书等，做好练习、充满自信。最后，要修整仪容，做到服装整洁，仪表端庄，给人整洁、干练、自信的印象，这样会有助于你求职成功。

1.1 范例

情境再现：

　　　　有一位记者在采访中听到一位集团公司的人力资源部经理说，他招聘人才的时间是 5 分钟，加之让应聘者走入他的办公室、入座、非正式简单对话的时间 5 分钟，总共不会超过 10 分钟。也就是说，公司是否录用一个人，只有区区 10 分钟。所有的成功、失败都浓缩在这里。

　　　　记者说这不公平，也不负责任。这位人力资源部经理却说："10 分钟最公平，最负责任。"他说 70% 以上的应聘者走入他的办公室不会首先打招呼说声"你好"；50% 以上的应聘者衣冠不整洁；30% 的应聘者显得紧张；20% 的应聘者目光四处游移。还有什么好说呢？让他们走吧！每个人只有 10 分钟，而他们在前 5 分钟就已经输了。

范例评析：

　　面试是求职者全面展示自身素质、能力、品质的最好机会，面试发挥出色，可以更好地展示自己，推销自己。你很优秀，可是你要知道，你只有很少的时间，10 分钟，或者更少。如何在有限的时间内出色表现自己，事前的准备工作至关重要，准备充分就会充满自信，滴水不漏，主动出击，游刃有余，避免被主考官在最初的 5 分钟就把你淘汰出局。

1.2 训练

　　求职准备的重点是求职自荐书（信）、自我介绍、面试测试题目的范围、内容的预测及准备。求职自荐和自我介绍要简洁明了，突出优势，针对性强，显示自己能胜任应聘岗位。测试题目要针对应聘单位和岗位的性质特点、任职条件、素质要求、单位制度、管理状况、企业文化及薪资待遇等来准备，尽量做到详尽周全，不留漏洞。

训练情境 1　某省公安系统要招一批公务人员，以补充公安基层单位的警力。招聘范围是公安、司法系统警校应、往届毕业生和部队复转军人。要求在网上报名并提供一份自荐信。你作为警院的一名应届毕业生，决定参加这次招录。请你为自己设计一份自荐信。

训练要求：自荐信要内容简洁，重点突出，设计精良，合乎规范。

训练提示：训练时不必局限于自荐信内容的表达交流，也可以把你的设计理念、思路、重点、风格、想要达到的效果等介绍给大家；还可以有自己的创意，比如设计一段求职自荐的视频或 flash 动画求职视频等。准备好后可以分组训练，进行交流。

训练情境 2　某省监狱系统要招录公务员，招录专业有刑事执行、法律事务、安防技术、司法警务、计算机技术与应用等。你是一名警察院校的毕业生，参加了这次招录考试并已经通过笔试进入第二轮的面试阶段，请你为自己的面试准备一段精彩的自我介绍。

训练要求：自我介绍语言一要简洁明了，不要泛泛而谈，不要乱加修饰词；二要突出优势，针对所要应聘的工作岗位，突出自己能胜任这份工作的各项能力。时间控制在 3 分钟内。

训练提示：这里的自我介绍不同于社交场合的自我介绍，而是在面试中针对主考人员的考察提问所做的自我推销性的介绍。主考人员从这个问题中可以掌握许多有价值的东西：求职者的基本情况、工作经历、经验、特长、成绩及优缺点，还有求职者的语言表达能力、自我评价能力、认识问题与分析问题的能力等。介绍重点要紧紧围绕你所求的职业岗位对人才的条件要求，比如专业知识、能力水平、职业道德等，突出自己与所求职业岗位的吻合度。注意对自己的定位要恰当准确、分寸适度、留有余地。自我介绍时声音要自然，音量要适中，语速中等，不快不慢，语调要得体、自然，充满自信而不夸张。

训练情境 3　俗话说："水无常形，话无定格。"不同的求职面试碰到的具体情况也不同，言谈应对也没有一套固定的格式。但实践经验证明，招聘方不管以什么方式提问题、提多少问题，还是有共性的规律可循，一般来讲，常见的提问有以下几类：

1. 请说说你是怎样一个人？
2. 你父母的职业是什么？
3. 你认为你自己有哪些优点？
4. 你的主要缺点是什么？准备如何克服？
5. 你为什么要到我们这里来求职？
6. 你能为我们做些什么？
7. 你认为你最适合干什么？
8. 你认为自己的能力如何？
9. 你喜欢什么样的领导？
10. 你最引以为自豪的成就是什么？
11. 如果这次你没被录取怎么办？

12. 你为什么要离开原单位？

13. 你希望你的工资是多少？

14. 你为何找不到工作？

15. 你的人生信条是什么？

请你针对自己所学的专业特长，拟定一个应聘岗位，比照上述提问类型，为自己准备 3~5 个备提问题及答案。

训练要求：先把情境具体化，确定一个自己感兴趣的职业岗位，再有针对性地选择 3~5 个问题；答案要简洁明白，不说废话，条理清晰，逻辑性强，针对岗位，突出重点。每个问题回答时间控制在 3~5 分钟。

训练提示：设计答案时要注意回答的策略性，比如回答待遇问题，不可说确数，应从行规角度提一个适当的幅度：多少到多少之间；谈到自己优点时要适当抬高一点，谈到缺点时要淡化缺点的严重后果，而把重点放在自己如何克服缺点，汲取教训，以后不犯同样的错误；谈到领导时切不可横向比较，或者有意贬低以前的领导等。训练形式可以分组进行模拟训练，组员之间交替扮演招聘者和应聘者角色，有问有答，共同交流提高。

训练任务 2　应对技巧训练

求职口才是一种应对口才，是招聘方和应聘方有声语言的直接交锋，也是求职的关键一环。求职者在面谈时一定要在尊重事实的前提下，讲究一些言语应对的策略技巧，才能求职成功。求职者在与招聘者交谈时应把握四个原则，即体现高度，在交谈中展示自己的专业水平，回答问题不能满足于"知其然"，还要答出"所以然"；增强信度，在交谈中展示自己的真诚、态度诚恳，表达要准，内容要实；表现风度，在交谈中展示自己的气质，内外兼具，用言语魅力展示自己的内涵气质；保持热度，在交谈中展示自己的热情，做到主动问候，精神饱满，细心聆听。另外还要有良好的语言习惯，发音要准确，语调要得体，声音要自然，音量要适中，语速要适宜。

2.1 范例

情境再现：

某大公司招聘人才，应者云集。其中多为高学历、多证书、有相关工作经验的人。经过三轮淘汰，还剩 11 个应聘者，最终将留用 6 人。因此第四轮总裁亲自面试，将会出现十分"残酷"的场面。可奇怪的是，面试现场出现了 12 个应聘者。总裁问："谁不是应聘的？"

坐在最后一排靠右边的一个男子站了起来："先生，我第一轮就被淘汰了，但我想参加一下面试。"

在场的人都笑了，包括站在门口闲看的老头子。总裁饶有兴趣地问："你第一关都过不了，来这儿又有什么意义呢？"

男子说："我掌握了很多财富，我本人即是财富。"大家又一次笑得很开心，觉得此人不是太狂妄，就是脑子有毛病。

男子接着说："我只有一个本科学历，一个中级职称，但我有 11 年工作经验，曾在 18 家公司任过职……"总裁打断他："你学历、职称都不算高，工作 11 年倒是很不错，但先后跳槽 18 家公司，太令人吃惊了。我不欣赏。"

男子说："先生，我没有跳槽，而是那 18 家公司先后倒闭了。"在场的人第三次笑了。一个应聘者说："你真是倒霉蛋！"男子也笑了："相反，我认为这是我的财富，我不倒霉，我只有 31 岁。"

这时，站在门口的老头子走进来，给总裁倒茶。男子继续说："我很了解那 18 家公司，我曾与大伙努力挽救那些公司，虽然不成功，但我从那些公司的错误与失败中学到了许多东西，很多人只是追求成功的经验，而我，更有经验避免错误与失败！"

男子离开座位，一边转身一边说："我深知，成功的经验大抵相似，而失败的原因各不相同。与其用 11 年学习成功的经验，不如用同样的时间去研究错误与失败；别人成功的经历很难成为我们的财富，但别人的失败过程却是财富！"

男子就要出门了，忽然又回过头来说："这 11 年经历的 18 家公司，培养和锻炼了我对人、对事、对未来的洞察力。举个例子吧，真正的考官不是您，而是这位倒茶的老人。"

全场 11 个应聘者哗然，惊愕地盯着倒茶的老头。那老头笑了："很好，你第一个被录取了，因为我急于知道，我的表演为何失败。"

范例评析：

该男子的面试过程可谓一波三折，但整个过程却都是该男子推销自我的表演。他在这场面试过程中创造性的运用反向思维，用自己"不合常规的言行"不仅吸引了招聘者，而且说服了招聘者，给人留下鲜明的印象，让用人者因佩服而接纳了他。可谓策略独特，创意十足。

2.2 训练

面试中最难的还不是有准备的自我介绍，而是捉摸不定的灵活应答，尤其是当出现一些意料不到的令人为难的提问时，求职者便感到极大困难了。因此，求职者在应聘面试过程中除了把握基本的原则和技巧外，还应突出自己的个性，调动创造性思维机制，灵活应答，用出人意料的应对策略抓住招聘者的心，给其留下不同一般的印象，以增加被聘用的机会。求职是一门艺术，面试现场是一个看不见硝烟的战场，求职面试语言离不开策略技巧，只有巧妙应答，才能出奇制胜。

训练情境1　小张今年从警官学院毕业，正逢省公安系统招考公务人员，他报名参加了笔试，成绩过关进入面试。参加面试时，考官问他："如果你是一名人民警察，正在街上行走时发现有小偷盗取自行车，你随即上前将其抓获。此时，小偷向你跪地求饶，说他想进城务工，可是一直没有找到工作，已经三天三夜没有吃过东西了，于是向你苦苦哀求。面对此种情形，你该怎么办？"请你为小张设计这道题的答案。

训练要求：答案要合法、合理、合情。时间控制在5分钟内。

训练提示：可以从人民警察的工作性质讲必须维护国家和人民的利益（合法）；从人民警察的精神品质讲发扬人道，自掏腰包帮助小偷解决吃饭问题（合情）；还可以从警察的社会责任讲对小偷进行说服教育，鼓励其自食其力（合理）。

训练情境2　有一位22岁的英国年轻人，尽管他有一张名牌大学英国伯明翰大学新闻专业的文凭，但在竞争激烈的人才市场上却四处碰壁。为了求职，这位年轻人从英国的北方一直到伦敦，几乎跑遍了全英国。一天，他走进世界著名大报——英国《泰晤士报》的编辑部。

他鼓足勇气，十分恭敬地问招聘主管："请问，你们需要编辑吗？"

对方看了看这位外表平常的年轻人，说："不需要。"

他接着又问："那需要记者吗？"

对方回答："也不需要。"

年轻人没有气馁："那么，你们需要排版工或校对吗？"

对方已经不耐烦了，说："都不需要。"

年轻人微微一笑，从包里掏出一块制作精美的告示牌交给对方，说："那你们肯定需要这块告示牌。"

对方接过来一看，只见上面写着："额满，暂不招聘。"

他的举动出乎招聘者的意料，招聘主管被这个年轻人真诚又聪慧的求职行为所打动，破例对他进行了全面考核，结果，他幸运地被报社录用了，并被安排到与他的才华相适应的外勤部门。

事实证明，报社没有看错人，20年后，他是这家英国王牌大报的总编。这个人就是森蒙——一位资深且具有良好人格魅力的报业人士。

在这个案例中，森蒙以自己的自信、毅力和聪慧出奇制胜，走向成功。

小刘从警校毕业两年，现在一个小区当保安。社区街道办就设在这个小区院内。小刘经常看到社区居民因为物业或邻里关系等矛盾在街道办吵吵闹闹，小刘灵机一动，心想自己在学校学的是法律专业，何不……请你学习森蒙，调动自己的聪明才智，为小刘谋取一份社区法律咨询和调解员的工作。

训练要求：以例引练，把自己当成小刘，调动思维，想一出奇招，运用自己的法律知识和语言魅力说服社区领导，当一个社区基层法律服务工作者。

训练提示：这属于求职策略训练。你可以在某一次邻里争端现场主动出面帮助社区工作人员了解情况，调解矛盾争端，来一个现身说法，让社区工作人员看到你的实力，然后你再提出自己的想法，说服他们；你也可以出一则广告，为社区居民义务提供法律方面的咨询服务，扩大自己的影响，然后再找领导面谈；你还可以……

训练情境3　你是学监狱管理专业的，你参加省监狱系统公务员招录考试，笔试成绩名列前茅，参加第二轮面试时，你现场抽到三个题目，分别是：

1. 你对监狱人民警察有什么看法？为什么参加这次考试？

2. 假如你是一名监狱人民警察，在国庆休息周的一天，你正准备到机场去送最要好的同学出国，单位领导来电话说一位同事奔丧回家致使值班岗位缺人，让你马上到单位值班，你怎么办？

3. "凡事预则立，不预则废"，你如何理解这句话？

你该如何回答这三个问题？

训练要求：答案的语言组织要条理清晰，切合题意；语言表达要吐字清楚，语速适中；回答每个题目时间控制在5～10分钟。

训练提示：第一题可以从监狱人民警察的性质、自己对监狱人民警察的认识、所学专业与监狱人民警察工作的吻合度、家庭及社会背景对自己的影响、考虑自身发展因素等方面来设答。第二题实际上是让你在友谊和工作之间做出选择，这类题目具有非同一性特点，回答时可将情境具体化，做出几种预备答案，以供选择。第三题可以从解释这句话的意思开始，然后联系自己的生活或工作阐述其实际运用并举例说明。可以分组进行，每组准备其中一个问题，然后各组之间进行交流。

训练情境4　假如你作为一名应聘者参加面试，主考官问你："你最喜欢的一本书是什么？"你将如何作答？

训练要求：先把这个面试情境具体化，设想出自己应聘的岗位，再作答，答案要与应聘岗位相联系。设想3个以上不同的应聘工作岗位。

训练提示：这是一个开放性的问题，没有唯一或限制性答案。回答这类问题不能海阔天空，漫无目的，应该针对应聘岗位的性质特点及对工作人员的精神和素质方面的要求等来选择书籍，重点谈你从这本书里学到了什么，它对你有什么影响，培养了你什么样的精神品质等。比如你应考人民警察，可选择《三国演义》，联系书中人物关羽，让你学到了诚信和忠诚，这正是作为一名人民警察不

可或缺的品质等。可分小组进行交流。回答时内容清晰，语速中等，语调肯定，不慌不忙，侃侃而谈。

训练任务3　求职礼仪训练

服饰礼仪能够反映出一个人的文化水平、气质和修养。面试中，应聘者的外在形象是给主考官的第一印象，外在形象的好坏在一定程度上会影响到能否被录用。适当的打扮，得体的装束，潇洒的仪态，往往会产生令人喜爱的效应，给对方留下深刻的印象。另外，恰当的着装还能够弥补自身条件的某些不足，树立起自己的独特气质，使你脱颖而出。求职服饰的总体要求是：干净整洁、庄重得体、体现职业特点、突出职业形象。面试中应保持良好的礼仪，提前到场，准时赴约；礼貌通报，轻叩门铃；面带微笑，得体称呼；礼貌作答，谦虚热情；体态优雅，语言自然；衷心道谢，礼貌告别。

3.1 范例

情境再现：

1960年美国举行总统大选。角逐者是约翰·肯尼迪和理查德·尼克松。在结果公布之前，许多政治分析家都认为肯尼迪处于劣势，因为他很年轻，在政界不出名，尽管他非常富有，但他波士顿口音甚重。而尼克松老成持重又是前任副总统，在全国知名。但是在电视辩论的时候，给广大选民的印象却是，肯尼迪心平气和，说话轻松幽默，面孔新鲜而招人喜欢，一身西服恰好地衬托出他的风度。而在他身边，尼克松看起来饱经风霜，紧张而不自在。结果肯尼迪赢得了总统大选的胜利，据当时的传媒调查，肯尼迪在电视上的形象帮了他的大忙。

范例评析：

通常人在张口说话前所能给人的印象就是你的外表，你的着装、表情、精神面貌会透露出你的内在气质。肯尼迪的成功除了他的才干外，得体的穿着恰当地衬托出他的风度，显得神采奕奕，精神百倍，自信满满，想不成功都难。

3.2 训练

有人曾说："你不可能由于带了一条领带而取得一个职位，但可以肯定你戴错了领带就会使你失去一个职位。"可见服饰仪表在求职中的重要性。长相如何，我们无从选择，但仪容仪态是可以后天培养训练的，我们平时就要注意训练自己的一言一行礼貌周全，服饰仪表得体规范，这样在求职面试时，和招聘方一碰面，就来个"此时无声胜有声"，用你无声的、职业化的举止，向招聘者表明"我是最适合的人选"。

训练情境1　日本松下电气公司董事长松下幸之助有次理发时，理发师毫不客气地批评他不重视自己的服饰，并说："你是公司的代表，却这样不重视衣冠，别人会怎么想？连人都这么邋遢，他公司的产品还会好吗？"松下觉得言之有理，从此重视起自己的仪表来。

你从上述案例中学到了什么？请你分别为自己设计去参加公务员面试、应聘健身教练、参加青年歌手大奖赛海选时的服饰。

训练要求：先总结案例给你的启示，再陈述自己在不同职业场合的服饰礼仪。语言要简练、条理，表达要清楚、恰当。时间控制在5～10分钟。

训练提示：案例告诉我们服饰可以显示一个人的精神气质及职业特点，直接影响到别人对你和你所从事的事业的看法。设计不同职场的不同服饰时，要把握一个能体现职业特点的基本原则，如公务员面试应穿正装，健身教练应穿运动休闲装，歌手应根据所唱的歌曲来配合着装，还要适当的时尚一些。你也可以打破限制，自己来设计职场环境及相应的服饰礼仪。训练时语言表达要简练清楚，重点突出，还要生动形象。

训练情境2　某公司在一次招聘面试中，有一位男子穿着运动服来面试，要求的职位是财务部门经理，他学的是财会专业，还有三年相关的工作经验，结果落选。请你说说他失败的原因，并给他提出正确的建议。

训练要求：说失败原因要简练、准确；提建议要针对职业特点，从服饰礼仪可以帮助人树立职业形象方面来说。时间3分钟。

训练提示：财务工作的特点就是细致、严谨，要求工作人员认真仔细，周密严谨。可建议他穿深色西服，打同色系领带，穿黑色皮鞋，同色袜子。所选服饰要合体、大方，西服扣子要按规范扣上面两个，最后一个不扣。能给人严谨、干练的印象。

训练情境3　请判断下列服饰礼仪的正误，并说出理由：

小李是办公室文秘，今天她穿了一身超短裙，一双凉拖鞋来上班。

小王今天去见客户商谈合作加工食品事宜，她手上戴着戒指，染了红指甲，披着长头发。

小赵接受面试，一进现场见考官对面有一把椅子，他就坐下来，静待考官提问。

高经理今天要见客户，因为天气实在太热，他穿了一件短袖T恤衫、一条长西裤、一双凉鞋。

训练要求：先准确说出上述服饰礼仪方面的正确或错误，再谈理由。

训练提示：谈理由要具体场景具体分析：办公室应穿正装，不能太随意；搞食品工作首先应考虑食品卫生安全问题，长头发、红指甲、戴戒指不符合行规；见考官应面带微笑、礼貌问候、自报家门、征得同意后再行坐下；见客户不是会朋

友，天气再热也应穿正装。

总之，求职是一个人生存的必备条件，是一个人事业的开端，也是一个人实现社会价值的必要手段。求职离不开言语沟通，求职面试是谋取理想职位的"通行证"，要想面试成功，就要做到知己知彼、做好准备；讲究策略、巧妙应对；服饰得体、礼仪周全。我们平时就要善用言语表达，学会推销自己，提高自己求职口语表达水平，为自己走向社会、谋求职位做好准备。

【考核与评价】

考核内容：

1. 你是一名警院的新生，准备参加学生会主席的竞聘，请你为自己准备一段自我介绍。要求表达准确生动、语言流畅、突出自己的组织能力，为竞争学生会主席一职打基础。用时 3 分钟。

2. 假如你参加一次求职面试，考官问你："你的工作动力是什么？"你如何应对？要求应对时要找三个方面以上的理由，表达要恰当、得体、合情、合理。

3. 用言语设计一下你去参加公务员面试的服饰礼仪。要求从服饰仪表和礼仪礼貌两方面设计。语言表达要简练、清晰。

◆学生自评

1. 练习后自我评价介绍语言内容是否体现自身特点，重点是否突出；表达是否恰当得体、分寸适度。

2. 练习后自我评价应对语言是否合乎情理，讲究策略（动力1：工作本身与自身兴趣特长的切合度及自我发展要求；动力2：自我价值的承认和实现，能否有晋升机会；动力3：能否得到较高的工资待遇）；表达是否条理清晰，恰当得体。

3. 练习后自我评价服饰礼仪设计是否合乎职场规范，表达是否清晰简练。

拓展学习

1. 马志强：《语言交际艺术》，中国社会科学出版社 2006 年版。
2. 郭千水编著：《实用口才训练教程》，清华大学出版社 2008 年版。
3. 周彬琳编著：《实用口才艺术》，东北财经大学出版社 2006 年版。
4. 叶林主编：《口语艺术训练教程》，中国水利水电出版社 2009 年版。
5. 舒丹编著：《实用口才必备手册》，中国电影出版社 2005 年版。

训练项目十一　演讲口才训练

【训练目标】

通过本项目的训练，能撰写专题演讲稿；提高演讲稿的驾驭及识记能力；在不同的演讲场合，能掌控现场并能发表得体的演讲，达到善表达的目标。

【训练内容】

演讲稿写作能力训练，背诵稿子能力训练，控场应变能力训练。

【知识储备】

一、演讲的特点及类型

当今社会面对公众进行演讲，实现有效沟通对话的能力和专业技能一样重要。成功的演讲可以使人们理解你、信任你，被你感动和激励，被你说服。

演讲，又称演说或讲演，就是说话者在特定的时间与环境中，借助以有声语言为主、态势语言为辅的艺术手段，面对听众发表自己的见解、抒发自己的情感，从而达到感召听众并促使其行动的一种现实的信息交流活动。

（一）演讲的特点

1．群众性、目的性、鼓动性、真实性和艺术性。

2．一人讲，多人听；既"讲"又"演"；以"讲"为主，以"演"为辅。

3．具有多种艺术形式的一些特点和因素。

4．具有强烈的吸引力、启发力、说服力、感染力、号召力和生命力。

（二）演讲的类型

按演讲主题内容分，有政治性演讲、学术性演讲、经济性演讲、教育演讲、礼仪演讲和法庭演讲；按演讲时间的不同，则分长篇演讲、短篇演讲、限时演讲；按演讲表现风格，可分为慷慨激昂型演讲、情感深沉型演讲、哲理严谨型演讲、明快活泼型演讲；按演讲方法不同，可分为背诵演讲、提纲演讲、即兴演讲、对话演讲；按演讲活动方式，则分为命题演讲、即兴演讲和论辩演讲。

二、演讲的能力构成

任何一次成功的演讲，都离不开演讲准备和实施两个阶段。演讲准备阶段包括确立演讲主题、搜集材料、写作演讲稿、上台前的演练等；实施阶段包括完好的口语表达技巧、演讲技巧的运用和控场能力与应变能力的掌握等。如果你拥有了极强的演讲稿写作和背诵能力，在演讲过程中掌握了控场技巧和应付任何突发事变的能力，那么，你一定会在演讲中表现出色，魅力无限。

1．演讲稿写作能力。演讲稿是一种成文性的口语，因此表达时一定要做到简练、生动、流畅、通俗。怎样在演讲一开始就先声夺人，抓住听众的心，开场

白的设计就显得非常重要。开场白的设计一定要有创造性，故事、个人经历、有趣的或令人震惊的事例、历史事件、共同基础、个人参照、名言轶事、数据等都可以成为开场白的精彩内容。而比喻、排比、抒情、反问、提问、悬念、幽默、双关等修辞手段都可以成为开场白的有效形式。主体部分的写作要紧紧围绕主题展开论述，要安排完整、有序、清晰的结构；要用典型的事例、数据、对比性的材料、名言警句等强有力的论证材料来充分论证演讲的观点；要在演讲稿中讲求节奏鲜明，张弛有度、跌宕起伏，用重复、排比、设问或反问等修辞技巧设置情感高潮；要安排过渡语、内容预告和小结，以便为听众提供内容线索，更好地理解和记忆你的演讲内容。演讲稿的结尾既要起到收束全篇的作用，又要构建起最后一个情感高潮，要调动演讲者的一切积极因素，用充满感情和力量的语调总结全文，提升主题，升华情感，从而把听众的情绪推向最高潮，使听众群情激昂，充满了希望和信心，以实现说服听众采取行动的目的。

2. 演讲稿背诵能力。写好演讲稿只是迈出了演讲的第一步，要想在演讲中稳定出色的发挥还必须把演讲稿烂熟于心，在演讲的时候才不会自乱阵脚。因此，在拥有演讲稿的基础之上还得提高演讲稿的背诵能力。这就需要演讲者拥有良好的记忆能力。美国著名演讲家卡耐基说："记忆有三大原则：印象、复习、联想。"可见，记忆能力可以通过培养提高。根据艾滨浩斯遗忘规律：遗忘是在识记之后产生，在识记后短时间内遗忘的数量最多，遗忘的速度快。而当间隔时间延长时，记忆保持的分量少了，遗忘的速度就变慢了。这说明遗忘速度呈现出先快后慢的现象。所以，只要我们掌握遗忘的规律，依据科学的原则加以训练，记忆的能力就会得到很大的提高，那么背诵演讲稿便是顺理成章、轻而易举的事情了。

背诵演讲稿的方法很多，有书写记忆法、理解记忆法、简化记忆法、对比记忆法、口诀记忆法、顺口溜记忆法、讨论记忆法、优先记忆法、重点记忆法、回忆记忆法、串连法、谐音记忆法、联想记忆法等。

3. 演讲控场应变能力。控场应变能力是演讲者在演讲过程中，对现场的意外情况能实施有效控制并作出合理处置的能力。它是每一个优秀演讲者必须具备的基本能力。演讲者的控场能力表现在能够自如掌控自身情绪和轻松应对怯场、冷场、侵场、搅场、难场的各种意外突发情况，能够掌控观众的情绪，同观众之间形成良好的互动。在演讲的过程中，由于客观事物的纷繁复杂，变化多端，有可能发生忘词、讲错话、停电、话筒突然发不出声音、观众发出不满的尖叫、故意刁难、会场突然骚动等突发的意外情况。具备随机应变能力的演讲者通常能正确处理演讲现场的各种情况。能根据听众、环境和自身条件的变化而采取恰当的补救措施。通常，优秀的演讲者遇到意外干扰时，都会沉着冷静，保持自信和清醒，采取相应补救措施，如增强自己的勇气及自信心，充分发挥自己的长处，增加与听众的亲切感和信服感等。

【训练任务】

演讲是一种高级的口语表达形式，是一种艺术性的社会实践活动。演讲时不仅要表达出话语的基本意思，而且要能艺术地表达。要想进行一次成功的演讲，从确定演讲主题，收集材料，到演讲稿的写作和修改，背诵演讲稿，恰当地运用演讲技巧，演讲的过程中注意掌控现场和对突发状况的应变，每个环节都要精心准备。

●●●●训练任务1　演讲稿写作能力训练

要想完美的展现自己的口才，做好演讲，事先写好一份优秀的演讲稿必不可少。只有在演讲前，根据演讲的主题、对象、场合等，拟写出一份高质量的演讲稿，方能演讲起来舌绽春蕾，口吐莲花，流利顺畅，优雅动人。

1.1 范例

情境再现：

卡耐基曾有一次这样的经历：在纽约的一次午餐会上，一位显赫的政府官员要发表讲话。在演讲开始前，人们都拭目以待，准备认真倾听他的高论。可是演讲开始不久，大家就发现这位官员事前没有准备。按理来说，像他这种官员，本来就能够即兴演讲一番，可是结果还是不行，于是他便从口袋里掏出一叠笔记，准备照本宣科。

可是他这些笔记杂乱无章，就像被风吹散了的树叶，一时很难归纳起来。只见他手忙脚乱地在这些东西里搜索一阵子，似乎也没有找到什么像样的东西，因而说起话来越发显得尴尬笨拙。时间并不会因为他的尴尬而停止，照样一分一秒地走着，他的演讲变得越来越没有条理。可他还是继续挣扎，想从笔记中理出一些头绪，用颤抖的手举起一杯水，凑到焦干的唇边……真是惨不忍睹，这位官员完全被自己的恐惧击倒了，最后，只好很无趣地坐了下来。

卡耐基评价说："这是我见到的最丢脸的演讲家之一，他这种发表演讲的方式，与卢梭所说的写情书的方式一样：'始于不知所云，也止于不知所云'。"

鉴于这种教训，卡耐基一再强调，只有有备而来才能获得自信与成功。正如林肯所说："我相信，我如果无话可说，就是经验再多，年龄再老，也会难为情的。"

要说好一段话，就必须要有充分的准备。那种"平时不烧香，临时抱佛脚"的做法，是没有好结果的。没有准备就出现在听众面前的人，与没有穿好衣服就出门一样，只有丢人的份。

范例评析：

"工欲善其事，必先利其器"，成功的演讲者都十分注重演讲稿的准备。上例中政府官员颜面尽失的主要原因，主要是以下几点：一是缺乏事先的准备，临场一紧张就不知道说什么了。二是讲话内容杂乱无章，条理不清，说话的中心主旨不明确；平时缺少积累，由于习惯了看稿子照本宣科，脱稿便不知所云。三是缺乏快速思考和构思的能力，缺乏自信心而导致底气不足。因此，如果可以，事先准备演讲稿是很重要的，它不仅可以使演讲者理清思路，确定演讲的主题、中心，而且可以增强演讲者的自信与底气。在即兴演讲中，演讲者的快速构思和平时积累尤显得重要，只有腹中有书，胸中有策，利用一切场合不断地磨炼自己，就会在各种场合有出色的表现。

1.2 训练

演讲稿写作能力训练要特别注重演讲开场白和结尾的设计，主体部分的内容必须做到内容丰富、信息量大，要能给听众以充实的知识、富有启发性的思想，脉络清晰、紧扣主题、层次分明、结构严谨、语言简练、通俗易懂，节奏适度、张弛有致，做到"凤头、猪肚、豹尾"。

训练情境1 演讲稿题目拟写训练。

训练要求：当美丽的情感在大学校园悄然绽放，相关的女性课程、婚恋学课程也渐渐进入学生视线并受到追捧。华师大开设了《爱情与婚姻》课、交通大学开设了《女性学》、上海电机学院开设了《恋爱、婚姻、家庭和社会责任》……当学生们渴望开始一段爱情又或者迷失在情感漩涡里时，这些课程给予了学生一个指引的方向和一条倾诉的渠道。请以女性课程、婚恋课程进入高校选修课程为背景，拟写出五个以上的演讲题目，选题角度不限。

训练提示：演讲的题目拟写要与演讲的内容、风格、语调有直接关系，要注意题目要新颖、生动、恰当而富有吸引力，要对演讲内容具有概括性、指向性和选择性，即题目在还未讲之前就告诉听众你要讲什么。

训练情境2 开场白设计训练。

训练要求：根据下面提供的情境，设计开场白，并在全班同学面前演练，看哪位同学赢得的掌声最多。

1. 系里将开展一次中华经典诗文朗诵大赛，如果你是主持人，请你为这次活动准备一段开场白，要求除了讲明这次活动的意义外，更要用热情洋溢的语言"点燃"现场的气氛，让大家产生一种跃跃欲试的参与冲动，煽起现场同学积极参与的热情。

2. 假设班里要举行一次圣诞晚会，你是本次活动的主持人，请设计一段开场白，要求语言要有艺术感染力，不落俗套，能够一开始就使现场气氛活跃。

3. 假设你要竞选班长，请为自己设计一段开场白。

训练提示：开场白设计时应解决你主要讲什么、别人为什么要听你讲、你讲的对听众有什么好处等三个问题，并达到拉近距离、建立信赖、引起兴趣的目的。可用直入式、背景式、新闻式、即兴式、提问式、介绍式、故事式、引用式、委婉式、幽默式等开场白常用的方法来设计，也可采用比喻、排比、抒情、反问、提问、悬念、双关等修辞手法来设计。

训练情境3　演讲结尾语设计训练。

训练要求：请为以下主题演讲设计结尾语，使演讲能在最后提升主题，升华情感，从而把听众的情绪推向最高潮。

1. 假设你已经"过五关，斩六将"，竞选校或院学生会某部长成功，请为自己的就职演说设计一段结尾语，表明自己上任后的决心。

2. 你参加学校举办的"我爱我的专业"演讲比赛，请为自己的这次主题演讲设计一个精彩的结尾语，使每个听了你演讲的同学都会受到启发，并能更爱自己的专业。

3. 快毕业了，班级告别晚会上大家都不免有些伤感，同学们一致决定十年后我们在学校再相聚，请你为自己的告别演说设计一个结尾语，表明你不舍同窗友情及期待十年后再相聚的心情。

训练提示：结束语是演讲的自然收束，其作用是概述、重申、指导、强化。它要求表达得真实、清晰、干净利落、深刻有力。拟写时可采用总结式、点题式、激励式、展望式、抒情式、启发式、诗词式、幽默式、警句式、含蓄式、祝愿式、赞语式等常用结尾法来收束全篇。

●●●训练任务2　背诵稿子能力训练

培根说："一切知识，只不过是记忆。"心理学家认为：每个人都有较好的记忆力，但善于利用它的人却不是很多。演讲时能否记住稿子，并把它烂熟于胸，内化成为你张口即来的句子，熟记演讲稿的能力就显得非常重要。掌握一些记忆的方法，可以帮助我们在较短时间内较快地记住演讲稿。

2.1 范例

情境再现：

2009年6月24日，27岁的河南郑州女孩贾晓霞用42.75秒记下100个灯泡的随机明灭顺序，挑战上海大世界吉尼斯纪录成功，打破了此前由"世界记忆大师"吴天胜保持的63秒的纪录。8月3日，她收到了上海大世界吉尼斯总部颁发的证书。

贾晓霞真正开始训练是从 2009 年的 6 月初。她父亲在一块黑板上画圈，每 6 个圈为一组，空白的圆圈代表灭的灯泡，打叉的圆圈代表亮着的灯泡。就这样，贾晓霞开始每天两次训练，记忆 100 个灯泡的随机明灭顺序。"刚开始我的速度很慢，10 分钟才能记住，并且准确率才有 80%。我不断地改进记忆方法，速度和准确度也在不断提高，这增加了我的信心。今年 6 月初，我向上海大世界吉尼斯提出了挑战申请。"

究竟是什么方法，让贾晓霞拥有如此神奇的记忆力？原来她是把枯燥的记忆图像化。记忆方法是相通的，既可以用于记灯泡的明灭顺序，也可以记数字或政史地知识。记者随机写了一组数字"11456308"，请她讲解记忆方法。贾晓霞说："11 形似筷子，45 音译成师父，63 是硫酸，08 是奥运会。记忆方法是：我有一双神奇的筷子（11），是从师父（45）唐僧那里得到的。这双筷子放在硫酸（63）里不会被腐蚀，因为它很神奇，被我捐献给 2008（08）年奥运会，这样就很好记，还不容易遗忘。记忆的方法很多，我讲的是最基础最简单的。"

范例评析：

人的记忆力并不是天生的，而是可以在后天通过培养提高的。贾晓霞只花了不到一个月的记忆训练，就挑战上海大世界吉尼斯纪录并获得成功，打破了世界记忆大师吴天胜所保持的记录。可以发现贾晓霞在训练过程中，使用了一些能提高记忆能力的技巧，如图像法，把枯燥的记忆图像化，把抽象的东西变得具体可感；谐音法，利用汉字和数字的谐音，将一连串的数字谐音化，用编故事的形式帮助准确记忆，提高记忆的趣味性；联想法，由此及彼的联想，让天马行空的思维充当记忆的桥梁。因此记忆能力是可以通过一定的技巧强化的，只要你掌握一定的记忆技巧和方法，并在日常生活中经常加以磨炼，那么你可能会拥有超常的记忆力。

2.2 训练

要提高记忆能力，除了死记硬背之外，还得掌握一定帮助记忆的小技巧，并在需要记忆的时候不断反复的练习。这就需要人们在生活中，对记忆的事物的特点、性质进行合理化地想象，在获得初步记忆后，适时地回顾复习，这样就可以把需要记忆的东西牢牢记住了。

训练情境 1　强记能力训练。

训练要求：请同学们在 3 分钟内，背诵圆周率 π 小数点后面 30 位数字：3.141592653589793238462643383279；在 2 分钟内，背诵 10 个陌生的人名；在 10 分钟内，背诵 10 个外文生词。

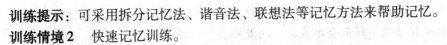

训练提示：可采用拆分记忆法、谐音法、联想法等记忆方法来帮助记忆。

训练情境2 快速记忆训练。

训练要求：请在10分钟内完整记住以下两句话和一串互不相干的词语。

1. 入党誓词：我志愿加入中国共产党，拥护党的纲领，遵守党的章程，履行党员义务，执行党的决定，严守党的纪律，保守党的秘密，对党忠诚，积极工作，为共产主义奋斗终身，随时准备为党和人民牺牲一切，永不叛党。

2. 毛主席 苹果 城楼 红旗 长江 直升机 大炮 跳伞 望远镜 报纸

收音机 电脑 宅女 外卖 寂寞 传说 哥 冰淇淋 建国大业 熊猫 烧香

训练提示：可采用书写记忆法、理解记忆法、简化概括记忆法、对比记忆法、优先记忆法、重点记忆法、联想记忆法等来帮助记忆。

训练情境3 精细回忆法训练。

训练要求：回忆一间你非常熟悉的房间，想一想房间里都有什么？门窗朝哪开？家具都摆放在哪里？墙上挂有哪些装饰品？空调和电灯开关在什么地方？等等。要回忆得尽量完整无缺，当你再次回到房间时，检查一下你遗漏了什么。

回忆你最近看过的电影，电影里都有哪些主要人物？发生了什么事？他们都做了什么？结局如何？要尽可能回想电影中每一个经典镜头。

回忆你童年的伙伴，你们在一起都做过什么？还能记起他们的名字吗？他们的家都住在什么地方？

训练提示：我们在平时的学习和生活中，识记了很多东西，却很少去回忆。识记和回忆之间的不平衡，使我们的记忆变得十分模糊。经常回忆，回忆得尽可能精细，是锻炼记忆力的好方法。

🔴🔴🔴训练任务3 控场、应变能力训练

演讲，并不是说把准备好的演讲稿讲完，就算是成功。演讲时必须一边讲，一边观察听众的反应和环境的变化，适时调整演讲内容和方法，使听众愿意听下去。因此，演讲过程中掌控现场的能力和演讲现场发生突发状况时的应变能力，就显得非常重要。

3.1 范例

情境再现：

2009年2月2日，中国国家总理温家宝在剑桥大学音乐厅发表题为《用发展的眼光看中国》的演讲。他用凝练、有力的语言深情地描绘了一个古老又现代、历经磨难而又自强不息、珍视传统而又开放兼容的中国，阐释

了中华民族追求进步、崇尚和谐的精神世界，用信心、合作和责任鼓舞人们勇敢地携手应对国际金融危机，共渡难关。

然而，正当全场听众凝神聆听温总理精彩演讲时，会场后排角落里一个西方人模样的男子突然开始吹哨喊叫，并向讲台投掷鞋子。全场听众对这一捣乱行为表现出义愤和蔑视，"耻辱！""滚出去！"在一片斥责声中，该男子被工作人员带离了现场。

温总理在台上始终镇定自若。他停顿了片刻，用平静而坚定的声音说："老师们、同学们，这种卑鄙的伎俩阻挡不了中英两国人民的友谊！"全场顿时爆发出雷鸣般的掌声。温总理举起右手，有力地一挥，又说："人类的进步、世界的和谐是任何力量也阻挡不了的！"场上再次爆发出经久不息的掌声。

范例评析：

面对西方男子的吹哨、乱叫、掷鞋子等一系列搅场行为，温家宝总理始终镇定自若、从容不迫，既体现出了演讲家的良好心理素质，又展现出大国总理处变不惊的风采。"这种卑鄙的伎俩阻挡不了中英两国人民的友谊！""人类的进步、世界的和谐是任何力量也阻挡不了的！"借题发挥，既切合了"和平和谐和发展"的演讲主题，表达了"任何力量都不能阻挡中英两国人民的友谊"的心声，同时又成功地处理了那个别有用心者的搅场行为，从而赢得了现场听众阵阵的掌声。

3.2 训练

演讲过程中良好的控场和应变能力不是一蹴而就的，需要演讲者在一次次登台中累积经验。如何面对演讲过程中的突发情况，是战胜自己、征服观众、赢得掌声和喝彩的前提。

训练情境 1　在学校组织的一次大型演讲比赛中，你经过初赛、复赛后晋级决赛。面对越来越强的竞争对手，正在台下最后一次背稿的你突然间心跳加速，脑子一片空白，浑身发抖，身体直冒冷汗，腿软得快站不住了。正当你不知如何是好时，却听到主持人宣布到你演讲了。这时的你该怎么走上台开始你的演讲？你将采用什么办法消除和克服你的紧张情绪？

训练要求：自我控制能力训练。

训练提示：自我暗示、自我鼓励、自我陶醉都是镇定自己、消除紧张情绪、恢复平常心境的好方法。在赛前，你可以试着对自己说："我的演讲一定会成功的"、"我现在感觉好轻松"、"我一定能行的，加油！"、"他们行的，我能行；他们不行的，我也行"、"我的舞台我做主"、"我怎么拥有这么好的状态呢，算了，拿个冠军将就一下吧"，就会渐渐克服自己紧张的情绪。暗示的时候，要多给自己一些正面的诱导，多用肯定、坚定的语气为自己加油。

训练情境2　以下是几种演讲过程中可能会发生的意外情况，假若你遇到了该怎么办？

1. 某居民社区请你为小区放暑假的小朋友宣讲交通安全，你精心准备了一周后，在约定的时间准时来到社区活动室，走进去一看，却发现满满一屋子坐的都是大伯大妈，听众对象发生了变化。面对和社区原来告诉你的完全不同的听众对象，你该如何应对才能顺利完成这次演讲？

2. 你应学校"演讲与口才"协会之邀，让你给他们社团新成员讲一讲你是如何成为学校的演讲明星的，可是等你到了现场，却发现没来几个同学。这时的你会怎样做？

3. 你参加省大学生演讲比赛，规定时间是6分钟，因为你的演讲精彩，现场不时响起阵阵掌声。因为热烈的掌声使你中间停顿的时间长了，当现场"时间到"的牌子举起来时，你还有一段30秒的结尾语没讲，这时的你该如何处理？

训练要求：演讲应变能力训练。

训练提示：可采用转换话题法、借事说事法、幽默解围法、重复挽救法、提问法、跳跃法等方法来进行随机应变。

训练情境3　请用简洁明快的语言回答下列听众的提问：

1. 你最大的愿望是什么？
2. 你对你的前途怎么看？
3. 你的幸福观是什么？
4. 你怎样看待金钱？
5. 你心目中崇拜的偶像有什么特点？
6. 你最大的遗憾是什么？

训练要求：快速答对训练，说出得体的话语应对。

训练提示：快速答对训练可以提高我们应对观众提问的能力，提高我们临场应变能力。

训练情境4　微软CEO鲍尔默在匈牙利布达佩斯考维纽斯大学做演讲时，曾遭遇了鸡蛋偷袭。当时的情况是这样的，在鲍尔默演讲进行一段时间后，突然有一名学生模样的年轻人站起来，用匈牙利语大声指责鲍尔默，中间还说出了几句简单的英文"把钱还给匈牙利人，马上！""把钱退给纳税人"等。而该男子在演讲完了后就出乎意料地冲着鲍尔默扔鸡蛋，幸运的是鲍尔默很灵敏地躲过两个鸡蛋。

训练要求：请身临其境地感受一下，假如你是微软CEO鲍尔默你会怎么处理这种搅场的情况。

训练提示：演讲中，有些人本来就带着恶意搅局的心态而来，在演讲的场合胡搅蛮缠，面对这样的情况，不予理睬、拒绝回答、发火、令其离开、自己离开，都是不恰当的。这样做一是会助长其气焰；二是混淆其他听众的视听；三是有损自己的形象。这时演讲者就必须采用有效的手段予以有力的反击。如加拿大在同中国建交之前，加拿大国内有一股敌视中国的恶势力。外交官切斯特·朗宁在作议员竞选演讲时，突然有人起身指责他说："他出生在中国，是喝中国奶妈的奶汁长大的，身上有中国人的血统！"切斯特·朗宁立即驳斥道："我喝过中国奶妈的奶，这是事实。但喝过中国奶妈的奶就具有中国人的血统了吗？诸位先生，你们不也喝过加拿大的牛奶吗？你们身上是不是也有加拿大牛的血统了呢？"

【考核与评价】

考核内容：

1. 单位内部将举行"牢固树立科学发展观，坚持以人为本，坚持司法为民"为主题的演讲比赛，请你拟写一份演讲稿，准备参加演讲比赛。

2. 请回忆一下，你上大学见到的第一位同学是谁？是谁给你上了第一节课？他（她）当时穿的是什么衣服？发型怎么样？给你留下了什么样的印象？

3. 假如你是一位声音动听、思维敏捷、表达能力和应变能力都很强的演讲者，但却有在演讲中无意识的摇头、摇晃身子，走上讲台时系上衣或者提裤子的坏习惯，你将怎么做来改变这些坏习惯为你的演讲锦上添花？

4. 假如你在演讲中出现忘词、中断、口误，或者遭遇停电、话筒不响、被绊倒等自身导致或者外部突发的情况，你将如何应对？

◆学生自评

1. 演讲口才能力的训练包括哪些方面的训练？通过本项目训练，你的演讲稿写作能力提高了吗？你的控场能力和应变能力提高了吗？

2. 通过本项目的演讲训练，你的演讲能力提高了吗？你敢在各种公开场合演讲了吗？

3. 你敢于积极参加各种演讲比赛了吗？你在演讲比赛中获奖了吗？

拓展学习

1. 叶晗主编：《大学口才教程》，浙江大学出版社 2004 年版。

2. 何欣、姜健：《口语表达学》，吉林人民出版社 2002 年版。

3. 蒋红梅、杨毓敏主编：《演讲与口才实训教程》，清华大学出版社 2009 年版。

4. 李瑾华编译：《卡耐基口才突破》，中国城市出版社 2008 年版。

5. 中华语言艺术，http://www.elocnte.com/相关栏目。

6. 中国校园演讲网，http://www.chinaxyyj.com/相关栏目。

7. 无忧演讲稿，http://www.51yjg.com/相关栏目。

8. 中华演讲网，http://www.zhyjw.com/相关栏目。

9. 中国名人演讲网，http://w ww.chinaspeech.com/相关栏目。

训练项目十二 辩论口才训练

【训练目标】通过本项目的训练，了解辩论的特点，掌握辩论的辩驳技巧和语言艺术，养成思辨能力，磨砺口才，在生活、工作中巧用思辨，解决棘手问题。

【训练内容】

破题能力训练，辩驳能力训练，合作能力训练。

【知识储备】

生活中人们为了寻求真理，明辨是非，权衡得失，工作分歧，都会展开辩论，可以说，辩论无处不在。但辩论不同于我们平时一般的争论，它是一种高难度的口头语言表达活动，可以说是一种智力的游戏，语言的战争。辩论能力的强弱，是衡量口才的重要标准。那么，什么是辩论？

一、辩论及其类型

辩论，也称论辩，从广义上说，是指以语言（包括书面语言和口头语言）为媒介展开争论的一切活动；从狭义上说，是指口头语言的辩论活动，最狭义的一种理解是把辩论等同于辩论赛。从语义上看，辩论包含了"辩"和"论"两种活动，是破和立的有机统一。辩论不同于我们平时的"抬杠"，辩论者在论辩的过程中既要反驳和攻击对方的错误观点，又要陈述论证己方的正确观点。因此，辩论具有交锋性、竞争性、说理性的特点。

辩论的类型如果按辩论的语言媒介不同来划分，可分为书面辩论和口头辩论；如果按辩论主体人数来划分，则可分为双方辩论和多方辩论；如果按其在社会实践中的不同应用来划分，则可分为政治辩论、法庭辩论、军事辩论、学术辩论等。

二、辩论能力构成

辩论作为一种比知识、比谋略、比机敏、比心理、比逻辑、比智慧的综合性活动，可以使参与者"纵谈天下大事，施展胸中谋略"，展现自己的大智大勇和辩才。那么，如何提高自己的辩才，从而获得辩论的胜利呢？我们认为辩论能力包含破题能力、辩驳能力、合作能力等能力，要想在辩论中取胜，就要加强辩论能力的训练。

1. 破题能力，即解析辩题的能力。辩题解析包括概念的明确、判断完整含义、逻辑设计、论证方法等方面。在明确概念时，可以通过查询辞书、诉诸权威、依据某种理论来定义概念，同时定义时要紧紧抓住核心概念；当下定义的方法对己方不利时，或者下定义比较困难时，可以采用对对象进行多种性质和属性的多角度的描写和叙述的方法描述概念，以对己方有利。然后通过了解辩题的历史背景或者确定辩题的语境条件，完整地理解辩题后来寻找"题魂"——双方争辩的焦点。在找到核心概念和抓住题魂的基础上，构架整个辩论的逻辑结构，写出己方各辩论阶段的辩词。

2. 辩驳能力。自由辩论阶段的进攻和防守之策也很重要。辩论过程中，听、说、问、答、驳，处处有讲究，时时藏玄机。掌握一些攻防辩驳的技巧，并能灵活运用，可以使你在辩论场上所向无敌。听，即要听清楚对方对关键概念的界定、立论的理论和逻辑框架，支持其论点的论据，语言、情理、逻辑上的漏洞，对方的提问和对己方的反驳等；说，即己方辩论陈词时语速是否恰当，语言是否简洁，是否具有逻辑性、条理性、攻击性、艺术性和通俗性等；问，即能否主动使用反问、连环问、二难问、设问等提问技巧来掌握辩论的主动权，揭露对方的错误和漏洞，抨击对方的要害，强化己方的立论等；答，即回答对方的提问时，能否用以问代答、避而不答、以答代问、驳对方提问的前提等回答技巧来冲破对方问的控制，摆脱对方所设置的圈套，做好防守并能设法变被动为主动，陷对方于被动等；驳，即能否采用例证法、攻其要害法、利用矛盾法、巧换概念法、归谬法、反守为攻法、针锋相对法、幽默法等来攻击反驳对手以取得胜利等。

3. 合作能力。辩论赛不是辩手个人的单打独斗，而是整个辩论队伍的联手作战。因此，每个辩手无论有多高超的辩论技艺都必须化为整体的一部分，选手之间要重视整体配合。辩论中的整体配合主要有辩手与辩手之间的关系、辩手与辩题内容的关系、辩手间相互的协作和辩论队伍整体风格的形成等。在组织好辩论参赛队伍后，要结合每个辩手年龄、经历、知识结构和个人性格的特点，来安排一到四辩，尽量做到使辩手本色和辩词角色相契合。在自由辩论阶段，可以通过传卡片、就近分组、确定发言次序等来做好协作，同时练好当己方队友说错话时如何弥补的"补漏"技术。

【训练任务】

在辩论中，怎样才能处于上风，让对方心服口服地接受你的正确观点呢？掌握一些辩论技巧会为你如虎添翼。在平时的辩论或辩论比赛中，如果我们能在赛前做好对辩题的破解和分析，做出利于己方的立论，设计好整个辩论的逻辑框架，掌握一些辩论的进攻和防守的技巧，拥有超人一等的思辨能力及极强的团队合作能力，那么定能在辩论场上游刃有余。

☺☺☺训练任务 1　　破题能力训练

辩论中破题能力的好坏，直接关系甚至决定一场比赛的胜负。如果破题失误，比赛就会陷入被动或者导致失败，破题正确，则赛场上的思辨就会了然于胸。破题的关键是析题，从目前的辩题表现形式上看，辩题不外乎"判断型""比较型""利弊型"三种。确定辩题的类型后，再明确辩题的概念，寻找"题魂"，收集材料，设计辩论的逻辑框架，撰写辩词。

1.1 范例

情境再现：

1993 年第一届国际大专辩论赛决赛的辩题是"人性本善/人性本恶"。赛前人们分析，正方台湾大学代表队"人性本善"的解释可以比较宽泛，似乎好辩一些。因为"善"可以解释为"善良"，从而进一步解释为"心地纯洁，没有恶意"。正方只要抓住"没有恶意"便可以大做文章。遗憾的是台湾大学队没有对辩题进行正确的界定，而是从伦理学的角度对其进行善行的立论，从而把自己逼入了死胡同。而反方复旦大学代表队则在界定"人性本恶"时，从社会学的角度，以时代、环境的不同从而导致人的需求、社会需求的不同为切入点，从"当今的社会是一个奋发向上的社会，这样的社会需要的不是颂扬，而是批判，只有充分认识到自身的不足，才能获得前进的动力；相反，如果一味的沉溺陶醉于过去就不可能有很大的进步"来破题。由于复旦大学队对辩题做出了非常有利于己方的界定和立论，从而使他们在辩论中一直处于优势，并最终取得了比赛的胜利。

范例评析：

辩论赛中，辩论双方只有抓住辩题中的核心概念，对辩题做出正确的界定和立论，并在此基础上构建辩论的逻辑结构，才能打好辩论赛取胜的基础。上例中，正方台湾大学代表队就是因为在赛前破题立论阶段没有对辩题做出有利于己方的合理界定，从而使自己在比赛中处于被动。而反方复旦大学代表队则由于破题立论的正确，再加上他们为辩论设计的严密的逻辑结构，以及四位辩手融合如一的合作和高超的辩驳技巧，最终使他们获得了比赛的冠军。

1.2 训练

辩论赛中辩题确定后，要给辩题"定性""定位"，分析辩题所属类型，界定概念。

训练情境 1　辩题类型分辨训练。

训练要求：指出下面辩题所属类型。

1. 人性本善/人性本恶
2. 美是主观感受/美是客观存在

3. 愚公应该移山/愚公应该搬家

4. 先成家后立业/先立业后成家

5. 温饱是谈道德的必要条件/温饱不是谈道德的必要条件

6. 存在的就是合理的/存在的并不就是合理的

7. 庞大的人口是第三世界的负担/庞大的人口不是第三世界的负担

8. 人类社会应该重义轻利/人类社会应该重利轻义

9. 治愚比治贫更重要/治贫比治愚更重要

10. 经济落后是因为文化落后/经济落后不是因为文化落后

11. 知难行易/知易行难

12. 不破不立/不立不破

13. 高薪可以养廉/高薪不可以养廉

14. 网恋是真爱/网恋不是真爱

15. 法理比情理更重要/情理比法理更重要

16. 人类永久和平是可能实现的/人类永久和平是不可能实现的

17. 赞成为了漂亮去整容/不赞成为了漂亮去整容

18. 网络使人亲近/网络使人疏远

19. 青年人应有自我意识/青年人应有群体意识

20. 宽松式教育更有利于青少年成才/压迫式教育更有利于青少年成才

训练提示：对辩题进行分析判断的是"判断型"；对事物先做比较，然后得出"……更……"或"……比……"结论的是"比较型"；先对同一事物的利弊情况进行比较，再得出"利大于弊"或"弊大于利"结论的是"利弊型"。

训练情境2　寻找核心概念和"题魂"——聚焦点训练。

训练要求：请找出训练情境1所列20个辩题中正反双方的核心概念和每个辩题的"题魂"。

训练提示：辩论中的核心概念，是指事关己方取胜的重要概念。一个辩题中需要定义的概念很多，但核心概念只有一个，抓住有利于自身的核心概念，就会处于主动。应该注意的是有时正反双方的核心概念并不一致，在审题时要注意。辩论中如果双方寻找不到"题魂"或者不能在"题魂"上辩论，那么辩论就会像"两条永不相交的平行线"，形成不了有效的交锋，辩论也就不会精彩。"题魂"是双方争辩的焦点，"题魂"可以在确定辩题范围和语境、了解辩题历史背景的基础上，通过使辩题变窄和分析双方立场之利来寻找。

训练情境3　辩论词写作训练。

训练要求：每四位同学分为一组，每两组组成正反双方。然后选择情境1中的辩题，每小组的同学按照组内的分工来进行辩论词的写作。

训练提示：辩论词写作要提出合理的论点，收集有利于己方的事实材料和理论材料。具体写作时要围绕论点来安排层次，根据内容编写大纲，并找到最有力的论证方式。常用辩论词写作采用的论证方法有归纳法、例证法、喻证法、演绎法、引证法、反证法、归谬法、因果法等。

●●●训练任务2　辩驳能力训练

怎样才能在辩论赛中取胜？掌握一些辩论的进攻和防守技巧，并能灵活的运用是必须的。辩论中如果能采取主动进攻的方法，主动发问，攻其不备，往往会使对手措手不及，乱了己方阵脚，从而陷于被动。而当对手咄咄逼人，向你发起猛攻时，你能从容应对，在防守中巧妙反击，赢得主动。

2.1 范例

情境再现：

在一次大型国际会议期间，某位西方外交官对中国外交代表挑衅似地说："如果你们不向美国保证取消用武力解决台湾问题，那么显然就是没有和平解决的诚意。"面对这种挑衅性的无稽之谈，中国代表义正辞严："台湾问题是我们中国的内政，采取什么方式解决是中国人民自己的事情，中国无须也没有必要向他国作什么保证。"说到这儿他话锋一转，反问道："请问，难道你们国家竞选总统也需要向我们作什么保证吗？"这针锋相对的反诘，使对方无言以对。

对方看到在这上面占不到什么便宜，随即狡猾地把话题一转，又说："阁下这次在西方逗留了这么长一段时间，不知是否对西方有了一点比较开明的认识？"言外之意是挖苦我代表无知。我国代表对此淡然一笑，揶揄道："我是受过西方教育的，40年前我就在巴黎受过高等教育，我对西方的了解可能比你少不了多少，遗憾的倒是您对我们东方的了解可真是太少了。"机智的回答使得这位西方外交官自讨没趣，满脸窘态。

范例评析：

面对西方外交官干涉中国的内政问题的挑衅和傲慢无礼，中国外交代表义正辞严，没有陷入西方外交官的荒谬提问，而是重申台湾问题是中国问题，坚持了只有一个中国的原则，粉碎了西方外交官妄图分裂中国，搞"一中一台"的"两国论"的阴险论调。并在此基础上，转守为攻，借力打力，一句"你们国家竞选总统也需要向我们作什么保证吗？"的反问，让西方外交官自讨没趣，接下来一段机智的"我是受过西方教育的"回答，同样也是借对方攻击之力反击对方，让自以为是、却对我国和东方文明所知甚少的西方外交官陷入窘境之中。

2.2 训练

掌握一些提问和反驳技巧，会大大提升我们的辩论的进攻能力，从而能使我

们在辩论场上赢得主动。

训练情境1 自辩练习。

训练要求：就某一辩题自己充当正反两方来据理力争。要求自己在3分钟内完成正反双方的10次转换。

训练提示：自辩练习要求自己思维转换要快，要让自己处在一个中立的立场，不要受平时主观见解的约束，以锻炼自己思维快速反应能力。

训练情境2 帽子辩论法。

训练要求：把学生每四人一组分成正反双方。老师准备两顶不同颜色的帽子，给出需要讨论的辩题，两顶不同颜色的帽子分别代表两个相对的观点。老师随机分别把一顶帽子交给正反双方中的一位同学，同学拿到帽子后做一分钟的陈述维护本方观点。陈述结束后，把帽子交给下一位辩手继续发言维护本方观点。依次轮流进行，直到问题讨论充分为止。

训练提示：本训练方法可以启发辩手的思维，锻炼其快速反应能力。

训练情境3 对抗论争训练。

训练要求1：一对一对抗论争训练。甲同学就某个争议话题先发表自己的见解，乙同学以"我不认同你的观点"提出相反的观点进行对抗论争，等乙同学反驳完后甲再继续，如此循环往复，练习8分钟。

训练提示：双方你来我往，要求快速反应，始终维护好自己的观点，不能让对方说服。

训练要求2：一人对多人对抗论争训练。以5人为一小组，选定若干个便于争论的话题，然后5人中的一人分别轮流做立论人，用1~2分钟时间陈述完自己观点后接受小组中其他四人的轮流进攻。每5分钟轮换一位同学。

训练提示：立论人始终要维护自己的观点，不要因为对方人数多就对自己的观点动摇，哪怕强词夺理也要坚持自己最初的立场。注意论争过程中不要打断别人发言，注意语速和吐字清晰。

训练要求3：多人对多人对抗论争训练。教师选定一个同学们关心或熟悉的便于论争的话题，然后按照所赞同的观点分为两个对抗的阵营，进行群体之间的抗争。抗争过程中，如果改变最初的观点，可以改变立场到对方的阵营中。看最后哪方剩下的人数多。每场论争训练时间为15分钟。

训练提示：因为双方之间人数较多，在论争过程中要注意风度和语音。不要高声大气，也不要指手画脚，进行人身攻击。要以理服人。同样对方发言时不要无理打断。

训练情境4 快速辩驳训练。

训练要求：请在1分钟之内对下面的话作出有说服力的驳斥。

有个不怀好意的人对你说："你爷爷给地主做了一辈子的放牛郎，你爸爸脸朝黄土背朝天地刨了一辈子土坷垃，我看你学习这么差，也会像你爷爷爸爸一样穷困一辈子。"

一位同学用小刀在课桌上刻字，你去制止，他说："这桌子又不是你家的，关你什么事？"

一位同学向你借了一个本子，用来做数学草稿纸。一周后这位同学把已用完的本子还给你，你问为什么，他说："老师说过借别人的东西要归还的。"

《阿凡达》热映。一位时尚青年对他在影院工作的朋友说："你真不够朋友。""我怎么啦？"朋友问。时尚青年说："你在影院工作，完全有可能给我弄几张免费的电影票，何况《阿凡达》票这么难买，这么贵，但你从来没有过。"

一个药剂师走进一家书店，从书架上拿起一本书问营业员："这本书好看吗？""不好意思，没读过。"营业员回答。"你怎么可以卖自己没读过的书呢？"药剂师很生气。

训练提示：要求能针锋相对，顺着对方的逻辑方式，给予直接反驳。

⚉⚉⚉训练任务3　合作能力训练

团队合作能力指一群有能力、有信念的人在特定的团队中，为了一个共同的目标相互支持、奋斗的能力。俗话说"一个篱笆三个桩，一个好汉三个帮"，只有团队合作，整体的力量才能得到巨大的发挥。辩论赛是团体作战，如果辩手之间缺乏合作的精神，一心只想着在辩论场上展现自己的辩才，而忘了队员之间对己方观点的维护，那么就很容易让对方抓住己方较弱辩手的不足而陷入困境。因此，在平时的团队训练中就要克服竞争心理作祟和个人英雄主义，让自己的队伍成为一个坚不可摧的整体。

3.1 范例

情境再现：

生活在海边的人常常会看到这样一种有趣的现象：几只螃蟹从海里游到岸边，其中一只也许是想到岸上体验一下水族以外世界的生活滋味，只见它努力地往堤岸上爬，可无论它怎样执著、坚毅，却始终爬不到岸上去。这倒不是因为这只螃蟹不会选择路线，也不是因为它动作笨拙，而是它的同伴们不容许它爬上去。你看每当那只企图爬离水面的螃蟹就要爬上堤岸的时候，别的螃蟹就会争相拖住它的后腿，把它重新拖回到海里。人们也偶尔会看到一些爬上岸的海螃蟹，但不用说，它们一定是单独行动才上来的。

在南美洲的草原上，有一种动物却演绎出迥然不同的故事：酷热的天气，山坡上的草丛突然起火，无数蚂蚁被熊熊大火逼得节节后退，火的包围圈越来越小，渐渐地蚂蚁似乎无路可走。然而，就在这时出人意料的事发生了：蚂蚁们迅速聚拢起来，紧紧地抱成一团，很快就滚成一个黑乎乎的大蚁球，蚁球滚动着冲向火海。尽管蚁球很快就被烧成了火球，在噼噼啪啪的响声中，一些居于火球外围的蚂蚁被烧死了，但更多的蚂蚁却绝处逢生。

范例评析：

"万众一心，其力断金"，团结合作不仅可以摆脱个人势单力薄的局面，而且可以壮大集体的力量，有助于在逆境中走出困境，求得生存或者谋求更好的发展。上例中螃蟹由于内讧、相互扯后腿，即使有着执着的信念和坚毅果敢的力量也没办法爬到岸上去；而南美洲的蚂蚁面对熊熊火势，却团结一心，以极小的代价换来了蚁族的生存延续。辩论场上也是一样，辩手们只有通过合作，培养默契的配合，才能劲往一处使，从而使自己的团队无论是在辩驳能力上还是气势上都能战胜对方。请记住：当你在辩论赛场上时，你不是一个人在战斗。

3.2 训练

我们每个人都生活在社会这个大家庭中。即使你个人的能力再强再大，也难免有时会处于困境之中，这就需要我们有团队的合作。辩论赛更是由多位选手共同合作以赢得比赛胜利的智力游戏，更需要每位选手之间的互相配合。

训练情境1　合作防守训练。

训练要求：辩论的双方分为单方练习或者对抗练习，单方练习的时候由辩论小组成员提出一个观点，然后由其他成员针对观点或论据的漏洞或者其他不完善的地方随即进行补充，第二位成员补充解释完毕后，接着由第三位成员在第二位成员的基础上进行深入的补充，依此循环类推。对抗性练习的时候，当己方提出的观点遭到对方的质问时，不由己方被提问队员作答，而换由己方的其他成员作答。本训练旨在提高辩论时双方各自的合作防守能力。

训练提示：单方训练时要强调及时性、合理性、协调性、整体性原则，即小组成员提出观点之后，另外一位成员要在他观点的基础上进一步完善补充，保持观点的一致、合理、整体的统一。对抗训练时要强调防守反攻的及时性、队员回答时的互补性。

训练情境2　传卡片、就近分组合作训练。

训练要求：每八人为一大组，分成正反双方各四人进行自由辩论环节阶段4分钟的对抗论争训练。要求每组都要准备一些小卡片，以备辩论时及时写下辩词进行传递，并对正反双方四位同学再就近分成两人一组。自由辩论开始后，双方的每一位队员不能连续站起来反驳，而应该每位队员轮流进行辩驳。如果出现哪位同学一时提不出问题或者无法回答对方的问题，则己方的队员应赶快把写着你的回答思路的小卡片传递过去，让这位队员可以得到启发及时作答。当双方各用时还剩1分半钟时，每位己方队员要有意识地把手中写下辩词或观点或对方失误之处的小卡片集中到训练开始前指定的四辩手中，让四辩有时间进行准备总结陈词。

训练提示：辩论过程中有意识地及时就近传递写有你的辩词和现场记下的思维火花的小卡片可以使己方队员能及时有效地进行驳辩，避免己方因为哪一位同学特别强或特别弱而显得四位选手发言不平均。本训练旨在培养团队合作意识，加强团队合作能力。

训练情境3　头脑风暴训练。

训练要求：每四位同学组成一个团队，老师给出要讨论的题目，然后团队成员轮流给出一个解决的方案，最后看哪个小组得到的解决方案最多。

训练提示：本训练方法追求数量，欢迎同学们发散思维，随心所欲，把你知道的、记忆中的和辩题有关的观点、疑惑、例子全部列出来，要努力想、尽力想，直到头快要"爆"为止。鼓励组合和完善观点，过程中不能有批评，然后把所有的观点写下来。这个训练方法既可以启发创新思维，增强团队的亲和力和相互信任，同时还可以在最短时间内从一个团队中得到一个问题大量的解决方案。

训练情境4　应激应答训练。

实例1　英国诗人乔治·莫瑞是一位木匠的儿子，他颇受当时英国上层社会的尊重。他从不隐讳自己的出身，这在当时的英国社会是很少见的。一天，一个纨绔子弟与他在一处沙龙相遇，嫉妒异常，欲中伤诗人，便高声问道："对不起，请问阁下的父亲是不是木匠？"

诗人回答："是的。"

纨绔子弟说："那你的父亲为什么没有把你培养成为木匠？"

如果你是诗人，你会如何作答？

实例2　有一位国外记者采访著名作家梁晓声："没有'文化大革命'就产生不了像您这样的一代中青年作家，那么，在您看来，'文化大革命'是好还是坏呢？"如果你是梁晓声，你会如何作答？

实例3　一位喜欢刺探别人隐私的人问已是大龄"剩女"的你："你的条件也不比我差，干嘛还不结婚呢？是看破红尘，还是有其他迫不得已的苦衷呢？"

训练要求：对上述材料进行应激训练，避免掉进对方话语"陷阱"，请给出漂亮的应答。

训练提示：这些问题如果直接作答，都会使自己陷入一种被动。回答时可以借对方的语言、方法、手段来借力打力。

【考核与评价】

考核内容：

1. 请指出下列句子为什么会有歧义。

（1）房门没有锁。

（2）孩子脾气不好。

（3）战士们在楼上发现了敌人。

（4）这份报告我写不好。

（5）她是去年生的孩子。

（6）这种东西不大好吃。

（7）他在岸边钓鱼，一边坐着一个小孩儿。

（8）躺在床上没多久，我就想起来了。

（9）获劳模称号的李厂长的爱人来了。

（10）这次考试，他平均每门功课都在 80 分以上。

（11）我想起来了。

2. 指出下列辩题的核心。

（1）高中该不该取消文理分科？

（2）社会网吧该不该取缔？

（3）中国楼市到底有没有泡沫？

（4）火车票实名制究竟好不好？

（5）大学生下乡是否有出路？

3. 以下是一些网络语言，请快速指出其中的不合理之处。

（1）作为失败的典型，你实在是太成功了。

（2）我真想让全世界的人都知道我低调。

（3）始终没有沦为一个优秀的大学生，靠的就是坚强的品质！

（4）我发誓再也不发誓！

（5）就算是 believe，中间也藏着一个 lie。

4. 对下面的话语，你该怎么应答？

（1）女：你是不是拿我当外人？

　　　男：没有。

　　　女：那你拿我当内人了吗？

　　　男：……

（2）老师对你说："考不上大学，对你和大学都是一种幸福。"

　　　你说：……

（3）"科尔先生死了，你去参加他的葬礼吗？"

　　　"我为什么去参加，他将来会参加我的葬礼吗？"

　　　……

5. 组织一场班级三对三或四对四的辩论赛。三对三辩论赛可以分组进行，每个同学都有机会参与一展辩才；四对四辩论赛则可在班级中选出实力较强的八位同学组成正反双方，就一些社会热点问题展开论辩。主持人和评委也由同学们自己担任，赛后由学生评委进行点评，老师最后进行比赛总结。

◆学生自评

1. 通过本项目的训练，你对辩论有了更全面的了解吗？你的辩论能力是否有所提高？

2. 你参加学校组织的各种辩论赛了吗？你的表现如何？有没有想过自己也可以成为最佳辩手？

3. 在今后的做事中，你是不是更注重团体的合作？

拓展学习

1. 杨桂华：《辩论赛指南》，山西教育出版社 1996 年版。

2. 刘晖、张彩霞、阎琦编著：《完美口才训练教程》，电子工业出版社 2009 年版。

3. 曾振华、刘许奇：《实用口才特训》，广东经济出版社 2008 年版。

4. 华语辩论网，http://www.bianlun.net/相关栏目。

5. 争鸣口才网，http://www.zmkc.com 相关栏目。

6. 中国法律知识网，http://www.law-info.cn/相关栏目。

训练项目十三　口才综合训练

【训练目标】

本项目是掌握专项训练项目应具有的能力后的提升训练，通过训练明确在不同对象、不同场合、不同情境下，能运用不同的表达方式去讲话、演讲、辩论，更为有效地达到表达目的。

【训练内容】

即兴讲话训练、即兴演讲训练、即兴辩论训练。

【知识储备】

一、即兴讲话技巧

讲话是人们日常生活中最基本、最常见的一种言语表达形式，它的主要作用是交流信息、沟通情感、协调关系、商议合作等。相对来说，生活中的语言表达以即兴为多。如朋友间滔滔不绝的谈吐，酒席上要言不繁的祝辞，谈判时有条不紊的应对等。有时不可能拿着稿子去念。如果不了解即兴讲话的基本原理，遇事则会脑门充血，无言以对，颠三倒四，哼哼唧唧。

即兴讲话，也叫即席说话。即兴讲话者事先未作准备，是临场因时而发、因事而发、因景而发、因情而发的一种语言表达方式。因此，话虽然人人都能讲，但并非人人都讲得好，如何讲得清晰、准确、明了且富有艺术，需要我们遵循即兴讲话的一些基本原理，掌握一定的技巧。

1. 以听者为主体。以听者为主体，是指要把听者的需要、听者的接受能力作为讲话者运用技巧的出发点。在讲话的态度上、话题选择上、表述角度上、遣词造句上，都要以对方能接受、愿接受为前提，决不能逾越听者的思想、感情、知识范围，违反了这一原则，讲话就会陷入"以自我为中心"的状态中，导致"说"和"听"不能畅通。因此，要达到良好的讲话效果，应忠实于听者。

2. 切合对象，因人而异。生活中我们随会遇到不同年龄、身份、文化层次、性格心理各不相同的交流对象，他们接受言语信息的能力要求各不相同，要达到最佳的讲话效果，一定要对不同的交流对象进行分析研究，寻找恰当的方式。因此，应"见什么人说什么话"。

3. 区分场合，把握时机。与书面语不同，口语的使用有一定的现实语言环境，这包括讲话双方都在一个特定的时间、地点及周围特定的人物关系中说话。场合和时机是决定讲话效果的重要因素，特定的话题只能在特定的场合下说。因此选择场合要注意两点：①选择对自己有利的地点；②选择与话题性质相吻合的场合。时机是语言环境因素中的另一个重要因素，一个讲话者无论内容如何精彩，时机掌握不好，也是无法达到目的的。把握时机应当注意：在进行劝说时，注意双方感情和认识差距不能过大；批评建议应选择在对方心境平和时；对一些可预见发生的情况，应当"有言在先"；具有结论性分量的话，留在最后才说。

4. 把握主题，表达清晰。主题是即兴讲话最重要、最关键的内容，是整个表达的根本依据。讲话时每一层次、每一段落、每一句子、每一个词都反映着一个意思，这些意思都要统帅于主题之下。因此，即兴讲话要寻找触点，临场发挥，及时提炼新颖而典型的主题。讲话人应迅速分析此次讲话要达到的目的，从而围绕目的选择最恰当的方式和语句，准确快捷地将信息传输给对方。因而，主题要中心突出、条理分明、用语简洁。

5. 讲究幽默，着意情趣。幽默是一种充满机智而饶有兴味的语言特征，它蕴含着耐人寻味的丰富内容，出于人们的意料之外却又在情理之中。它在即兴讲话过程中常发挥着令人意想不到的效果。如果说哲理语言以严肃、深刻、庄重、冷的美引人思索、令人折服，那么幽默语言则是以风趣、含蓄、轻松、热的美耐人咀嚼，令人回味。幽默的方法多样化，有对比、夸张、转移、联想、双关、顺言反弹等，在此就不一一介绍。

二、即兴演讲技巧

所谓即兴演讲，就是在特定的时境和主题的诱发下，自发或被要求立即进行的当众讲话，是一种不凭借文稿来表情达意的口语交际活动。一般分为两大类型，一种是命题式即兴演讲，另一种是生活场景式即兴演讲。即兴演讲既是演讲中的快餐，也是演讲中的精品。即兴演讲的能力，实际上是一种交际的能力，它可以使生活中的你神采飞扬，助你事业成功、人际和谐、精神愉快、生活幸福。它最突出的特点有两个：①演讲者事先未作准备，处于一定时境，感事、感人、感情、感景，而且随想随说，可长可短，有感而发。②被广泛应用在人们的交际中。随着经济的发展，交往范围的扩大，民众演讲水平的提高，即兴演讲会逐渐成为一种广泛应用的演讲形式。集会、讨论、访问、会谈、参观、婚贺丧吊、宴会祝酒、答记者问、迎送致辞等都要用到即兴演讲这种形式。可见掌握即兴演讲的临场方法和技巧的重要性。

1. 卡耐基的"魔术公式"。这是美国著名演讲理论家卡耐基博采众家之长寻求到的演讲方法。其要点包括：①尚未涉及演讲核心之前，先举一个具体的实例，通过这个实例，把你想让听众知道的事透露出来；②用明确的语言，叙述主旨、要点；③说明理由，进行分析，采取集中攻破的方式来处理。卡耐基认为，这是"讲求速度的现代最佳演讲法"，能适合于各类演讲，特别适合于即兴演讲。

2. 理查德的"结构精选模式"。美国公共演讲专家理查德认为，即兴演讲应记住以下几句话，它是各个层次的提示信号：

喂，请注意！（开头就激起听众兴趣）

为什么要费口舌？（强调指出演讲的重要性）

举例子。（用具体事例形象地将一个个论点印入听众的脑海里）

怎么办？（具体讲清楚大家该做些什么）

这几句话，构成了整篇演讲的框架，同时又是演讲者思路的提示。

3. 逆向思维模式。一般地说，演讲都很讲究开头，即所谓"响开头，曲主题，蓄结尾"。然而即兴演讲有一定的特殊性，尤其是毫无准备的即兴演讲。当演讲者突然站起来的时候，气氛一般都比较热烈，听众的情绪正处于"热点"中。如果这时演讲的开头也很响亮，以"热点"对"热点"，反而效果不好，而且很难坚持下去。有经验的演讲者，常常利用听众的这个"热点"，对开头作个冷处理，形成逆向思维，使演讲呈现出一个"淡开头、趣主题、响结尾"的格局。听众的情绪由"热"转冷，又逐渐升温，最后呈现出热烈的气氛，从而获得完美的效果。

4. 连缀法。先选定几个基本观点，按照各点之间的内在联系，或并列连缀，或纵横连缀，或对比连缀。这种演讲方式，逻辑严密，重点突出，而且还有一定

的气势。

三、即兴辩论技巧

辩论口才也称为交锋口才，是指对峙或分歧双方为捍卫自己的立场、观点所运用的语言技巧。使用这种口才的双方，其思想意识、情感意志，都处于交锋状态，其表现形式不外乎为进攻、防守和对抗。无论是生活工作中所遇到的问题，还是在有备而来的辩论赛中所要解决的问题，辩论从发生到发展再到完成都有很多临时因素在发挥着作用，因而常以即兴的形态表现出来。认真学习掌握辩论技巧，使它能从激化到转化，再达到同化是辩论现实效用的最佳境界。

1. 击中要害。俗话说得好，打蛇要打七寸，就是说只有抓住了要点，攻击才能见效。辩论中，一定要在听清楚对方的观点后，抓住对方观点中的要害问题，一攻到底，从理论上彻底地击败对方。

2. 利用矛盾。在辩论过程中出现观点的矛盾是不可避免的，即使是同一个人，在辩论中，也往往会出现自相矛盾的现象。一旦出现这样的情况，就应当马上抓住，竭力扩大对方的矛盾，扩大对方的观点裂痕，迫使对方陷入窘境。使之自顾不暇，无力进攻自己。"以子之矛，攻子之盾"，使之于急切之中，理屈词穷，无言以对。

3. 引蛇出洞。在辩论中，如果正面进攻效果较差时。可以采取迂回的方法，从看来并不重要的问题入手，诱使对方乱说或者乱答，在对方的观点上找到了一个缺口后，立即进行猛烈进攻，瓦解对方的坚固防线，从而沉重打击对方。

4. 李代桃僵。在辩论中，如果自己的观点或证据有些不是强有力，可以充分运用"李代桃僵"的战术。所谓李代桃僵，就是在和对方辩论中使用模糊概念与对方周旋，把自己某些说不清楚或者模棱两可的观点隐蔽起来，使之不直接受到对方的攻击。

【训练任务】

在日常生活和工作中，我们会遇到身份地位、性格心理、文化层次、兴趣爱好等截然不同的沟通对象；也需要在不同场合、特定的场景中去解决各类问题。面对不同交流对象，如何运用不同的言语方式来完成特定的交际目的或工作任务就至关重要。为此，我们必须进行即兴讲话训练、即兴演讲训练和即兴辩论训练，使我们能如愿以偿的达到交往目的，完成工作任务。

训练任务1　即兴讲话训练

讲话是人们工作生活中最基本的表达方式，良好的谈吐可以助人成功，蹩脚的谈吐可能令人万劫不复。在我们的生活工作中，有的人口若悬河、妙语连珠，有的人期期艾艾、不知所云，有的人谈吐隽永、满座生风，有的人语言干瘪、意兴阑珊。通过即兴讲话训练，能做到即兴而发、灵活多变、语言精练、达意为上，恰当巧妙地与他人进行成功交往。

1.1 范例

情境再现：

在我国著名的古典小说《三国演义》第四十三回中写到：曹操已基本削平北方群雄，又占领了荆州，势力空前强大，带领着"马步水兵共八十三万，诈称一百万"，水路并进，船骑两行，沿江而来，准备扫平江南，统一各国。在这危急的情况下，力量较小的东吴孙权、荆州刘备准备结盟抗曹。但东吴内部却分主战派和主和派，孙权为此举棋不定。于是刘备派诸葛亮前往柴桑郡说服孙权。一到孙权幕下，诸葛亮先对在场的"一班文武二十余人"各问姓名，逐一相见。张昭首先说道："最近听说刘备先生三顾草庐，幸得了你。但刘备虽如鱼得水，可以迅速扩展荆州一带的地盘，然而今天却连荆州也归了曹操，不知里面有什么计谋？"诸葛亮答道："我看收复汉上之地易如反掌。我主刘备讲仁义，不忍夺同宗的基业，所以竭力推让了。但刘琮这个小子听信妄言，竟暗中投降，才使曹操得以猖獗。现我主驻兵在江夏，自有巧妙的计策，这不是那些平庸的人所能了解的。"另一个主降派虞翻听诸葛亮对孙权说"曹操不过是收袁绍蚁聚之兵，劫刘表乌合之众，虽数百万不足惧"时，挖苦地说："蜀军战败于当阳，计穷于夏口，已处于等人来救的窘境，犹言不惧，此真大言欺人也！"诸葛亮反驳说道："刘备只有数千仁义之师，那里能抵挡百万凶残的敌军呢？退守夏口，是等待时机。但当今东吴兵精粮足，况且依傍着长江之险，还有人想让他们的君主投降，甚至不顾天下人耻笑。由此看来，刘备倒真是不畏惧曹贼呢。"接着，郁林太守陆绩出场了。此人更加狂妄，他对诸葛亮轻蔑地说道："刘备虽云中山靖王后裔，却没有什么记载可查考。人们只知他是织席卖草鞋的庸人，又怎么能与曹操相抗衡？"面对这种卑俗的人身攻击，诸葛亮也毫不客气，他先笑笑地刺了对方一下，说："你陆绩不是原在袁术部下的吗？好好坐下来听我说吧。刘备是堂堂帝胄，当今皇帝是按谱赐爵的，怎么说无可稽考！况且汉高祖出身也不过是小小的亭长，最后却得了天下；那么织席卖草鞋又有什么耻辱。你说的都是小人之见，不配与有学问的人一起交谈。"这就是史上诸葛亮舌战群儒的故事。

范例评析：

在"舌战群儒"这段故事中，诸葛亮表现出了因人而异的极高讲话策略。面对辅助孙权的重要谋臣且有一定学识和修养的张昭，诸葛亮采用了冷静的分析，谆谆诱导的办法，但也不排除在保存对方面子的情况下，用绵里藏针的方法进行必要的回击；对待地位较低而气焰嚣张的虞翻，诸葛亮采用了针锋相对的对策以打击对方的气焰；而对待狂妄自大的陆绩，诸葛亮的话语锋芒毕露，用轻蔑对付轻蔑，毫不留情。

1.2 训练

即兴讲话训练不仅要求我们做到目的明确、条理分明，还要求我们必须去揣摩听者的心理，并善于用轻松幽默的言语化解矛盾，解决问题。

训练情境1　某人在一陌生的城市向一市民问路，市民指着前方说到："从这里往西走，然后向北拐，再往西走就到了。"虽然话语简洁，但问者依然没有明白。假如你是城市市民，怎样回答问者才能让他清楚明白并迅速找到目的地？

训练要求：抓住事物特征，给东西南北限定一个明确的界限。

训练提示：遵循听者主体原则。要从问话者的情况出发，假定问话者从没来过此地，介绍按照空间顺序，由近及远，尽量勾勒一幅详细的图画。

训练情境2　商场化妆品专柜来了一位怒气冲冲的女士，其面部有明显的红肿现象。她对销售人员进行了一番责难后，提出了不近情理的赔偿要求。此时与她讲话最应该注意哪一点才有利于问题的最后解决？

训练要求：要求通过你的一番讲话，女士能平息愤怒，心平气和地把事情原由说出来，为化解矛盾作好铺垫。

训练提示：即兴讲话的特点之一是听说并行、相互制约。此时耐心静听是消除矛盾的法宝。在对方盛怒的发泄、质问和挖苦下，我们不妨让她尽情宣泄，一吐为快，先容下她心中的不平，再伺机说服她。切不可在言辞上与之同样怒气冲天地"刀来剑往"，一决雌雄。

训练情境3　约翰当上市长之后，有一天和妻子兰茜视察一处建筑工地。一个头戴安全帽的工人冲他们喊道："兰茜，你还记得我吗？读高中时我们常约会呢？"事后约翰揶揄兰茜："你嫁给我算你运气好，否则你本该是建筑工人的老婆而不是市长夫人。"请你为兰茜设计一回答。

训练要求：要求这一回答既能反击市长丈夫的揶揄，又能产生幽默效果。

训练提示：可以考虑幽默技法中的顺延反弹法。

🔘🔘🔘训练任务2　即兴演讲训练

演讲是一种艺术化的言语表达方式，和一般的讲话相比，它具有内容的现实性，形式的艺术性，效果的鼓动性。即兴演讲训练的目的是更好地提高受训者的临场应对能力和语言感染力，使他（她）的思想、观点、立场和情感得到他人的认同理解，并通过成功的演讲给听众以深刻的启迪，同时还可全面提升个人形象。具备良好的演讲才干，是当今社会走上职场成功之路的重要条件。

2.1 范例

情境再现：

> 某高校举办了歌颂党的音乐会，其中一个班 3 名同学获奖。接着又要组织部分同学参加全市纪念"一二·九"运动歌咏比赛。为动员同学参赛，这个班的党支部书记做了如下的即席演讲：
>
> 昨天上午的这个时间，我们曾在这里预祝我们班参赛的同学取得成功。昨晚，他们果然不负众望，把一、二、三等奖都给捧了回来……
>
> 同学们，有人问球王贝利："你最漂亮的球是哪一个？"球王回答："下一个。"又有人问导演谢晋："你最好的影片是哪一部？"谢晋回答："下一部。"那么，我们班最漂亮的"球"、最好的"影片"是不是也可以说是："下一个"，"下一部"？如果可以这样回答，那么我们的下一个"球"、下一部"影片"是什么呢？
>
> 是参与。参与学院组织的全市高校纪念"一二·九"运动歌咏比赛并取得更好的成绩。

范例评析：

这种演讲方式是典型的"淡开头、趣主体、响结尾"形式。层层递进，渐入高潮。越往后越精彩，最后点题。

2.2 训练

即兴演讲是一个人在工作生活中彰显个人能力和魅力的有效手段。即兴演讲的训练要求是使演讲者能即情、即景、即人地阐述观点，抒发情感，以影响和打动听众。

训练情境 1 公司即将公开竞聘选拔副总，方式为现场抽题发表即兴命题演讲，请问作为参与者并想获得良好的效果，你应该做好哪些准备？

训练要求： 要求从腹稿的准备到演讲状态的准备都要达到较高水平，重在体现角色意识。体现角色意识应注意三点：①摆正角色：我是竞聘者；②凸显角色：我是能干者；③亮出本色：我是领导者。

训练提示： 可从眼前的人、事、物、景讲起，引发主题。

训练情境 2 在公司十周年庆典上，你被公司领导对公司十年辉煌成就的描述所打动，主动请缨作为员工代表在庆典上发表即兴演讲，请为自己设计一次精彩的庆典演说。

训练要求： 要求演讲的内容主要围绕公司十年来取得的成就和作为员工的"报厂之志"。

训练提示： 语言风格应突出喜庆色彩和强化责任意识。

训练情境 3 旅行途中，路遇一辆大客车发生了严重的交通事故，所乘车辆乘客对于要不要停车救人有些犹豫。时间就是生命，你是一名随车出行的警察，危难之际，请你发表即兴演讲号召大家积极行动起来挽救伤员的危亡。

训练要求：真情实感，打动听众。要求让听者产生强烈的情感体验，从"心动到行动"。

训练提示：演讲中要去细化具体的人和事件，做到以情动人。并在演讲中充分体现人民警察的社会责任感，以此激发起乘客的信任感、社会责任感。

训练任务3　即兴辩论训练

辩论是指人们因对同一事物持相互对立的立场，从而展开争论的过程。它包含"开始—展开—终结"的完整过程，是一个由一系列论述、反驳和辩护组成的争论过程。这个过程有时表现为辩论双方对问题进行商榷、求同存异、最终达成一致的过程；有时又是批驳谬误、探求真理的过程；有时则是针锋相对、捍卫正当权益的过程。辩论的逻辑与语言技巧非常丰富，既有处处占先的进攻战术，又有后发制人的防守技巧，还有灵活机智的反诡辩术等。只要认真努力，通过训练就能提高辩论能力，进而帮助受训者成为家庭里受爱戴的成员，社会上受欢迎的人才，事业上受尊敬的强者。中国古人曾说："一人之辩重于九鼎之宝，三寸之舌强于百万之师。"可见，辩论对一个人的成功是何等重要。

3.1 范例

情境再现：

原加拿大外交官切斯特·朗宁1893年出生在中国湖北的襄樊，他是喝中国奶妈的乳汁长大的，后随其父母回国。他在事业上颇有抱负，30岁时参加竞选省议会议员。当时，反对派挖空心思搜集材料对他进行诽谤、诋毁。

有一次，反对派抓住他出生在中国这一事实大做文章。指责他道："你是喝中国人的奶长大的，你身上一定有中国血统。"他们以为这发"重型炮弹"足以把朗宁击垮。

朗宁面对挑战坦然回答道："你们是喝牛奶长大的，你们身上一定有牛的血统！"他的话音一落，听众立即报以热烈的掌声，反对派被驳得面红耳赤，一败涂地。

这次竞选，朗宁最终获胜。

范例评析：

在辩论交锋中，诡辩无论其前提、推理、还是结论，都是有着虚假的成分，而一旦摆出事实，或以对方的谬误来推断出更大的谬误，诡辩往往不攻自破。在这场论辩中，朗宁先假设对方"喝什么奶就会有什么血统"这一观点成立，并按照他们的逻辑得出"喝牛奶就会有牛的血统"这一结论。冷嘲热讽，具有无可辩驳的气势和力量，辛辣有力，极富幽默感。既使反对派无言以对，又赢得了听众的支持。

3.2 训练

论辩需严谨的思维能力、敏锐的观察能力和流畅的表达能力。即兴论辩在我们的生活工作中无处不在，需要我们在平时循序渐进地训练提高。

训练情境1　某路人经过一富人家的大门，路人对着大门吐了一口痰，正巧被富人看见，富人责怪路人道："为什么你对着我家大门吐痰？"路人反驳道："你家大门为什么对着我的嘴巴？"富人发觉说服不了对方，更为恼火："我家大门早就开好了。"谁知那路人毫不示弱："请你也搞搞清楚，我的嘴也早就生好了！"富人气得张口结舌，两人矛盾逐步升级……

训练要求：角色扮演，要求进行驳论训练，反驳对方要有理有据，控制情绪。

训练提示：辩论取胜的先决条件是驳倒对方观点，然后才有可能树立自己的观点。所谓不"破"不"立"，"破"字当头，"立"也就在其中就是这个意思。

训练情境2　辩论赛中，围绕"美是客观存在还是主观感受"双方展开了激烈论争。这时，正方女辩手出其不意地提出了一个令反方选手棘手的问题："请问对方三辩，我美不美？"如果你是反方，将怎样应对？

训练要求：要求在回答对方提出的问题时，既给对方足够的面子，又不能"为对方说话"。

训练提示：可采用攻心战术，借对方问话有力地证明自己的观点。

训练情境3　在题为"人性是否本善"的辩论中，正方选手用有人"放下屠刀、立地成佛"的事实来说明人性本善，你怎样抓住这句话进行有力反驳？

训练要求：要求反驳中要击中要害，动摇对方的根基。

训练提示：辩论双方立论，都有自己的核心支柱，向对方进攻时，要抓住有利时机，不能只伤皮毛，而应层层深入，步步递进。

【考核与评价】

考核内容：

1. 你认为自己当众讲话紧张的主要原因是什么？

2. 请归纳与不同年龄、不同身份、不同性格、不同文化层次的人讲话的主要技巧。

3. 命题演讲和即兴演讲主要区别何在？

4. 分析下面演讲稿的写作特色，为其设计 3~5 个适宜的态势语言，在此基础上，注意发声与节奏，声情并茂地演讲。

面对台湾地图

尊敬的各位领导、各位来宾：

大家好！

过去，面对世界地图，我首先看到的是中国，这个破晓的雄鸡，这条腾飞的巨龙；如今，面对中国地图，我更多地是想到台湾，这颗璀璨的明珠。

面对中国地图，我想到隔海相望一衣带水的台湾与大陆，我想到了骨肉相连、血浓于水的炎黄子孙，我想到了归心似箭的游子和望穿秋水的母亲，还有那36 000平方公里未统一的土地，还有那2100万双盼归的眼睛，还有那一颗颗随祖国命运一起跳动的爱国之心。

面对台湾地图，我想起了日月潭的凉亭，我想起了鹅銮鼻上的灯塔，我想起了赤嵌楼上的鲜血，还有那"走在乡间的小路上"和"外婆的澎湖湾"，还有那"冬季到台北来看雨……"多少次梦里神游，然而醒来后，一湾海峡仍横在我的面前。

面对台湾地图，我想起了宝岛沧桑的岁月，我想起了台湾屈辱的历史，我想起了它多灾多难、不堪回首的往事。历史不会忘记，1624年荷兰殖民者肮脏的脚印；历史不会忘记，1895年日本强盗的血腥统治……往事不堪回首，一道无形的鸿沟挡住了两岸的脚步。

面对台湾地图，我想起了1997年7月1日香港升起的紫荆花区旗，我想起了1999年12月20日澳门升起的莲花区旗，我也想起了1997年春节联欢晚会那令人难忘的一瞬——取自长江、香江、日月潭的水合而为一。世界潮流，浩浩荡荡，顺之者昌，逆之者亡，两岸统一，大势所趋，人心所向。

台湾自古以来就是中国的领土。三国时期吴国大将在这里播下友谊的种子，明朝末年的郑成功在这里洒下了英勇的鲜血，汪辜会谈在这里留下了佳话美谈。世界上只有一个中国，《中国台湾问题白皮书》的发表可以说明，全世界正义的人们的良心可以证明。

面对台湾地图，我看到历史在前进，民族在壮大，中华在崛起！邓小平提出的"一国两制"的构想是何等的英明！江泽民提出的"八条主张"是何等的英明！请听听人民的呼声吧！台湾诗人李一羽说："水是故乡甜，月是故乡明，都是中国人，谁无思乡情，归去来兮！"这一点是自欺欺人的"台独分子"们无法体味的。听吧！国民党元老于右任临终前写的诗："葬我于高山之上兮，望我大陆。大陆不可见兮，只有痛苦！葬我于高山之上兮，望我故乡。故乡不可见兮，永不能忘！"

面对台湾地图，我想起了郭沫若的《天上的街市》——"那浅浅的天河定然是不甚宽广／那隔着河的牛郎织女定能够骑着牛儿来往……"我也敢大胆的预言："那浅浅的海峡定然是不甚宽广，那隔海相望的同胞定能骨肉团聚。"

谢谢大家！

◆学生自评

1. 遇到初次见面的人，你是否善于打开话题？

2. 与人交流过程中是否善于调动对方的说话情绪？

3. 正式场合讲话是否能有效控制紧张心理？

4. 检查自己在演讲过程中能否做到声情并茂？

5. 辩论中是否能不带个人情绪并条理清晰？

拓展学习

1. 方位津编著：《跟我学口才——实用口才训练教程》，首都经济贸易大学出版社 2004 年版。

2. 林华章主编：《应用口才教程》，法律出版社 1996 年版。

3. 李国英主编：《口语表达艺术》，辽宁大学出版社 2005 年版。

4. 唐树芝主编：《口才与演讲》，高等教育出版社 2004 年版。

5. 孙海燕、刘伯奎编著：《口才训练十五讲》，北京大学出版社 2004 年版。

6. 刘晖、张彩霞、阎琦编著：《完美口才训练教程》，电子工业出版社 2008 年版。

第二部分　职业口才

学习单元五   法律口才训练

训练项目十四   法律宣读口才训练

【训练目标】

通过本项目的训练，了解法律宣读口才的基本类型和特点；掌握法律宣读的要求；做好相关司法宣读和法制宣传教育讲解工作。

【训练内容】

司法宣读训练，法制宣传教育讲解训练。

【知识储备】

一、法律宣读口才的类型

法律宣读口才包括司法宣读口才和法制宣传教育讲解口才两大部分。狭义上的司法宣读是指司法人员对司法机关制作的、依法应当在特定的时间和场合转换成有声语言形态的法律文书和文件，当众或者向特定的对象，照文朗声宣读的一种司法口头言语形式。在司法实践中，司法宣读主要分为三类：裁判性宣读、程序性宣读、工作性宣读。广义的司法宣读还包括其他法律工作人员对相关法律文书和文件的宣读。法律职业辅助人员、执法人员及基层司法行政工作人员涉及的一般是程序性宣读、工作性宣读和法制宣传教育讲解。

二、法律宣读口才的特征

照文朗声宣读是法律工作人员在司法、执法、普法口头言语活动中的一项最基本的表达形式，具有以下特征：

1. 单向性。宣读是对某种具体的司法、执法及普法意志的口头传达，它的语流是单向的，即由司法人员、执法人员及普法人员单方面将某种具体的司法、执法及普法意志通过口头连续地、完整地传达给特定的受话对象后，这一法律言语活动便告结束，期间并没有语言的交流。宣读者只要求受话对象将所宣读的内容听完全、听清楚、听明白，不需要接受任何其他的信息反馈。宣读者单向传播的司法、执法及普法意志并非直接来源于自己的思维，一般只要照文宣读体现具体司法、执法及普法意志的书面语言，即法律文书和文件文书，这就是宣读的单向传达性特征。

2. 庄重性。法律宣读的内容一般都是政法机关的正式法律文书，均具有某种特殊的法律效力，为体现代表国家行使权力的权威性、严肃性，宣读的语气和语调必须自始至终保持庄重严肃，不允许让口语表达带有日常口语或者文学作品朗读的色彩。宣读既要求举止规范，以示法律实施之郑重；又要求居高临下，以树国家意志之威严。

3. 公开性。宣读不同于谈话言语形式的另一特征是它的公开性，这一特点与演讲相同。宣读依法必须公开。如司法文书的宣读一般都是在有具体特定对象之外的听众参加的公开的场合进行的，因此必须根据具体场合确定音量基调后朗声进行。即使在某些特殊情况下，聆听宣读的只有特定的具体对象本人，宣读也应体现其公开性特征，仍然应朗声进行。

4. 法定性。体现着各种不同的司法意志的司法文书的宣读，都是有着法律规定的特定时间、特定地点、特定对象。因此，各种司法文书的宣读，在具体要求上，也就必然存在一定的差异。宣读时必须把握好这种细微的差异，而不应把所有的司法文书都读成一个腔调。

三、法律宣读口才的要求

1. 熟悉原文、准确达意。在法律实践中，法律工作人员在特定时间、特定场合、向特定对象宣读相应的法律文书和文件之前，对原文应当有一个熟悉的过程，以了解原文的内容、对象和主旨，熟悉原文的字、词、句和行文风格。

2. 语音标准，吐字清晰。法律工作涉及的社会面广、社会影响大。因此，法律工作者在法律活动中应当使用国家规定的规范化语言，即使用普通话；依法需要使用少数民族语言的，应使用少数民族语言宣读。正式宣读时还应注意将每个字音咬准，做到吐字清晰，使宣读的对象听得清楚明白，能够准确无误地理解宣读语音所传载的语义内容。

3. 语调平稳，朗声有力。法律宣读需要表现出法律工作者刚直的气质、正义的情感，同时还要使在场的聆听者句句动心、字字可辩。因此，宣读者要以平稳、凝重的语调、以高出日常音量的声调朗声进行宣读，同时注意声音的力度才能体现出法律宣读的庄重和严肃。

4. 节奏分明，中速流畅。法律宣读一般以中等速度为基线，不宜过快，也不宜过慢，要注意停顿。停顿有语法停顿和强调停顿。语法停顿是表示段落和段落、句子和句子、意群和意群之间的逻辑关系的停顿，它由语义和语法所决定；强调停顿是语句中为强调某个词或为突出某种感情而运用的停顿，它由说话人的主观意志所决定。法律宣读强调连续性，不能读读停停，应节奏分明。唯有节奏分明，才能保持言语的清晰流畅。

【训练任务】

训练任务1　程序性宣读

　　程序性宣读是指法律工作人员在人民法院审理案件或人民调解委员会调解案件过程中，严格依照法定程序，当庭对各种诉讼或调解文书所作的宣读。程序性宣读包括宣读起诉书或申请书、证人证言、鉴定结论、勘验笔录、调解书等。

1.1 范例

情境再现：

在人民法院民事审判庭审理婚姻纠纷案件时宣读民事起诉书

审理法院及地点：银川市某某区人民法院民事审判庭第二法庭。

审判员：王立（独任审理）。

书记员：张婷。

原告及其代理人：章某，代理人为银川法政法律服务所法律工作者。

被告及其代理人：李某，代理人为银川公平法律服务所法律工作者。

审判员：现在进行法庭调查，请原告陈述诉讼请求及其事实与理由。

原告代理人：（宣读）

民事起诉书

原告：章某，女，1964 年出生，汉族，无职业，现住银川市某小区。

被告：李某，男，1964 年出生，汉族，个体，现住址同原告。

诉讼请求：

1. 坚决要求与被告离婚。

2. 婚生女阿美归原告监护抚养，由被告一次性给付抚养费 10 万元。

3. 夫妻共同财产（见清单）各分一半。

事实与理由：原告与被告于 1987 年经人介绍相识，1991 年结婚。婚后生一女阿美，1992 年 1 月 28 日出生，现就读于银川某中学。

与被告结婚初期感情尚可，结婚半年后，因性格原因及生活琐事双方经常吵架。原告多次遭到被告打骂。为此原告曾于 2004 年 11 月起诉离婚，经法院 2004 年 12 月调解结案。此后，原告与被告一直分居，加上以前分居的时间，已连续长达 42 个月，双方感情仍没有任何改善。

以上事实足以说明原被告夫妻感情确已破裂，夫妻关系名存实亡。维持这样的夫妻关系，双方都痛苦，对正在高中就读的孩子成长更不利。另外，被告多年来一直不负家庭责任。其从事个体饭店经营收入很高，但从未向家中交付，并有意隐瞒收入，而且其居住地点也不固定。婚姻存续期间尚且如此，如果离婚判决其分期给付子女抚养费，将会是一纸空文，根本无法执行。所以原告要求被告一次性给付抚养费。综上，依照我国《婚姻法》有关规定，特向人民法院提起诉讼，请求支持原告诉讼请求，以维护原告及其女儿的合法权益。

　　此致
银川市某区人民法院

　　附：共同财产清单1份及证据6份。

起诉人：章某

2006 年 8 月 1 日

范例评析：

在民事案件庭审开始的法庭调查阶段，原告方陈述诉讼请求及其事实理由和依据时，往往是以宣读民事起诉书的形式进行的。但由于庭审开始时，法官已核对过双方当事人及其代理人的身份等基本情况，因此，起诉书的首部和尾部内容就不用再宣读出来，只要从诉讼请求部分开始到理由依据说完就可以了。

1.2 训练

对民事起诉书进行宣读应注意文书诉讼请求、事实、理由依据三部分音量、语调上的变化。诉讼请求部分要读的响亮、清晰、缓慢；正文的事实部分速度可适当地稍快一些，读到叙述关键性情节之处，应注意配合运用强调、停顿和重音；读理由部分时，速度应当稍慢于事实部分。整体宣读过程要显得自信、流畅，期间要注意与法官及对方目光相视交流，不宜始终埋头平铺直叙地读，也不能声音过低。

训练情境1 　民事代理词宣读训练。

训练要求：练习宣读代理词。在宣读时体会掌握代理词的特点，正确把握文书在音量、语调上的的变化。

训练提示：宣读训练时宣读的音量、语调色彩、宣读速度、宣读文书的难易以及内容差异。

训练情境2 　证人证言、鉴定结论、勘验笔录宣读训练。

训练要求：练习宣读证人证言、鉴定结论、勘验笔录。在宣读时应注意体会掌握证人证言、鉴定结论、勘验笔录的特点，正确把握文书在音量、语调上的变化。

训练提示：宣读时要注意，由于证人证言、鉴定结论、勘验笔录在宣读前是未经庭审证实的证据材料，因此，宣读时应朴实、平稳，不带感情色彩。同时，证人证言、鉴定结论、勘验笔录是公诉人、辩护人、当事人、代理人交叉询问、当庭质证的主要依据之一，因此，宣读时应稍慢一点，关键处可适当强调或重复。

训练情境3 调解书宣读训练。

训练要求：练习宣读调解书。在宣读时应注意体会掌握调解书的特点，正确把握文书在音量、语调上的的变化。

训练提示：这类文书是人民调解委员会调解案件的结论性法律文书，一般包括首部、正文、尾部三部分，各部分的宣读在音量、语调上应当稍有变化。

◎◎◎训练任务2　工作性宣读

工作性宣读是指人民法院或人民调解委员会的书记员在庭审活动中，履行职责所做的工作性和技术性宣读。工作性宣读的主要内容是：宣布法庭/调解会议纪律、宣读庭审/调解笔录等。

2.1 范例

情境再现：

在人民法院刑事审判庭审理刑事案件开庭审理前宣读法庭纪律

案由：受贿罪，包庇、纵容黑社会性质组织罪，巨额财产来源不明罪，强奸罪。

审理法院及地点：重庆市第五中级人民法院审判大厅。

被告人：文某。

辩护律师：杨矿生，北京市中同律师事务所主任。

旁听人员：被告人家属、媒体记者和其他人员。

书记员：各位旁听人员，我是本庭书记员，现在我宣布法庭纪律：

一、当事人及其诉讼代理人和旁听人员必须听从审判长的指挥。

二、审判人员进入法庭和审判长或独任审判员宣告法院裁判时，全体人员应当起立。

三、当事人及其诉讼代理人须站立发言。

四、开庭时，当事人及代理人以及旁听人员须关闭手提电话、传呼机以及其他通讯用具。

五、审判庭内所有台面不准摆放饮料；法庭内不得抽烟，不得乱扔垃圾。

六、旁听人员必须遵守下列纪律：

1. 不得录音、录像和摄影。

2. 不得随意走动和进入审判区。

3. 不得发言、提问。

4. 不得鼓掌、喧哗、哄闹和实施其他妨害审判活动的行为。

七、新闻记者旁听应遵守本规则，未经审判长或独任审判员许可，不得在庭审过程中录音、录像和摄影。

八、对于违反法庭纪律的人，审判人或独任审判员可以口头警告、训诫，也可以没收录音、录像和摄影器材，责令退出法庭或者经院长批准予以罚款、拘留。对于严重扰乱法庭秩序构成犯罪的，依法追究刑事责任。

宣布完毕。

范例评析：

按照法律规定，庭审前应由书记员对到庭人员和旁听人员宣布法庭纪律，是为了保证庭审活动正常进行、所有到庭人员和旁听人员都必须遵守的、人民法院审判法庭的强制性规范。因此，法庭纪律的宣读应响亮、达远，突出法庭规范的严肃性和强制性。

2.2 训练

根据案情的不同，内容的变化，宣读文书可通过语调和语速及节奏的相应变化，适当地体现有法必依、违法必究，伸张正义、谴责邪恶的感情色彩。

训练情境1 观摩讨论。

训练要求： 组织学生到人民法院的审判法庭，集体旁听案件的审理。实际观摩法庭的审理过程，注意体会法律宣读中不同文书的特点和作用，正确把握文书在音量、语调上的变化。

训练提示： 在观摩后，可以组织大家讨论，结合法律宣读的要求和特点，分析评论，交换体会和感受。

训练情境2 比较训练。

训练要求： 选取不同种类法律文书分别进行宣读练习，让学生比较、体会不同种类文书在音量、节奏、语调色彩方面的共同之处和不同之处。

训练提示： 宣读训练时，教师可事先用简短语言介绍案情、渲染宣读语境，明确宣读基调，由学生分别进行宣读练习。

训练情境3 模拟法庭训练。

训练要求： 组织一场模拟刑事审判，由学生分别扮演审判人员、公诉人、辩护人、被告人、证人、书记员，明确各自的任务职责，详细了解案情并掌握该案的主要文字材料，准备充分后，进行模拟审判。

训练提示：模拟法庭审判应严格按照法律规定的程序进行。在案件的选取时应注意选取人民法院审理完结的有丰富内涵的刑事案件。教师和不参加模拟审判的学生均应坐在旁听席旁听，比较、体会在审判过程中，不同种类法律文书在音量、节奏、语调色彩方面的异同以及产生的不同作用。

◉◉◉ 训练任务3　法制宣传教育讲解训练

法制宣传教育不仅向广大公民传播、普及法律知识，而且更重要的是弘扬法治精神、宣传法治文化，在全社会营造尊重法律、依法办事的良好风尚。法制宣传教育的基础性、广泛性、先导性决定了它在预防和化解矛盾纠纷、维护社会和谐稳定中的地位和作用。司法工作人员在开展法制宣传教育活动时要贴近生活、贴近实际、贴近群众，达到学法、懂法、用法，创建和谐社会的目的。

3.1 范例

情境再现：

深圳宝安区司法局与环保局联合开展环境保护普法宣传活动

普法主题：环境保护法律法规宣讲。

普法地点：某工业区招商大厅。

普法形式：法律进企业。

普法对象：工业区各企业单位和相关单位主管领导、职能部门负责人及业务人员等。

普法人员（宣讲人）：深圳环境法律咨询服务中心法律工作者。

《深圳市扬尘污染防治管理办法》宣讲简稿

《深圳市扬尘污染防治管理办法》已经市政府四届九十六次常务会议审议通过并于2008年8月7日发布，将于10月1日起实施。本办法共有29条，适用于本市行政区域内扬尘污染的防治与管理活动。

办法明确，"扬尘污染"是指泥地裸露以及在房屋建设施工、道路与管线施工、房屋拆除、物料运输、物料堆放、道路保洁、植物栽种和养护活动中产生粉尘颗粒物污染。

办法规定，建设单位应当将防治扬尘污染的费用列入工程概预算，并在与施工单位签订的施工承（发）包合同中明确施工单位对可能产生扬尘污染建设项目的扬尘污染防治责任。施工单位应当制定具体的施工扬尘污染防治实施方案。市、区环保部门和有关管理部门或者机构应当设立举报电话，接受公众对扬尘污染的举报和投诉。违反规定的单位和个人最高可被处以5万元罚款。

"扬尘污染"危害很大，会给人民群众的日常生活、学习和工作带来不利，直接损害市民的身体健康。工业区各建设单位、施工单位都要严格遵守本办法规定，争做环境保护的模范。

范例评析：

深圳市是国家批准的经济特区，市政府依法享有地方行政规章的立法权限，《深圳市扬尘污染防治管理办法》具有法律效力。法律法规宣讲一般分为三部分：①要讲清法律法规名称、性质、适用范围、生效日期及文本概况；②讲清法律法规的主要规定内容；③指出普法的意义。新办法一颁布就应及时组织宣传，既要体现时效性又要体现针对性。宣讲时应重点突出，区分不同内容讲究语气语调的运用。

3.2 训练

法律法规宣传应关注社会矛盾纠纷的主要趋势和特点，这样才能有针对性、有选择地开展工作，并达到预防控制、化解矛盾、宣传教育的作用。在语调上应体现司法宣读的庄重、严肃、沉稳、凝重的基调。

训练情境1 宣传教育对象为进城务工、经商的农民。

训练要求：组织一次针对农民工的法制宣传教育讲解活动。宣讲内容应有针对性和时效性；语言应浅显易懂，通俗明白。

训练提示：在城市化和新农村建设过程中，越来越多的农村人口走进城市，农民工的诉求不断增加。但在现有的法律框架中，他们真正可以选择的权利救济渠道往往非常狭窄，以至于经常发生农民工以各种极端方式、依靠私力救济来实现自己的权利保护的事件。为此可以事先进行沟通，结合典型案例进行以案说法等多种形式进行宣讲。

训练情境2 宣传教育对象是城市社区居民。

训练要求：组织一场"法律进社区"的法制宣传活动，可以学习小组的形式进行。

训练提示：城市社区居民对法制宣传的需求已不满足于对法律条文的一般性了解，而是更多地寻求维权途径的综合性支持，主动参与的愿望较强烈，因此应注意宣传的互动。

训练情境3 宣传教育对象是青少年。

训练要求：在校内班级开展"法律进学校"的主题宣传活动。

训练提示：宣传教育过程中应针对青少年的生理、心理特点，采用丰富多彩、生动活泼、寓教于乐、形式多样的方法，如法律征文比赛、模拟法庭、现身说法、文艺演出等形式有重点的宣传与青少年健康成长有关的法律法规。

训练情境4 结合社会热点问题开展普法宣传。

训练要求：法律法规宣传应随时关注社会矛盾纠纷发生发展的主要趋势和特点，有针对性、有选择地开展工作，起到预防控制、化解矛盾、宣传教育的作用。

训练提示：热点问题主要是一段时间以来经常发生的群体性、突发性、反复性、社会影响大的矛盾问题。法律宣传要有的放矢，如危房改造、新农村建设、绿色奥运、甲流防控、保民生、促发展等社会热点问题。

训练情境5 找好切入点开展宣传工作。

训练要求：在开展专项法制宣传工作时，可以选择一些重要节日作为切入点，借助社会环境加大宣传力度，提升宣传效果。

训练提示：在"3.8"妇女节、"3.15"消费者权益保护日、"4.26"世界知识产权日、"6.1"儿童节、"6.26"国际禁毒日、"12.4"法制宣传日及重要法律法规颁布实施纪念日、节日等时间点，开展知识产权、道路交通安全、保护妇女儿童、预防青少年违法犯罪等专项法制宣传教育，促进法制宣传资源的共享，以期引起全社会的极大关注，达到事半功倍的效果。

训练情境6 借助不同形式利用好宣传载体。

训练要求：在组织开展法律宣传的活动中，应注意采用多种宣传形式方法和载体以使宣传生动形象，易于接受。

训练提示：可采用大量的课堂教学、以案析法、个案解析、专家讲座、模拟法庭、文艺演出等方法，并充分利用报刊、电视、广播、网络等载体进行法律宣传。

【考核与评价】

考核内容：

1. 绕口令练习，要求发音准确、吐字清晰、快速完成。

2. 朗读练习，要求使用普通话，做到发音准确、气息流畅、语速适中、表达感情准确。

3. 组织一场模拟民事审判，学生分别扮演审判人员、原告及其代理人、被告及其代理人、证人、书记员，明确各自的任务职责，审判结束后，由学生、教师分析、点评，总结打分。

4. 以小组为单位组织法制宣传活动，并在班里进行汇报总结，由同学、教师进行比较、评价，最后评判得分。

◆学生自评

1. 比较分析法律文书宣读与文学作品朗读的要求和特点，对自己的训练进行评价。

2. 对自己小组组织的法制宣传进行评价，对自己的工作进行评价。

拓展学习

1. 收看电视专题节目，如中央电视台法制专栏《今日说法》。

2. 观看（模拟）法庭庭审录像、人民调解录像。

3. 浏览相关法制宣传网站，如首都法制教育宣传网，http:// www. sdfx. gov. cn.

训练项目十五　法律咨询口才

【训练目标】

通过本项目的训练，了解法律咨询口才的类型、特征；熟悉咨询口才的要求；掌握咨询口才的技巧，做好咨询解答工作。

【训练内容】

法律事务工作者的咨询解答训练 。

【知识储备】

一、法律咨询口才的类型

在法律咨询口才中，运用最多的是谈话交流，作为最基本的口语表达形式，是法律工作者与要求了解相关法律问题的咨询者之间，以交谈式会话的形式进行的一种工作活动和言语交际活动。

在司法活动中，法律谈话口才的主要形式有访问式交流、问答式交流、调解式交流三种类型：

1. 访问式交流。一般是指访问人出于拜访求教知识，调查了解情况的目的，与被访问人主动进行交谈的一种谈话方式。访问人有着既定的交谈目标和交谈目的，为使访问达到预期的目的，访问前需做好必要的准备。访问式交流一般只能采用日常谈话的方式，随意性强，话题可以转换，谈话内容可以有跳跃性。但无论是作为询问一方还是回答问题的一方，都不能长篇大论，并且要注意掌握话题的主导权，谈话的随意性要受到话题范围的限制。

2. 问答式交流。是指双方运用口头语言形式有问有答地进行言语交流的一种谈话方式。问话是谈话人了解对方心理情况和心理活动的主要途径。问答式谈话针对性强。问话人总是根据特定的问话目的提出问题，要求或请求对方回答。问话人提问时应简单明了，要善于将问题化深为浅，变难为易，根据问答对象的理解能力和现场的语言环境，提出被问对象便于回答和愿意回答的问题。

3. 调解式交流。即调解语言，是伴随我国调解制度的产生和发展而存在的。其与前两种谈话最大的不同是谈话人的言语交际对象不是一方受话人，而是相互间有某种摩擦和矛盾的两方受话人或多方受话人。这就要求调解式语言必须能为两方或多方受话人都能接受才能产生谈话效果，主要体现在选择组合语言使分歧得到平复的方式，调和化解矛盾使之相容，以达到调解式谈话的目的。

二、法律咨询口才的特征

1. 内容严肃性。谈话主体是具有特殊身份的法律工作者，因此掌握谈话主动地位。他们的言语表达，都直接或间接地与国家的政权或司法行政权紧紧联系在一起，随时担负着实施国家法律的使命，所以他们的表达具有高度的严肃性，不能随心所欲，信口开河，应该是三思而开口，谨慎从事。

2. 对象定向性。每一次谈话都有十分具体的谈话对象，都是对某一个或几个听话人的定向表述。因此，必须了解自己的谈话对象，有针对性的组织选择谈话语言和谈话方式。

3. 表达双向性。从谈话主体和谈话对象来看，谈话是在两个人或几个人之间面对面地进行，你说完了我说或他说，相互倾听，相互反馈，听和说同步、思维稍先、表达紧随其后的言语交流过程均在极短的时间内完成。表现为一个既复杂又迅速、接收和反馈同时进行的言语交际过程。

4. 语言传情性。俗话说"听话听声，锣鼓听音"，"察言观色"，这意味着在谈话过程中，说话人往往通过声音和表情惟妙惟肖地传达信息。谈话中的传声性和表情性在司法实践中有着极为敏感的特殊作用。法律工作者在面对不同的对象时，也总是根据具体情况的发展和当事人的心理，调整自己的谈话语气和语调，并通过分析发现当事人丰富多变的面部表情和目光，传达并获得"只可意会，不可言传"的语言信息。

三、法律咨询口才的要求

1. 法律性。咨询的对象是对身边发生的或即将发生的涉及法律问题的不理解、不明白和不知该怎么处理，要求专门从事法律工作的有关人员给以解释。不同对象提出的问题纷繁复杂、千奇百怪，但无一不涉及国家的法律；法律工作者对各种问题作出的具体解答，都必须完全符合国家法律的原则和精神。虽然，解答属于一种"参考性意见"，但这种"参考性意见"对需要得到法律帮助的当事人来说，几乎等于权威性的结论，当事人往往是要"照此办理"的。任何偏离法律原则的解答都将有损于国家机关在人民群众中的威信，甚至产生严重的不良后果。因此，法律性是法律谈话的最基本要求。

2. 宣传性。法律咨询具有社会性的法律宣传教育的意义，针对所要解决的问题以及当事人的要求，在对话过程中给以说明解答，同时也是一种有效的法制宣传、法律教育活动，有利于群众的法律意识的提高。因此可以说，正确的法律谈话本身就是一种对法律的宣传方式。

3. 言谈性。在司法实践中，法律咨询的语言表达不同于宣读、演讲等其他口语表达方式，它是一种以谈话需要为目的的、面对面的、问答式言语交流活动。在语言风格上，必须使用最通俗的语言，近似于日常生活中的言语交流，深入浅出地解释说明问题。

4. 简明性。法律咨询的语言形式比较简单，时间也不太长。一方面，法律工作者在日常生活中，进行访谈，接待来访，调解咨询的工作量很大，问题复杂，人数众多，在时间上不允许对一个问题喋喋不休、长篇大论；另一方面，当事人因具体问题的困扰，迫切需要很快得到明确的答复，因此，简明扼要的回答更容易为他们所接受。

【训练任务】

法律咨询解答是指法律事务工作者以其法律知识，对机关、企事业单位、社会团体、人民群众以及其他有关人员提出的各种有关法律的问题，以口语形式及时作出解释和答复的一种工作活动和言语交际形式。

训练任务1　不同对象的咨询解答训练

随着经济和社会的发展、我国法制建设的逐步完善和普法工作的深入开展，广大群众依法维权的意识不断增强，他们渴望了解法律，并希望通过法律事务工作者的答疑解惑来找到解决问题的答案或者预防问题的发生，从而维护自己的合法权益。

1.1 范例
情境再现：

某天，司法所小王接待了一位咨询者李某。李某就一起欠款纠纷进行咨询，希望得到解答。

来者称其侄子张某自 2008 年 1 月起就辍学外出打工，自食其力。2008 年 5 月 12 日刚满 16 周岁的张某向李某借款 5000 元，约定在年底还款。同年 7 月 21 日，张某又向李某借款 2000 元约定在 2009 年 4 月 25 日还款。两次借款张某都出具了借条。现在李某以张某至今未还款为由提起诉讼，要求张某和其父亲共同偿还借款和利息。

对此，小王作了以下解答：张某向李某借款应由谁偿还问题的关键在于，张某借款时刚满 16 周岁未满 18 周岁的借款行为是否有效。《民法通则》第 11 条规定："18 周岁以上的公民是成年人，具有完全民事行为能力，可以独立进行民事活动，是完全民事行为能力人。16 周岁以上不满 18 周岁的公民，以自己的劳动收入为主要生活来源的，视为完全民事行为能力人。"所谓完全民事行为能力，是指公民能够以自己的行为独立从事民事活动，独立享受或承担其民事活动所带来的效果，独立承担民事责任。李某的侄子张某虽然刚满 16 周岁未满 18 周岁，属于未成年人，但其已辍学外出务工，自食其力，以自己的劳动收入为主要生活来源，因此应当视其为已具有完全民事行为能力，属于完全民事行为能力人，据此该两次借款应当是有效的。合法的借贷关系受法律保护，其所引起的民事责任应由李某的侄子张某自行承担，其父不应承担本案的还款责任。

范例评析：

在本案中，司法所小王针对咨询者的提问，根据我国《民法通则》的具体规定，对咨询者的问题进行了法律阐述，给予了明确的解答，语言规范准确，符合法律咨询解答的要求。需要注意的是，小王的解答既明确地阐释了法律的具体规定，同时又结合案情予以分析，较好地回复了咨询者的问题。

1.2 训练

在司法实践中，法律咨询解答由于咨询对象及咨询需求不同，咨询内容广泛。因此，就使得法律咨询解答语言的表达呈现出各种差异，需要我们细心体会。

训练情境 1 一天一位年轻姑娘满脸通红、情绪激动地找到司法所工作人员诉说她的经历："我在工厂走路的时候，公司人员未经我同意就翻看我的随身行李，她说要查清楚我有没有拿走公司东西。她有没有权利这么做，如果没有，我能不能一脚踢开她，我有没有犯法？是不是属于自卫还击，如果我不踢开她，我报警，她抢我电话，我不能报警，应该怎么办？如果我报警了，她不承认有这回事，我应该怎么办？"面对打工妹的诉说，司法所老王并没有急于回答姑娘的问题，他先让姑娘坐下，又给她端来一杯热茶让她慢慢说，等到姑娘情绪稳定后，又仔细地询问了事情的详细经过，最后老王给了姑娘一个满意的答复。

训练要求：由同学分别扮演咨询者和司法所工作人员模拟表演案情，要求司法所工作人员认真组织语言，解决咨询者的提问。

训练提示：在此类咨询案件中，对作为社会弱势群体的打工妹的维权要求的法律解答，需要将复杂的问题简单化，将难懂的法律通俗化，将呆板的法律人性化。要根据咨询者的性别、年龄、精神状况，加以耐心的开导，然后给以解答。在解答之前一定要注意观察咨询对象的身份、文化程度、精神状态的差异性，仔细听明白对方问问内容的全部内涵，并加以适当的引导性发问。应尽量采用朴实无华、通俗入情的分析、说明、比喻，才能组织好解答语言，满足咨询者的要求。

训练情境 2 一次广场法律咨询，一位中年男子向司法所小李咨询房屋产权的分割问题："我家原有 7 口人：爷爷、奶奶、父亲、妹妹、我和我的妻子、儿子，共居一处，房屋系祖产，产权证上'房屋所有权人'为我父亲。"

1999 年旧城改造，该房屋被拆迁，合计交款（含祖产折价与缴纳现金）六万余元购置回迁房。2000 年，在租住过渡房期间，父亲经人介绍娶了继母，办理了结婚证，并住入继母家中。2001 年除父亲外，我家搬进回迁房。父亲仍居住在继母家中。拆迁至回迁过程中，除祖产折价外，另缴现金及回迁房装潢费用共五万余元，其中，父亲只用了 2 万元。但 2000 年发的产权证上'房屋所有权人'仍为我父亲的名字。现父亲与继母感情恶化，准备离婚，请问继母有产权吗？如果有，应该怎样分割？"

训练要求：由同学们分别扮演咨询者和司法所工作人员，根据案情内容设计角色语言，要求司法所工作人员认真组织语言，解答咨询者的提问。

训练提示：本案的咨询解答对象为城市社区居民群众，他们咨询的常常是和自己日常生活密切相关的问题，同时案情中所涉及成员人数多、社会关系复杂，因此，解答不仅仅限于对法律条文的引用，还要注意对法律条文的解释及宣传。同时注意观察咨询对象的身份、文化程度、精神状态的差异性，对较为复杂的案情进行仔细询问，防止发生疏忽、遗漏或错误的理解和认识。只有了解到的案情真实、客观，才能组织好解答语言，满足咨询者的要求。

训练情境 3 一天，某机械厂的经理向司法所小李询问："最近与我厂相邻的某水产养殖场的鱼苗大量死亡，市环保局认为是我厂排出的废水流入养殖场鱼塘所致，因此作出对我厂罚款 5000 元，并赔偿水产养殖场经济损失 2 万元的处罚决定。我们认为市环保局对鱼塘鱼苗死亡原因和直接经济损失数额的认定都没有足够的依据，因此不服。请问我们能否起诉市环保局？起诉需要哪些证据材料？"

训练要求：由同学们分别扮演咨询者和司法所工作人员，根据案情内容设计角色语言。要求司法所工作人员认真组织语言，解决咨询者的提问；注意观察咨询对象的身份、文化程度、精神状态的差异性，以此为依据组织解答语言，满足咨询者的要求。

训练提示：本案的咨询解答对象为企事业单位。某机械厂对市环保局的处罚不服引发的争议属于行政诉讼范畴，作为企业谋求的是经济效益，解答时应根据咨询者的要求，将所涉及的法律关系分析清楚，给出一个稳妥的解决办法；注意观察咨询对象的身份、文化程度、精神状态的差异性，以此为依据组织解答语言，满足咨询者的要求。

训练任务 2　不同咨询解答方法的训练

法律工作者在接待来访、回答咨询时，可以根据不同对象的不同需要、不同内容，相应地采用不同的解答方法。

2.1 范例
情境再现：

　　一位妇女到司法所询问："我和前夫结婚后一直不能生育，就收养了一名女婴。后来因感情破裂，我们协议离婚，并约定女孩随前夫生活，我不承担抚养费用。去年男方再婚，他就开始以女孩的名义多次到我单位纠缠，问我要抚养费，使我难以忍受。我认为当时协议离婚时他同意我不支付抚养费的，况且收养的女孩已经 6 岁，见了我如同陌生人，养母女关系已经名存实亡，因此就不应该支付抚养费。请问，我可以与养女解除收养关系吗？"

　　对此，司法所老王用劝解式方法解答了这个问题："首先你的养女才 6 岁，属于未成年人，你是不能解除与养女的收养关系的，同时你还必须承担养女的部分抚养费。我国《收养法》第 25 条规定，收养人在被收养人成年以前，不得解除收养关系，但收养人、送养人双方协议解除的除外，养子女年满 10 周岁以上的，应当征得本人同意。从你的情况来看，你们是在婚姻关系成立期间共同收养的女孩，自收养关系成立之日起就与养女形成了养父母和养子女的权利义务关系，也就形成了我国《婚姻法》规定的父母与子女之间的权利与义务关系。《婚姻法》规定关于子女生活费和教育费的协议或判决，不妨碍子女在必要时向父母一方提出超过协议或判决原定数额的合理要求。现在养女提出要你给付抚养费，你应当按照当地生活水平给付相应的抚养费，直至养女成年。你们夫妻双方是因为性格不合，平时不能相互包容，没有处理好日常生活中的矛盾和纠纷，才发展到离婚的地步。现在既已脱离夫妻关系，除去养女的抚养问题，已无利害冲突。孩子虽然和你们没有血缘关系，但从几个月大就和你们在一起，也是一口汤一口饭养大的，应该是有感情的，你不要伤了孩子的心，应该就孩子的生活和教育问题和你前夫相互协商处理好这个问题，否则过几年等你老了，孩子长大了，你怎么去面对她。"听了老王的话，这位妇女眼圈发红，半天没有说话，慢慢站起身和老王说："我回去就给我前夫打电话商量解决这个问题，谢谢你"。

范例评析：

　　对生活中经常出现的，能够通过适当劝解便能妥善处理的家庭矛盾纠纷，应以劝解的方式进行解答。这些矛盾和纠纷大多属于当事人稍稍忍让、克制或者经过适当调解就能妥善处理。入情入理的分析和劝解，耐心细致的说服教育，是解决这类问题的一个主要途径。

2.2 训练

　　在司法实践中，法律工作者在接待来访、回答咨询时，可以针对具体情况采取不同的解答方法。

训练情境1 在一次法律咨询中，有一位男青年向法律事务工作者小王询问结婚证领取问题，他的一位朋友半年前经人介绍认识了一位女子，两人一见钟情，双方父母也同意了他们的恋爱关系，可就在筹备办喜事的时候，朋友被查出患了肝癌，女方家里坚决反对，对其女儿说肝癌患者不能领取结婚证，男青年想知道我国《婚姻法》是不是这样规定的。

训练要求：释疑式解答方法训练。由学生分组扮演咨询者和法律事务工作者模拟表演案情；要求运用释疑式解答方法回答咨询者提出的问题。

训练提示：释疑式解答方法就是通过法律解释来消除咨询者对某一问题的疑虑和困惑，释疑式解答的语言要清楚、明了、肯定。释疑式解答方法主要解决"为什么"、"是什么"，以消除询问者的疑虑、困惑，因此，解答语言要肯定、明确。

训练情境2 有一男青年询问司法所小王："我结婚刚一年，现在妻子到法院要和我离婚，如果法院判离，不知家庭财产怎样分割，我有5000元存款是我结婚前工作攒的，女方要求分一半怎么办？"

训练要求：释义式解答方法训练。由学生分组扮演咨询者和法律事务工作者模拟表演案情。要求运用释义式解答方法回答咨询者提出的问题。

训练提示：释义式解答方法是通过直接引用法律条文，并解释法律条文的意义，来回答询问者提出的问题。释义式解答方法需要准确地引用法律条文，并对法律条文进行适当的解释，使询问者能够理解明白，解除疑惑。

　　需要注意的是，对于家庭纠纷问题应注意要求来访者将实际情况陈述清楚，并且要向咨询者强调：解答者没有调查的责任和必要，但必须在全面了解真实情况的基础上，才能作出正确的解答，任何不真实、不客观的情况反映，都有可能影响解答的正确性，其结果对询问者是有害无益的。

训练情境3 某单位的一名工会干部到司法所询问："我们那儿有个老干部，58岁，他的第一个爱人病故，第二个爱人离异，现在他从原籍又带回来一个28岁的农村女青年要办理结婚登记，大家议论纷纷，我们也觉得双方年龄悬殊太大，不太合适，请问此事应如何处理？"

训练要求：建议式解答方法训练。由学生分组扮演咨询者和法律事务工作者，要求运用建议式解答方法回答咨询者提出的问题。

训练提示：建议式解答方法是针对某些非诉讼法律问题，先正确解释问题所涉及的有关的法律精神，然后再对如何处理该问题提出合理可行的建议以供咨询者参考的解答方法。建议式解答方法适合于解答那些可能涉及政治、法律、伦理、道德、社会意识、社会文明等多种矛盾的非诉问题，还应向咨询者说明此种建议仅供参考，并不是处理该项矛盾的唯一方法。

训练情境4 一天，某村两个农民来到乡司法所询问："我们村村长魏某把村里的水塘承包给外村张某养殖珍珠蚌，并签订了承包合同。张某的投资中有村长魏某的股份，并私下定有内部协议。这件事一直到最近我们才知道，村民们都很气愤，由我们带头把张某养殖的珍珠幼蚌摔出水塘一百多斤。现在派出所民警与我们参与此事的人谈话，要我们承担赔偿责任。请问我们是否犯法？"

训练要求：分析式解答方法训练。由学生分组扮演咨询者和法律事务工作者，运用分析式解答方法回答咨询者提出的问题。

训练提示：分析式解答方法主要采用一边分析事理，一边进行解答的方法。采用分析式解答方法主要是针对一些较为复杂的、事实尚不清楚，或者当事人对事实还存有某种偏见和曲解的问题，通过采用分析式解答方法，一边分析发问了解真实案情，一边解答询问者的问题。

训练情境5 一天，某市机关干部李某到司法所询问："我与妻子是经民政部门办理协议离婚手续的。当初她非要孩子，在财产问题上我做了很大让步，孩子归她抚养，我每月付抚养费 500 元。离婚一年后她看到我再婚，就经常打孩子，以自己下岗为由不愿意要孩子。经民政部门调解孩子归我抚养，她每月付抚养费 150 元，我也同意了。没想到她竟然每个星期都来带孩子，并且吹毛求疵说我没有照顾好孩子，老跟我吵架，搞的我难以忍受。请问我该怎么办？"

训练要求：劝解式解答方法训练，由学生分组扮演咨询者和法律事务工作者，运用建议式解答方法回答咨询者提出的问题。

训练提示：对生活中经常出现的，通过适当劝解便可以妥善处理的矛盾纠纷，应以劝解的方式进行解答。这些矛盾和纠纷大多属于当事人稍稍忍让、克制或者经过适当调解就能妥善处理的问题，应将相关的法律规定解释清楚，配合入情入理的分析和劝解，才能解决好这类问题。

【考核与评价】

考核内容：

针对所给出的案情，由同学们分组扮演咨询者和司法所工作人员，事先准备好相关资料，进行咨询解答练习，可采用一问一答式、数问一答式进行，解答完毕后由同学们进行比较、评价，总结出该项问题最适当的解答方式，最后老师进行总结。

1. 一天，青年小李来到司法所讲述了一件最近比较烦心的事情："上个月，邻居夏某外出旅行，由于平时两家关系不错，就把他养的一只宠物狗寄养在我家，但没有告知我这只小狗有咬人的习性。前几天，同事小田到我家做客，看见小狗长得很可爱，就拿了点食物放在手上喂小狗，没想到小狗一口就把小田的手指咬破，到医院治疗我花了好几千医药费。这件事搞的我很心烦，我又不是狗的主人，只是暂时替别人照看两天，请问，我应不应该承担这个责任？"

2. 2007年5月6日，张某在市购物商厦购买了一台知名品牌冰箱，使用一个月后因冰箱内部发生故障引起火灾，张某妻子被烧伤，沙发、家具被烧坏，造成直接经济损失近2万元。经市消费者协会调解，厂家应赔偿张某的全部损失，可他们却拒绝赔偿。请问，张某可以通过什么途径解决问题？如果起诉可以要求他们赔偿张某哪些方面的损失？

3. 2006年李先生与妻子宋某协议离婚，双方约定：女儿由宋某抚养，共同财产全部归宋某所有。可是现在女儿起诉要求李先生支付抚养费。李先生认为离婚时他之所以放弃财产，就是宋某承诺自行抚养女儿，而且这些财产足够支付女儿的抚养费。请问，离婚时全部财产归妻子，还需要支付抚养费吗？

◆学生自评

自我评价在模拟咨询解答训练中的语言特点，并分析采用不同咨询解答方法形式在口语表达上的个性差异和效果。

拓展学习

1. 方位津编著：《跟我学口才——实用口才训练教程》，首都经济贸易大学出版社2004年版。

2. 高玉成主编：《司法口才教程》，法律出版社1992年版。

3. 中国法律网 http://www.5law.cn/。

4. 广东新闻网 http://www.gd.chinanews.com/。

训练项目十六　人民调解口才训练

【训练目标】

通过本项目的训练，具备从事人民调解工作岗位的基本口语能力，能掌握并运用调解语言技巧，化解模拟与实际案例的纠纷。

【训练内容】

人民调解沟通口才训练，人民调解劝导口才训练。

【知识储备】

一、人民调解口才

人民调解是指在调解委员会的主持下，依据国家的法律、法规、政策和社会公德，对民间纠纷当事人进行说服教育、规劝疏导，促使纠纷当事人互谅互让、平等协商，从而自愿达成协议，消除纷争的一种基层群众自治活动。在这活动过程中，从事调解的法律工作者通过语言的运用得以实现化解矛盾、解决纷争的目的。做好调解工作，首先要具备良好的调解语言技能，要根据不同的纠纷所发生的不同时间、地点、不同的参与人，运用恰当的语言进行说服、教育、批评、劝导，达到调解、沟通、劝导的目的。

人民调解属于民间调解的范畴，具有法定性、组织性、群众性、自治性和民间性的特点。人民调解与行政调解和司法调解不同，它不具有国家权力的属性，是社会自律和社会主义直接民主的体现，是人民群众实现自我管理、自我服务、自我教育、自我约束的具体形式之一。

二、人民调解口才的特征

1. 说服性。要化解民间纠纷，当事人之间的争执、恩怨与纠纷，调解语言必须以说服为终极和核心目标，语言运用主要体现为教育、解释、规劝、疏导等等，将矛盾"大事化小、小事化了"，达到求"和"的调解目标，以期调解成功。

2. 相容性。人民调解工作的主要对象是民间纠纷，纠纷当事人多为乡亲、邻居，甚至亲朋好友。为了说服他们，化解纠纷，需要以情动之、以理服之。应遵循情理法相容原则，依法调解固然不可缺，但情与理的说服在调解口才中应更多地得以体现，应坚持"法不禁止即可为"的原则。

三、人民调解口才运用的原则

调解民间纠纷是人民调解委员会的主要任务。调解过程必须在双方当事人自愿平等的基础上进行；调解必须尊重当事人的私权，不得越俎代庖、包办代替、高压调解，做到让当事人心悦诚服。调解员在调解中与当事人沟通是为了挖掘信息和建立信任，实现解决纠纷的目的。因此，调解员在与当事人沟通时应当掌握以下原则：

1. 尊重当事人。尊重对方是成功沟通的前提条件。要尊重当事人的人格尊严、风俗习惯；要尊重当事人对纠纷解决方案的最终决定权。

2. 理解当事人。每个人都希望被肯定、被认同。在沟通时，注意对方感受；发表意见时做到"异中求同、融洽沟通"。同时，坚持调查研究，不能无原则的迁就和相信当事人。

3. 灵活变化。在调解过程中，调解员的用语、态度必须随着调解过程的发展而灵活处理。调解开始时，调解的语言可以适当多用否定式、命令式。例如，"你错了，话不能这么说！""我严肃的告诉你，你这样做是违法的"等。这些语句能使当事人严肃对待调解。随着调解工作的进展，强势用语可以逐步减少，宽慰性的用语应该逐渐增多。

4. 注重效率。调解员要紧扣中心、抓住关键，集中精力解决主要矛盾。语言不仅要起到引导、主控调解的作用，而且要建立起调解的权威，注意话不在多而在精。

5. 立足事实，判定是非。调解前要查明争议的原因、争执的焦点等基本事实，在事实基本清楚的基础上，判断各方当事人的行为和要求是否合情、合理、合法，采取恰当的语言来说服当事人。

6. 因事制宜，有的放矢。调解过程中，纠纷千差万别，处理时要针对双方争执的焦点进行调查研究。分析了解当事人的想法，找到矛盾的切入点，继而确定具体的调解方案。

7. 沟通情感，营造氛围。民间纠纷毕竟是人民内部矛盾，调解人员要把当事人当成自己的朋友，耐心劝导，换位思考。同时，要掌握语言艺术，缩短当事人之间的心理距离，为调解工作创造良好的氛围。

8. 学会巧妙沟通劝导。调解语言既要符合法律，又要能达到所要表达的效果，更要有效、有力地去说服人。恰当的调解语言能增强当事人对调解人员的信任感、认同感。感情沟通了、关系融洽了，调解的难度也会自然而然地降低，调解人员的观点也就自然容易被当事人接受，调解就能达到最佳效果。

【训练任务】

人民调解员每天要面对各类纠纷，因此注意与当事人的沟通方法与技巧，增强沟通能力是调解员的首要任务。

训练任务1　人民调解沟通口才训练

在人民调解中，调解员与当事人之间的沟通是实现调解目标，解决纠纷的首要前提。调解员要掌握沟通的方法，通过言语的形式，获得当事人信任是调解成功的第一步和关键所在。调解员要学会倾听，不要随意打断别人的讲话，这在沟通中，特别是组织双方互相辩驳阶段非常重要；同时要尊重当事人，切忌居高临下、借机炫耀。有的调解员和当事人交谈时，会自觉不自觉地要与当事人分出高下，常为某些细节争论不休，或纠正他人的错误，借以炫耀自己的知识渊博、伶牙俐齿，这样往往不能达到调解目的。平等的表达意愿，才不会产生排斥感。调解员要"创造"对话的机会，让争吵中的双方当事人明白相关道理；要把握说话的时机，采用吸引当事人注意的方法，在当事人因争辩导致情绪激动、甚至失控时，要先稳定缓和当事人的情绪。

1.1 范例
情境再现：

在一次调解中，纠纷中的一位女当事人情绪异常、怒不可遏，在诉说时几度嚎啕大哭。纠纷调解员除了耐心倾听、让当事人释放情绪外，还多次递上纸巾让她擦眼泪，等她哭完，情绪平复一些时，纠纷调解员才继续进行调解。事后，该当事人表示就是递纸巾这一行为让她深为感动。也正是因为调解员的理解，她才打消了拿菜刀跟对方拼命的冲动念头。

范例评析：

人民调解面对的纠纷往往是当事人之间的冲突达到一定程度，已经无法自行解决的矛盾。纠纷当事人的情绪、语言、动作难免过激。要想让他们理智下来，心平气和地进入到调解正轨，并最终接受劝导，化解纠纷，调解员必须首先控制场面、安抚当事人。在范例中，调解员通过自己发自内心的理解，成功地化解了矛盾的进一步激化，为劝导说服当事人奠定了良好的基础。纠纷调解员①要做到心中理解，始终牢记每个人都有"自我尊严感的需求"，尊重当事人；②要做到耳朵理解，就是倾听别人说话，了解纠纷的前因后果；③要做到言语理解，就是要安抚当事人，换位思考获得当事人的信任。

1.2 训练

人民调解要立足事实，判定是非，在事实基本清楚的基础上，衡量各方当事人的行为和要求是否合情、合理、合法。再因事制宜，有的放矢，针对双方争执的焦点确定具体的调解方案。

训练情境 1 一对新婚夫妻刚结婚没多久，就闹着要离婚，理由是婆媳关系不和，丈夫无法消除纷争，为讨个耳根清净，同意离婚。但这并不是已"死亡"的婚姻关系，夫妻双方有较好的感情基础，而且双方的感情本身并不存在问题。

训练要求：运用调解语言沟通方法，进行背靠背的换位思考调解，以此来成功解决纠纷。

训练提示：在调解人民内部矛盾时，除了特殊情况需要"紧急刹车"外，一般要争取用"冷处理"的方式来解决问题。这里所说的"冷处理"，是指使矛盾的双方采取冷静、理智、克制和忍让的态度。调解者在观察分析和研究的过程中要冷静地判断是非，冷静地制定策略，为缓和冲突、解决纠纷寻找出最佳途径。在"冷处理"中，用"和为贵"的办法来调解家庭、邻里纠纷是正确实用的。忌做"骑墙派"，以免旧的矛盾还未解决，又惹出新的矛盾来。

训练情境 2 浙江某地有夫妻二人，育有二子。丈夫在十几年前离家到东北做生意，原因是怀疑长子系妻子与其他男人所生。妻子一人养育两子成人，丈夫在东北又与另一女子同居并生了孩子，但与浙江的妻子未办离婚手续。2009 年丈夫回浙江老家，妻子和儿子要求其不再回东北，留下来一家人一同生活。丈夫执意不肯，妻子则寻死觅活要求丈夫留下。

训练要求：分组扮演角色，角色有妻子、儿子、丈夫、调解员。前三者角色扮演要求逼真，制造重重矛盾。要求调解员扮演者解决问题，平复当事人情绪，提出让多方都能接受的解决方案。

训练提示：作为调解员对纠纷的全部事实要有充分的了解，对调解中的突发状况和结果要有多种可能性的预计，这样才能在调解时有的放矢，对症下药，化解矛盾。

训练任务2　人民调解沟通技巧训练

调解员要在工作中进行沟通，除了掌握必要的沟通方法之外，更需要掌握具体运用的语言技巧。人民调解的沟通技巧应该包括正确的引导及双方的和解与协商。

2.1 范例

情境再现：

> 李某与徐某是儿时伙伴，两人于1993年共同创建了一家公司，李某是总经理，徐某是副总经理。后来徐某离开公司成立了一家新公司，并推出了与原来公司相近的产品。李某一怒之下，向公安机关报案说黄某有职务侵占行为，使公司损失了几百万。徐某因此进了看守所，双方之间的矛盾和个人恩怨不断加深。徐某从看守所出来后，两人又再起经济纷争。期间双方的亲朋好友试图从中撮合，均无济于事。双方情绪激烈，剑拔弩张，使矛盾变得十分激烈。面对双方当事人的不理智情绪，调解员并未放弃调解的努力。在连续4天了解听取双方的意见与证据后，调解员轻声细语、不温不火地向双方当事人提出了自己的看法，认为如果继续这样僵持下去，两家公司有可能都垮了。而如果能和好，不仅公司的骨干没有流失，知识产权也不会流失，还能把双方的力量整合起来，把公司做强做大。希望双方考虑大局做出明智的选择。和风细雨、苦口婆心的一番沟通与劝导，入情入理的分析，"双赢"的建议，令当事双方尽释前嫌。两个冤家终于化干戈为玉帛，重新走到了一起，不仅解开了过去的"心结"，还很快合作成立了一家股份制公司。

范例评析：

引导换位法使得当事人双方和解。引导纠纷调解当事人进行换位思考，在解决纠纷时，要引导当事人从对方角度进行分析，做到考虑周全。同时运用换位思考方法，消除当事人对调解员的抗拒心理，使其能听取调解员的合理建议，以便纠纷的顺利解决；要消除顾虑，让当事人放下芥蒂。如果发现当事人已想要签订协议，但是因为生性犹豫，或存在没必要的顾虑时，调解员一定要及时打消对方的顾虑，督促对方下定决心。值得注意的有：首先，督促不要当着另一方当事人的面进行；其次，在督促前应说一些亲切和赞赏的话，再以"不过"等转折承起，进入督促阶段；最后，只能对行为进行督促，而不宜评价当事人的人格。

2.2 训练

通过训练情境的模拟演练，掌握调解中的沟通技巧，学会综合运用不同的技巧解决纠纷，并在训练中发挥主观能动性与创造性，发现、创造新的调解沟通技巧和方法。

训练情境1 张某和李某是邻居，张某家养了3头牛，李某全家常年忍受着牛屎牛尿味，日益积怨。一天，张某家一头牛跑进李某家菜园，踩踏了大半块蔬菜地，李某火冒三丈，大动肝火，两家人大打出手。调解人员迅速介入这一极易激化的矛盾纠纷中。

训练要求：分组扮演角色，包括当事人双方与调解员，要求当事人角色扮演逼真，故意"为难"调解员。而调解员在调解前，应当找准定位，选择恰当的调解方法，化解积怨、防止矛盾升级。

训练提示：面对矛盾极易激化的纠纷，首先，要做到宜少不宜多，即先听双方叙说事情的经过，多听少说，不急于表态。其次，宜缓不宜急，即对不继续恶化的纠纷，不急于调解，采取冷处理，先制止纠纷。再次，宜暗不宜明，即面对情绪激动的当事人，先单独谈心，个别劝解，再面对面地进行调解，使双方握手言欢，预防矛盾再次激化。最后，宜粗不宜细，即不宜对纠纷的形成与发展过程中的每一句话，每个细微行为都追究，避免当事人在小事上纠缠不清，否则，当事人会在小事上斤斤计较，影响调解的效果。

训练情境2 有夫妻二人，丈夫是大学的音乐系教授，妻子为中学的音乐教师。二人颇有共同语言，被朋友、邻居视为神仙美眷。然而，夫妻二人的婚姻生活却危机四伏。起因是妻子生性活泼，经常参加业余演出，交往的人较多。这引起了生性清高的丈夫的不满，认为妻子以前冰清玉洁，如今却和一些低俗的人搅在一起，而且演唱的都是通俗歌曲，这让对高雅音乐情有独钟的丈夫无法容忍。为此，经常冷言嘲讽妻子，妻子则颇感委屈，觉得自己得到了观众的认可，在社会上也是有身份地位的，丈夫凭什么对她说三道四，不仅不理解她，还贬损她的成绩。由此，她觉得丈夫不可理喻，太过小气狭隘。夫妻二人为此开始分居，并要求离婚。

训练要求：分组扮演角色，包括当事人双方与调解员，要求扮演当事人角色的同学进入角色，调解员扮演者必须事前制定调解计划与方案，解决纠纷。

训练提示：鉴于当事人双方的文化水平与修养素质，调解员首先要解决的问题是取得双方的信任与认同。这是调解成功与否的关键。和言相调求同法主要是指运用心理学上的"求同心理"，通过寻找"共同语言"，使调解工作顺利进行的一种方法。求同法的技巧在于谅之以心，和言相调。调解人员要设身处地地替当事人着想，了解当事人的想法、态度和观点，体谅当事人的苦衷。如运用"你的话确实有道理"，"你的想法，我能理解"，"换了我是你，我也有可能像你一样"等语言，能使当事人觉得调解人员和自己的想法相同，能够理解自己，相信调解人员是"自己人"，从而缩短了距离，消除了戒备、抵触心理，进而容易采纳调

解人员的建议，使调解工作收到事半功倍的效果。

训练任务3　人民调解劝导口才训练

民间纠纷当事人大多是亲戚朋友或者生活在同一生活区域的半熟人，纠纷往往不会直接诉诸法庭，司法所的调解员根据当地习俗惯例、村规民约和法律条文于情于理于法地调解，大多数双方当事人都能接受调解结果。劝导解决时要根据当事人和矛盾纠纷的具体情况，采取平等协商、说服教育、规劝疏导等办法，努力引导当事人达成调解协议，实现"案结事了"。

3.1 范例

情境再现：

> 居民张某，下岗后为了生计，在楼下开了个露天台球室，夜间人来人往，喧闹嘈杂，影响了楼上王某正准备参加高考的孩子的学习。双方矛盾不断激化，于2004年4月的一天，双方大打出手。张某持啤酒瓶将王某的头部打破。次日，王某的内弟带着凶器欲对张某实施报复。调解员调查清楚了事实之后，进行了劝导。他先拉住王某的内弟，劝说道："人家下岗了，没有工作，生活挺困难的，开个台球室，还不是为了糊口？"回过头来，他又引导张某为王某着想："将心比心，人家的孩子要复习，要考大学，你却制造噪音，影响孩子学习。你赚点钱，是暂时的，耽误人家孩子的一生可是大事呀！"一席话在情在理，启发了当事人，化解了一场流血冲突。双方当事人终于冷静地坐了下来，协商解决问题。张某表示愿意承担王某的医药费，并答应在高考复习期间停止晚上营业。

范例评析：

劝导技巧之一是晓之以理、好言相劝的劝导法，主要是通过对产生纠纷的双方进行劝说、引导以实现调解目的。一般来说，民事纠纷都具有非对抗性的特点，都有商量的余地。如家庭矛盾、邻里纠纷、婚姻问题、遗产分割等。调解人员在掌握法律依据的同时，晓之以理，充分利用人们心中的伦理道德（事理）加以劝说、引导，往往能够收到意想不到的效果。运用劝导法的技巧在于晓之以理、动之以情。设身处地为当事人着想，站在当事人的角度考虑问题、商量问题，根据当事人的心理，寻找调解矛盾的途径，选择适当的语言，好言相劝，以理服人。

3.2 训练

晓之以理、以理服人是调解劝导成功的制胜法宝。说服需要讲道理，调解员要与当事人推心置腹，语重心长，把道理讲透彻，让当事人心服口服。

训练情境1　一小区有上下楼两家住户，原本有来有往、和睦相处。但是，由于楼上女主人与楼下女主人一次因言语不和，居然大打出手。由此两家逐渐积怨，时有摩擦发生，经常会吵得鸡犬不宁，不仅影响其他邻居，而且存在矛盾激化的可能。

训练要求：学生分组扮演角色，包括当事人双方与调解员。要求扮演当事人的同学进入角色，要求调解员扮演者化解积怨，促使双方握手言和。

训练提示：俗话说"远亲不如近邻"，因此邻里之间应当和睦相处、互帮互助。但邻里之间又常常会因为生活琐事或者相邻权益发生纠纷，解决这类纠纷需要调解员耐心、细致，并在当事人心目中树立权威的形象。

训练情境 2　某村有夫妻二人，育有三男一女。儿女均已成家。二老由于年事已高，没有力气再种地做农活，其生活起居需要子女的照料。但三个儿子均不愿承担赡养父母的义务，致父母生活困顿，境遇颇为可怜。

训练要求：学生分组扮演角色，包括当事人双方与调解员，要求扮演当事人的同学进入角色，要求调解员扮演者说服四位儿女，真心诚意地履行赡养义务。

训练提示：百善孝为先，尽孝道是中华民族的传统美德。劝导时要着重从亲情、伦理和法理上进行说服调解。

🔘🔘🔘训练任务 4　人民调解劝导技巧训练

劝导时把情理法相容，把情贯穿整个调解过程，辅之以法律政策的宣传教育，是化解邻里纠纷、婚姻家庭纠纷等众多民间纠纷的重要方法。

4.1 范例

情境再现：

某制衣厂因用电问题与某物业公司发生纠纷，该制衣厂因此拒交 3 个月的房租。双方负责人为此大打出手，制衣厂老板周某将物业公司经理张某的手臂打得骨折，张某也将周某的鼻子打得流血。调解员介入了调解，通过谈话、调查，了解到周某这个人自尊心很强，很爱面子，但做事爽快，讲义气。于是，调解员就对周某说："你是一厂之主，你开办的制衣厂，解决了很多人的就业问题，为社会、为国家都作出了贡献，厂里的工人都敬重你，佩服你，你的事业前途无量。可你看看，在这件事情的处理上，你的作为哪像一个受人尊重的厂长？"一席话，令周某惭愧不已，于是爽快地赔付给了张某医药费、误工费、营养费等 3000 元。针对双方争执的房租，周某又预付了 1 万元押金，同时，物业公司也尽力解决了制衣厂的用电问题。

范例评析：

正面引导激励法，主要是运用激励的语言唤起当事人的自尊心、荣誉感，促其主动让步以了结纠纷的一种方法。其要点是扬当事人之长，以言相激。调解人员要善于发现当事人的优点和长处，并及时用热情洋溢的话语加以赞赏、表扬，巧妙地唤起当事人的自尊心、荣誉感，不失时机地鼓励当事人以高姿态、高风格来对待纠纷。

4.2 训练

正面引导法需要了解当事人的个性特点，以及切实需求和利益，分别对症下药，进行规劝、引导。例如，针对性格豪爽、正直的当事人，可以恰当运用言语激将，引导其放下一时意气和心结，退让一步天地宽。（四个训练情境可任选两个）

训练情境 1　某村一对夫妻张某和陈某在烟台打工多年，后在县城买了住房，2008 年陈某回家照顾两个孩子上中学，并经营一辆出租车。次年 9 月，陈某转让了出租车，打电话给张某称，自己要出去消闲消闲，要张某立即回家照看孩子上学。之后，便带了家里八万多元现金，与吴某（男）外出了。张某回家后，多方找寻未果，十分恼火，对妻子的不忠行为更是恼怒万分，于是扬言一定要杀人方解心头之恨。10 月 11 日陈某回到娘家，带走的八万多元现金也已花尽，吴某也回到自己家里。村调委会得知陈、吴二人回家后，立即进行调解稳控工作，但双方情绪激动，事态难以控制，眼看着一场恶性案件随时都有可能发生。司法所于 13 日迅速介入。[1]

训练要求：学生进行角色扮演，各司其职，当事人按照各自角色合理发挥，给调解员设置重重障碍；调解员扮演者应当找准突破口，制定恰当的调解方案，控制局面以免事态恶化，稳定当事人的情绪，解开心结，并使张某与陈某二人和好如初。

训练提示：婚姻纠纷的调解在大多数情况下应当从感情出发进行劝解。在调解中可以大打感情牌，以情感话语进行劝导，从正面激励当事人摒弃前嫌，珍惜眼前人，共同为家庭的幸福努力。

训练情境 2　陕西省石泉县城关镇堡子村三组叶世莲现年 65 岁，儿子谢生林于 2006 年 9 月 18 日在陕西渭南新连煤矿打工时不幸遭遇矿难身亡，矿方一次性给付安葬费、供养亲属抚恤金和死亡补助金共计 206 000 元。该款除部分用于索赔开支和安葬开支外，仅给予其亲生母亲叶世莲 2300 元，其余全部由谢生林之妻曹术思一人掌控。叶世莲多次找到亲友与儿媳协商，要求把儿子死亡后该矿给付的属于自己的抚恤金给自己，可儿媳一直不愿意，以婆母早已改嫁，儿子谢生林对其就没有赡养义务为由拒绝。谢生林与妻子曹术思有一双儿女，其中女儿谢文现年 14 岁，儿子谢小峰现年 8 岁。

2007 年 11 月叶世莲一纸诉状将儿媳曹术思告上法庭，要求被告曹术思返还

---

〔1〕　参见 http://sq.aklaw.gov.cn/ShowArticle.asp?ArticleID=842，最后访问日期：2010 年 5 月 10 日。

亲属抚恤金和一次性工伤死亡赔偿金共计 30 000 元。

训练要求：学生分组扮演角色，包括当事人双方与调解员。要求扮演当事人角色的同学进入角色；要求调解员扮演者说服双方，使纠纷双方握手言和。

训练提示：动之以情、晓之以理是调解纠纷的必备手段，同时应对当事人的违法和不正当行为进行说服教育，通过查实证据还原事实真相，经过耐心细致的说教使当事人认识到自己行为的违法性和危害后果以及应当承担的责任，促其主动承担责任，取得对方的谅解。

训练情境 3　郑某和刘某同在某集贸市场摆摊卖咸菜，且摊位相邻。一天，一位顾客在二人摊位前左挑右选之后，在郑某处买了一元钱咸菜。于是，引发了一场纠纷。顾客前脚刚走，两人的对骂就展开了，争吵上升到打斗。经市场管理人员的劝阻，郑某提出将刘某的摊位调远一点，而摊位的远近影响着生意的流量，刘某坚决不肯调整摊位。郑某于是手持切咸菜的刀具，跑进市场办公室，将自己的颈动脉割得鲜血直流。迫于情势，市场管理方不得不找刘某做工作，打算将她的摊位进行调整。不料，刘某随即也在自己的手腕上划了一刀，并声称："她可以用自杀来威胁市场调整我的摊位，我也敢割手腕来回应她的威胁！"郑某于是准备诉至法院。市场管理人员感到非常为难，为化解双方矛盾，只好向司法所求援，请司法助理员介入调解。

司法助理员经过观察、调查，了解到当事双方平常对法律了解太少，尤其是郑某，年纪大，文化层次较低，法制观念模糊。而刘某年纪轻些，文化层次相对较高。

训练要求：学生分组扮演角色，包括当事人双方与调解员。要求扮演当事人角色的同学进入角色；要求调解员扮演者促使双方握手言和，并达成一致意见：刘某答应出于人道，一次性补偿郑某医疗费等 2000 元，而郑某自愿放弃刑事指控。

训练提示：宣教法就是教之以法，忠言相告。主要是通过对产生纠纷的双方进行法律宣传、教育来实现调解目的的一种方法。

许多纠纷的产生，很多时候是由于纠纷一方或双方法制观念不强，或对法律的了解不够，或认识模糊，或理解不同造成的。都认为自己有理，相持不下，因而常常各执己见，互不相让。针对这种情况，调解人员必须明确地告之以法，主动、耐心地对他们进行法律宣传教育，查明事实，分清责任。让他们树立以法律为准绳的观念，教育他们不只是从自身的利益去考虑问题，而应从法律的角度去反思自己的过错，这样才能使纠纷双方对调解心服口服。

同时要求调解员正确运用法律条文教育当事人，纠正当事人错误的认识观念。对法律的解释、讲解一定要明白、清楚，针对性强，不能闪烁其词、模棱两可。语态要庄重冷静，语气要客观公正，语速平缓适中，语言表达既要准确规

范，又要深入浅出，通俗易懂。特别是要严肃、郑重地告知调解对象不遵照法律办事，将会出现哪些不利的后果，要承担哪些法律责任。

训练情境4 某村"两委"修建一条通往该村一组的水泥公路项目，当公路修到中心村一组村民胡某住居地时，因地势的原因无法绕道修建，需要将其住房外一临时堆放杂物及柴火的木棚屋拆除。经村、组干部及本组相关村民多次做工作协商，胡某始终坚决不同意拆除。至2009年9月，根据县有关部门要求，若在9月中旬前不能将路基及底子修建好，就要将该项目取消，安排到其他地方。为此，中心村"两委"及本村一组及时组织人员，并租来相关工程机械，集中人力准备修通公路，当修到胡某临时柴棚时，胡某强行阻挠不让拆除该棚，并睡在该棚内不让拆除，并说"要拆除棚子，除非将我一同埋了"，致使工程受阻，不能正常施工。

司法所调解员介入，通过调查了解，胡某的柴棚是临时非法建筑，无任何合法手续，搭建该棚是胡某为了方便堆放杂物及柴火。

训练要求：学生分组扮演角色，包括当事人与调解员，要求扮演当事人角色的同学进入角色，要求调解员扮演者说服当事人胡某，达成拆除协议，解决纠纷。

训练提示：调解既要依法进行，也要照顾到当事人的合理需求，即所谓的合情合理合法。不可失之偏颇，使当事人心服口服。

【考核与评价】

考核内容：

针对以下给出的案情，根据纠纷当事人的不同身份，设计具有针对性的调解沟通方法和语言技巧。分析人民调解的优点与实际处理事件时的困惑。要求分组进行，每组在课堂上进行训练，能熟悉调解的流程，熟练运用调解的语言表述技巧。其他同学进行互评、打分。

1. 某村四组村民刘小某的住房，因2008年的"5.12"地震成危房，需重新修建，其地基由村委会协调。经与其同住在一个院落的亲哥刘大某协议，准备用刘小某原住的两间土木结构瓦房，与刘大某的两间旧房屋互换，并在此屋基上新建房屋，刘小某旧房内的木板归刘大某所有。协议生效后，刘小某已于2009年3月初将房屋主体建好，而在装修房屋时，却将原协议归刘大某的木板搬走准备装修用，由此双方发生争执和推拉，在推拉的过程中，刘大某的妻子邹某受伤。争执发生后，刘大某夫妇来到该乡司法所，请求给调解处理，否则，要将刘小某所建新房推倒，并将原协议调换的地基收回，更将邹某送到刘小某家中居住养伤。

接案后，为防止事态扩大，司法所立即会同综合治理办公室干部一道赶到当事人住地，在查清纠纷原因后，对刘小某的错误之处进行了严厉的批评，说服教育，使其认识到不履行协议的不良后果，不仅危害和损伤了他人的权益，同时也会损害自身的利益。经过对双方当事人的耐心劝导，最后当事人互相谅解，达成协议：维持 2008 年 8 月双方当事人经村调委会调解所达成的调房协议不变，木板归刘大某所有；同时刘小某一次性付给刘大某之妻邹某医疗费用 50 元。该纠纷的及时化解，不仅维护了当事人合法权益及社会稳定，同时，也有效地维护了当事人的正当要求。

2. 2008 年 1 月 11 日，颜光明（朝阳幼儿园学生）在横沟桥镇小学下属朝阳幼儿园上学时，不小心摔伤，经某区人民医院治疗，伤好出院后留有伤痕。当事人颜光明的监护人吴群芳与学校为医疗费和伤痕问题发生纠纷，多次到镇小学吵闹，影响了正常教学秩序，并两次到教委上访要求赔偿 30 000 元，经过多次协商无效，由镇人民调解委员会调解。

3. 某村崔氏兄弟俩成家时，父母将祖传下来的六间旧房按哥东弟西的方位均分给了兄弟二人。1999 年春天，崔家老大在翻建自己的旧房时发现自己宅基地的宽度是 11 米多一点，弟弟的宅基地宽度是 11.5 米。而双方的宅基地使用证都填写的是南北同宽 11.5 米，于是哥哥找弟弟协商此事，但弟弟不承认多占了地方，最后不欢而散。后崔家老大向法院提起诉讼，法院立案调查，但双方权属问题不能确定，法院不予判决，此后 8 年兄弟双方互不理睬，形同陌路。2007 年 3 月 10 日，因崔家老大的儿子要结婚急于翻建房子，哥哥找到司法所要求解决此事。

◆学生自评

1. 调解时，你所设计的方法与技巧有无针对性，是否存在漏洞与破绽，指出优劣之处，并提出具体建议。

2. 你是否了解并会运用说服劝导的方法与技巧，运用时存在有哪些不足？如何改进？

3. 调解时能否运用"望、闻、问、切"调解的四项基本功？

4. 调解要把握"五种方法"，即案例展示法、调解听证法、专家旁听法、"狠抓主线"法、"摸清家底"法。模拟演练时，你能熟练自如地运用它们吗？

拓展学习

1. 浏览司法行政部门的官方网站。

2. 观看电视台的调解节目，如"老娘舅"、"杭州老大哥"等。

训练项目十七　法庭论辩口才训练

【训练目标】

通过本项目的训练，掌握法庭论辩的基本口才，能在庭辩中举证、质证、论

证与反驳。

【训练内容】

法庭论辩举证口才训练，法庭论辩质证口才训练，法庭论辩论证口才训练，法庭论辩反驳口才训练。

【知识储备】

一、法庭论辩口才的类型

法庭是司法程序中口语使用较集中的环节。我国推行新的审判方式后，要求证人出庭接受控辩双方的举证、质证；要求检察官、律师具备交叉询问的语言能力；要求法官从过去纠问式的语境阴影中走出来，摆脱纠问式的思维模式，能够及时、准确地把握法庭上控、辩双方的语言互动，作出公开公正的裁判。法庭论辩口才集中体现为举证、质证口才和辩论的论证与反驳口才。

论辩口才特指在庭审中的法庭辩论环节，当事人及其代理人、或者控辩双方之间进行的激烈的论证与反驳的对抗式的言辞交锋。举证、质证口才表现为"交叉询问"，语用主体（问话人）和话语客体（受话人）处在一个结构平面上。语用主体（基层法律服务工作者和律师等）所掌握的法律知识和语言组合能力，是构成成功的"交叉询问言语链"的主要因素。在具体的交叉询问中，语用主体和话语客体构成相对立的问话和答话言语链，并且相互交叉渗透，相互交换信息，从而决定着双方延伸下去的言语链的组合，并不断改变着对话的语境因素。这就需要基层法律服务者和律师具有法律思维、法律语言应变能力、严密的逻辑思维、缜密的推理以及语言的智慧组合，才能产生有着内在逻辑关系的机智的提问和回答。只有不断学习研究交叉询问的规律和技巧，并在司法实践中积累经验，磨练技能和意志，才能产生法律语言的智慧火花。

二、法庭论辩语言的特征

1. 论辩语言的规范性。尽管在论辩语言中，也要求入情喻理，但语言多为法言法语，具有较强的理性特点。语言的理性化要求法庭论辩者依抽象思维的轨迹，客观冷静、平实质朴地运用语言，依据证据与事实论理，依法论理，恰当控制主观情绪。

2. 论辩语言的对抗性。在举证、质证这一法庭调查阶段，问答具有较明显的对抗性，论辩各方的语言针锋相对，有立有破，你来我往，不亚于战场上的交战双方。

3. 论辩语言的精确性。论辩时所用的语言是概念的、抽象的、普通的，保持高度的客观性的。由于法律论辩是以解决争议或纠纷为目的，各方论辩的终极目的是共同弄清争议事实，准确适用法律，这就要求论辩语言准确、简明。

4. 论辩语言的互动性。法庭论辩是一种求真大于求胜的互动过程。互动就是参与论辩的每一方既是信息传播者，又是信息接受者，都有听、论、辩的行为表现。论辩内容由双方或多方共同控制：公诉机关是代表国家意志进行各种诉讼活动的；律师从事辩护或代理是为了维护公民的合法权益；当事人是为了维护自身利益而参与其中。不论哪一方都必须在法律和事实的前提下进行分析、论证和辩驳。

三、法庭论辩的语言技巧

法庭辩论虽然不能直接对诉讼产生决定作用，但辩论中运用法律武器，捍卫法律尊严，切实维护诉讼者的合法权益，协助和促使审判机关对案件依法作出公正的裁判，以此来体现法制精神的实质。

法庭辩论的语言技巧具体包括以下几方面：①辩论要抓住要害突出重点，以事实说话；②善于抓住和利用矛盾，找准切入点；③深入浅出，生动形象；④语言表达要注重方式方法；⑤语言要连贯，应对要留有余地；⑥要讲究论辩策略，把握主攻方向，注重应变能力，切忌偏离主题。

【训练任务】

举证与质证、论证与反驳均是法庭调查阶段的两个极为重要的诉讼环节。证据的真实性不仅直接影响法庭辩论的效果，而且可能决定着案件的输赢，关乎当事人的切身利益。因此，基层法律服务者不仅要掌握举证与质证技能，而且要能在庭审中合理论证与反驳，以便顺利完成代理任务，维护当事人的合法利益。

训练任务1　法庭论辩举证口才训练

举证是法庭调查的第一环节，是质证与认证的基础与前提，适当的举证安排对案件事实的揭示和证明显然具有极大的帮助。

1.1 范例

情境再现：

离婚协议规定"夫妻共同财产一人一半"。这样表述似乎内容已经很明确了，但其实存在很多问题。如夫妻共同财产有哪些？家庭存款有多少？家具、电器如何分？如果一方故意有所遗漏，很难根据婚姻法的相关规定追究其故意隐匿财产的责任。又如，有的当事人约定，"一方如果对另一方不忠，所有共同财产归另一方所有"。什么是"不忠"？"不忠"的标准本身就是一个模糊的概念，可能由于约定不明导致约定的条款无效，过错方受不到应有的惩治等等。

范例评析：

在诉讼案件中，书证被大量运用。对书证的内容进行表述时必须准确，切忌模棱两可，似是而非。在进行书证的举证与质证时，可以从以下两点入手：①书证形式的瑕疵；②书证内容的瑕疵。

1.2 训练

举证训练除了语言技巧的运用外，更重要的是训练逻辑思维能力，使所举证据能够环环相扣，形成证据链，具有较强的证明力。

训练情境1 2009年8月，某村三组村民李二与其大哥李大为两家房屋之间的一条五十余米长，三十多公分宽的水沟，屡次发生激烈冲突，双方大打出手，险出人命。村、组干部通过现场勘察，调查了解，查明事实如下：这条排水沟一直以来是住户排屋檐水的通道。同年5月份，李大嫌院坝中间的这条水沟既不美观又不利于晒粮食，要把从他家门前过的排水沟填盖起来做院坝，可是李二却不同意这个想法。因为他住在哥哥家后面，并且他的房屋是土坯修建，如果把排水沟填埋了，遇到下暴雨，排水受阻将严重危及他房屋的安全。然而，李大却一意孤行，进行填埋施工；李二则一次次阻挡，以至矛盾上升直至打架，最后双方均受伤。

双方如果发生诉讼，那么在庭审举证中怎样才能达到预期效果？

训练要求：学生分组准备，分别扮演原被告角色，模拟庭审举证环节。

训练提示：举证要注意：①坚持实事求是；②谁主张、谁举证；③举证公开。在庭审举证、质证时，用语要注意简洁、准确，陈述事实要客观，不要掺杂个人情感。

训练情境2 2009年6月9日正值农忙季节，某村村民梅某发现，自家的耕牛被他人用铁器烫伤，伤口严重溃烂。梅某怀疑是自己的侄子梅小某将耕牛烫伤的。原因是：2007年5月，因梅某农活太忙，饲养了一头耕牛没有人放，只好拴在自己的荒山里，由于不慎牛将绳子挣脱跑到了侄子地里吃了玉米苗。侄子梅小某媳妇贾某是一个忠厚的人，但梅某妻子又不太明理，双方因此事大吵大骂了一通，这样两家就结下了积怨。2009年5月27日，梅某把牛拴在离侄子梅小某住房只有不到十米的自家院子里，由于农活忙，是早拴晚收，当时去牵牛回家时，并未发现牛左后腿有伤，直到6月3日才发现牛后腿肿大已经不能行走了。经兽医诊断为烫伤。

梅某认定梅小某的嫌疑比较大，原因：①两家有积怨；②其他住户村民离拴牛地均有一里的距离，用铁器烫牛应该是近距离方能实施，存在着距离的因素，也就是说，只有居住较近的梅小某可能性较大；③事后在梅小某家中找到了铁器工具火钳，经仔细勘察发现火钳上留有残余的牛毛。

梅某如起诉梅小某，请你为梅某设计庭审中的举证方案。

训练要求：要求学生分组准备，分别制定举证方案，以组为单位扮演梅某代理人角色，模拟庭审举证环节进行演练。

训练提示：①举证应注意顺序性。先出示什么，后出示什么，应巧妙安排，以取得最佳的效果。②举证顺序应具有逻辑性。所举出的证据应环环相扣，才能在法庭上证明案件的事实真相。可以运用按序分段举证法、连环举证法、综合举证法、集中举证法。③举证应注重条理性。举证时应根据案情的特点和证据性质将事实和证据进行分门别类，有条不紊地向法庭举证。④举证应保持节奏性。在举证时根据案情结合代理规律确定举证的重点和非重点，控制好表述快慢、轻重节奏，确保重点问题突出。

◉◉◉训练任务 2　　法庭论辩质证口才训练

质证是庭审调查阶段最具有对抗性的一个环节，是诉讼双方对相互存有争议的证据进行针锋相对的质疑，以便说服法官或者仲裁员采信或者否定某一证据的活动。

2.1 范例

情境再现：

格雷森被控于 8 月 9 日开枪杀死洛克伍德，现场有苏维恩作为目击证人。案件看来证据确凿，难以推翻。在法庭上，林肯开始了对惟一证人苏维恩的询问。

林肯：在目睹枪击之前你一直和洛克伍德在一起吗？

证人：是的。

林肯：你站得非常靠近他们？

证人：不，有大约 20 尺远吧。

林肯：不是 10 尺么？

证人：不，20 尺，也许更远些。

林肯：你们是在空旷的草地上？

证人：不，在林子里。

林肯：什么林子？

证人：桦木林。

林肯：8 月里树上的叶子还是相当密实的吧？

证人：相当密实。

林肯：你认为这把手枪是当时所用的那把吗？

证人：看上去很像。

林肯：你能够看到被告开枪射击，能够看到枪管伸起这样的情况？

证人：是的。

林肯：开枪的地方离布道会场地多远？

证人：有一公里多远。

林肯：当时的灯光在哪里？

证人：在牧师的讲台上。

林肯：有一公里多远？

证人：是的，我已经第二次回答了。

林肯：你是否看到洛克伍德或格雷森点着蜡烛？

证人：不！我们要蜡烛干吗？

林肯：那么，你如何看到枪击？

证人：借着月光！（傲慢地）

林肯：你在晚上10点看到枪击；在距离灯光一公里远的桦木林里，看到了枪管；看到了开枪；你距离他有20尺远；你看到这一切都借着月光？离会场灯光一公里远的地方看到这些事情？

证人：是的，我刚才已经告诉过你。

法庭上的听众热情高涨，仔细地听取询问的每一个字。只见林肯从口袋里掏出一本蓝色封面的天文历，不紧不慢地翻到其中一页，告诉法官和陪审团，那一天前半夜是不可能有月光的；月亮要到后半夜一点才会爬出来。更富戏剧性的是，在伪证被揭穿之后，林肯一个回马枪杀过来，转而指控这位证人才是真凶。最终真相大白，杀人者果然便是苏维恩本人。

范例评析：

林肯的问题设计精妙、环环相扣、逻辑严密，将证人的虚假证词暴露无疑，同时使证人是真正的杀人凶手的事实真相大白于天下。在交叉询问中，问题简洁、清楚明了、准确无误，使证人无法含混其词、蒙混过关。

2.2 训练

质证的方法因为证据的不同类型可以采取不同的方法。但万变不离其宗，对任何证据的质疑与询问都必须围绕该证据的真实性、关联性及合法性进行。

训练情境1　学生分为若干小组，分别通过上网或者实际调研搜集一个真实案件，所选案件的当事人之间应当在证据上存在极大争议，具有较强的可辩性。

训练要求：要求学生分组，根据案件证据质证的环节扮演原被告代理人的角色，形成质证环节的激烈交锋，双方的质疑与反驳应当相互对应，具有针对性。

训练提示：质证环节不仅需要双方代理人或者当事人熟悉质证的程序要求，同时更要进行充分的庭前准备工作，如制定质证对策与方案。一言以蔽之就是要在开庭前做到胸有成竹，这样在质证时才能游刃有余。

训练情境2　李健与梁清结婚十余年，二人在广东佛山共同创业，开了一家工厂。2008年，李健去湖北出差，因汽油中毒导致严重昏迷最后成了植物人。后为了使丈夫得到更好的治疗，梁清租用飞机将李健运回广州治疗，此举曾轰动一时。治疗一年之后，李健仍未恢复，医生认为其恢复几率为零，期间花去医疗费四十多万元。为此，梁清于 2009 年提出离婚，理由是治疗已经没有希望，要重新安排自己的生活，双方的子女由梁清抚养。男方家人不同意离婚，认为夫妻之间应尽相互扶助的义务。退一步讲，就是要离婚，必须由梁清一次性付出 50 万元。梁清则称，无法一次性付出 50 万元，只能按月支付，因为为李健看病已经花了四十多万元，加之要抚养小孩，而且自己的工厂也因这一变故而无法经营下去，所以根本没有能力一次性拿出 50 万元。一审法院在 2009 年 10 月判决准予离婚，由原告梁清支付 50 万元给李健，分期付清。二审判决不准予离婚。

训练要求：学生分组准备，对上述案例进行模拟庭审，重点演练质证的方法与技巧的运用。要求演练突出实战的对抗性；表达要围绕中心、语言简练。

训练提示：质证必须要做好前期的搜集取证工作，举证环节中要默契配合，语言陈述要得体到位。

⚫⚫⚫ 训练任务 3　法庭论辩论证口才训练

法庭辩论论证口才的核心是论证要依法、有据；反驳要抓准对方论证的软肋，切中要害，有力回击。

法庭论证应该以理性化的语言为主导，少用描绘性语句，多使用限制性语句。在表达方式的选择上，不论是说明、叙事还是议论都应保持客观的态度，不能出现"罄竹难书"、"荒谬至极"等夸张性词语。

3.1 范例

情境再现：

1979 年夏天，鞍山市发生一起命案：一个叫匡平的青年人和几个人在街上闲逛时，帽子被人抢走。和他在一起的周某从别人手里取过一把刀，和匡平一起追赶抢帽子的人，匡平夺回帽子后跑掉了，周某却将对方一刀刺死。同年 9 月，鞍山市中级人民法院决定公开审理这起案件，这是拨乱反正之后该市第一次大型的公开审判活动。

开庭时旁听者上千人，其中有市委市政府的领导、新闻记者以及法学专家。针对起诉书的指控，辩护人指出，匡平不构成犯罪。对起诉书反复使用"伙同"一词，认为这是带有明显贬义色彩的词语，建议法院在制作判决书时不要使用这一不实之词。他即兴做了一个幽默的比喻："你们总不能说今天我伙同××在这里做辩护吧。"公诉人指责他的辩护是"吹毛求疵"，辩护人则机敏反驳："既然公诉人说辩护人是吹毛求疵，那么公诉人就承认了这是'疵'，什么是'疵'？'疵'就是瑕疵，就是毛病。既然如此，有

'疵'就得求，吹毛而求其'疵'，就没有毛病了，就正确了，为什么不让人求呢"？第三天，匡平就被无罪释放了，而且法院的判决书没有使用"伙同"一词。

范例评析：

这本是一起普通的刑事案件，却是一次不寻常的开庭审理。当时法律已经空白了二十多年，刑法和刑事诉讼法尚未实施。一些法律界人士连什么叫犯罪预备和犯罪未遂都不大懂，普通百姓更是未曾听说过何谓起诉、辩护、公开审理。

法律论辩语言禁止使用夸张性的语言、语意含混、模糊不清的语言以及情绪化的语言、高度政治化的语言。因为这些语言风格都与法律语言的理性化风格相冲突。上述"伙同"用语虽合语法要求，但与实际情况不符，不合法律规定，违背了法律用语的严谨性。这段文字公诉人还运用了"你要记住过去的教训"、"吹毛求疵"等这类带有人身攻击性的问句、感叹句，有失法律论辩语言的明确性、庄重性，冲淡了法律论辩语言的理性色彩。因而，上述语言运用的失误成了辩护律师反驳的要点。可见，法律论辩中论辩者应该排除个人情绪化的语言，应以理性化语言为核心，才能达到论辩的目的。

3.2 训练

论证是法庭辩论的立身之本，无论是对事实的认定、法律的适用，还是对诉讼请求或者辩驳观点的支撑都离不开逻辑严密的论证。论证应当围绕证据、事实与法律规定进行。

训练情境1　2005年1月的某一天晚上10时许，高英年因妻子与刚满月的儿子在岳母家休养，感到无聊，便打电话约好友王一与李力一道出来喝酒。三人先到一家饭馆喝酒，喝至凌晨2时许，三人与两名女子一同来到悦来茶楼。当时茶楼已经关门，几人便要求茶楼服务员为其开门服务，服务员应允。几人进入一个包厢后，叫服务员上了瓜子和酒之后，就吩咐服务员离开。之后，几人便开始继续饮酒，并吃了摇头丸，疯狂玩乐。1小时后，高英年便在包厢沙发上躺下，其余人以为其困了在睡觉。时至凌晨5点左右，王一与李力发现高英年口吐泡沫，不省人事。见状，李力和两名女子夺门而逃。王一则采取掐人中等方法救治高英年。早晨7时许，医院接到王一的求救电话，赶到茶楼，当时发现高英年生命体征基本消失，后经抢救无效死亡，死亡原因为摇头丸中毒身亡。现两女子查无下落，摇头丸的来路王一和李力称是由高英年提供。高英年家人遂将王一、李力和悦来茶楼告上法庭，要求其赔偿相关损失。

训练要求：学生分组准备，模拟庭审训练，重点环节为原被告双方论证各自的观点：如诉讼请求、答辩观点等等，突出"以事实为根据，以法律为准绳"的论证原则。

训练提示：作为一个诉讼论辩者必须具有调节和控制自己情绪的能力，在任何情况下，都要做感情的主人。即使对方诉讼论辩者胡搅蛮缠、强词夺理，情绪也不能过于激动。要掌握论辩中关键语词所表述的概念的内涵、外延，以及这些概念间的关系。切忌强词夺理、颠倒黑白、指鹿为马的伎俩。

训练情境 2　一个抢劫案件中，公诉人指出，被告人李某的行为已构成抢劫罪。辩护人认为对被告应从轻处罚。在法庭辩论中，辩护人并未提出从轻处罚的其他证据，而是动情地陈述道："被告人成家不久，有一个年轻的妻子，还有一个尚在襁褓中的可爱的小宝贝。如果李某锒铛入狱，对孩子将是一个可怕的打击。为了挽救这个温馨的家庭，不让这个幼小的心灵蒙受可怕的创伤，为此建议法庭对李某从轻处罚"。

训练要求：分成两组，角色扮演，分析辩论辩护律师的观点是否成立，还可设计其他的辩护理由，以达到辩护目的。

训练提示：符合逻辑的论辩应该是论据充分，以情感人的前提是必须符合法律的规定。否则即使是言辞充满激情，语言具有煽动性，也是偏离中心的无为表达。

🔴🔴🔴训练任务 4　法庭论辩反驳口才训练

庭审论辩中，有时存在诡辩。对诡辩的识别与驳斥需要灵敏的反应、清晰的逻辑思维和恰当的语言选择。诡辩违反了逻辑规律、规则，颠倒黑白、混淆是非、以假乱真、似是而非。诡辩通常采用偷换论题、循环论证、强词夺理、以人为据、诉诸感情、机械类比、复杂问语等方法。因此，在法庭论辩过程中，要彻底驳斥诡辩，只具备逻辑知识还不够，还必须具有深厚的法学功底及语言应对的能力。

4.1 范例

情境再现：

> 在某杀人案的庭辩中，律师为被告人辩护，称"被告人与被害人远隔几百里素不相识，无冤无仇，是偶然失足致人死亡的过失杀人罪"。辩护律师在此明显地在玩弄偷换论题的诡辩手法。又如在庭辩时，辩护律师提出，被告人一贯表现较好，要求在量刑时从轻处罚。公诉人反驳说："对违法犯罪的人，不管他资格多老，犯罪前地位多高，都应该依法制裁。"

范例评析：

所谓偷换论题，是指故意违反同一律，采用偷梁换柱的方法，用另一个论题暗中替代所要论辩的原论题，企图歪曲、篡改论题以混淆是非、扰乱视听的一种诡辩手法。上面例子中的律师及公诉人就犯了偷换论题的逻辑错误。辩护律师要求"量刑时从轻处罚"，并不是说不处罚。结果是需要反驳的（从轻处罚）没有

反驳，却抓住不需要反驳的（不处罚）了。

4.2 训练

在法庭辩论中，当对方诉讼论辩者使用偷换论题的诡辩方法时，另一方论辩者常会出现两种失误：①任凭对方偷换论题，自己仍然坚持原来的话题；②对诡辩的驳斥会犯循环论证。因此，驳辩时要注意概念的辨别及驳辩的技巧。

训练情境1　在某盗窃案的庭辩中，某公诉人说："被告人张某进行盗窃不是偶犯，这是因为被告人屡教不改，一犯再犯。"被告人的辩护人问："有什么证据证明被告屡教不改，一犯再犯呢？"某公诉人说："因为他进行盗窃活动不止一次。"某公诉人在这里用"被告屡教不改，一犯再犯"这个论题。接着说"被告盗窃活动不止一次"论证"被告屡教不改，一犯再犯"这个论据。

训练要求：学生分组模拟，进行片段庭审论辩，并对论证进行反驳。

训练提示：庭辩中抓住循环论证加以驳斥。在论证中，论题的真实性是依赖论据的真实性来论证的，如果论据的真实性还需要靠论题来论证，就会形成互为论据、互为论题的情况，实际上什么也没有论证，这就犯了"循环论证"的逻辑错误。在法庭论辩中，用被告的行为来为被告定罪，又用罪名来证明其行为的存在，这就是循环论证在庭辩中经常出现的形式之一。

应对循环论证这种诡辩手法，首先要注意，无论在怎样纷纭复杂的情况下，都要保持冷静的头脑；其次，要让对方阐明在每个论辩程序中要论证什么问题；最后要用真实的证据来论证。

训练情境2　范某与王某两家邻居都投了家庭财产保险。春节期间，邻居家的孩子燃放爆竹，不慎将两家中间的柴草垛引燃，大火将范、王两家的房屋等财产烧毁。事后保险公司给付王某保险金28 920元。范某去领取保险金时，保险公司拒绝给付保险金。范某急了，跟保险公司的人大吵大闹说："买保险时，你们宣传说家庭财产保险后着了火，保险公司负责赔偿。这火又不是我放的，我损失这么重为什么不赔？"于是起诉保险公司。在法庭上，范某说："我与王某都是一样的公民，都投了家庭财产保险，都交了10 000元保险费，又是在同一次火灾中烧了房屋等财产，保险公司赔偿王某28 920元，为什么不赔偿我保险金呢？"

但是法院查明：当火灾刚发生时，王某就组织家里人奋力扑救控制火势，并让孩子到村里找范某，当火势控制不住时，王某又组织人积极抢救财产。然而范某听说家里失火了，他喝的醉醺醺的，对别人说："我家人保险了，随便烧，反正保险公司得赔偿我，我正嫌我家房子样式落后呢，也该更新了！"由于范某对救火不积极，他家的房子和财产全都被烧毁了。

训练要求：学生分组准备，模拟庭审论辩，针对上述论证进行反驳。同时搜集类似庭审论证，进行分析与点评。

训练提示：类比推理是或然性推理，其结论的真实性有待于进一步去证实。类比推理是不能单独作为论证手段的。然而有些诉讼论辩者在庭辩中将类比属性曲解，从而进行的表面的、偶然的、非本质属性的类比，在庭辩中犯了机械类比的错误。

庭辩中驳斥机械类比的方法主要包括：①指出对方所用类比推理对象间相同或相似属性过少，结论的可靠程度低；②指出对方类比的相同属性与推出属性之间联系不紧密，推出结论不可靠；③指出类比的两个对象间相同或相似的属性仅仅表面相同，而非本质相同；④提醒对方即使推理完全符合逻辑规则，如果没有其他论证方法，其所运用的类比推理也不能作为独立的论证手段，因为类比推理属于或然性推理。

【考核与评价】

考核内容：

1. 根据所提供案例，按照原被告代理人进行角色分组，设计模拟审判，重点演练举证、质证庭审环节，要求陈述证据合理，举证表述有序，环环相扣；质证用语针锋相对，具有对抗性。

2. 根据所提供案例，进行角色扮演、模拟辩论；举证与质证环节要求运用所学方法与技巧，精心设计问答，辩论环节要求进行三轮以上交锋，论证与反驳要合法、有力。辩论后要求同学点评。

2009 年 5 月 26 日是刘伟锋结婚的大喜日子。婚礼那天他租了一辆小轿车，并通过朋友借了道路养护公司的一辆小货车，去迎娶新娘。新郎坐在小轿车上，小货车由新郎的哥哥刘吉盛驾驶，车上坐着新郎的朋友李强和另外一个人。小货车在一个拐弯处失控出事，车上的三人当场昏迷。经交警鉴定，车祸是由刘吉盛超速驾驶造成的，对车祸其应付全部责任。后经治疗，两人无大碍，而李强伤势严重，造成胸部以下瘫痪，今后只能与轮椅相伴，女友因此离他而去。治疗费用由刘家支付 10 万元后，刘氏兄弟再不愿支付。无奈之下，李强向法院提起诉讼，要求被告刘伟锋、刘吉盛和道路养护公司赔偿其治疗费、残疾赔偿金等共计 42 万元。

◆学生自评

1. 课堂训练提供的案例，你是否能熟练地运用举证、质证技巧？

2. 庭辩时论证、驳辩的技巧如何配合、运用？

3. 进行模拟演练时，你的用语是否言之有据，驳辩是否贴切中肯、得体到位？

4. 全面评价法庭论辩时的问答、对抗论辩的语言能力与技巧。

拓展学习

1. 浏览相关律师网站及法院系统的网站。

2. 观看电视台法制类节目，如"以案说法"、"庭审现场"等电视节目。

学习单元六　警务口才训练

【学习目标】
　　通过本单元的学习，锻炼和强化监狱民警在教育改造工作中口语表达的能力，培养基本的岗位职业素养。

【学习内容】
　　警务报告口才、警务谈话口才、警务讲评口才、警务教育口才。

训练项目十八　警务报告口才训练

【训练目标】
　　通过本项目的训练，锻炼和强化监狱民警在教育改造工作中有关报告口语表达的能力，培养基本的岗位职业素养。

【训练内容】
　　形势报告口才训练、动员报告口才训练、奖惩报告口才训练。

【知识储备】
　　在监管工作中，监狱领导、监区负责人及民警经常定期或不定期的采用作报告的形式向服刑人员进行集体教育，这就是监狱人民警察警务报告口才。警务报告口才依据报告内容的性质可以分为形势报告口才、动员报告口才和奖惩报告口才等。形势报告口才就是根据监管工作的任务要求、服刑人员的思想动态及存在的普遍性问题，对其进行形势政策、法律法规、监规纪律、理想道德、人生观世界观价值观等思想政治教育；动员报告口才就是针对监管工作中开展的生产劳动、思想教育、文化技术学习、抢险救灾等活动，鼓励服刑人员积极响应号召，主动投身活动，自觉接受教育改造；奖惩报告口才就是总结一段时期内的教育改造工作，根据服刑人员的改造表现，奖优罚劣，对服刑改造表现好的给予奖励，对服刑改造表现差的给予惩处。

　　警务报告口才是监狱人民警察经常使用的一种正面教育手段，也是对服刑人员进行集体教育的一种重要方式。由于报告对象的特殊性即服刑人员群体，警务报告就具有全局性、政策性、鼓动性的特征。全局性是指报告口语表达应从监管工作的总体形势着眼，围绕监狱教育改造和生产劳动等工作中存在的共性问题，向服刑人员群体展开政治思想教育，其教育面广、威慑力强、影响巨大。政策性是指监狱人民警察是代表政府对服刑人员进行教育改造的，因此对服刑人员作报告时要体现较高的政策理论水平，既要坚决贯彻执行党的有关政策，又要结合实际情况灵活运用。鼓动性是指报告口语表达要具有真挚的感情，在教育和提高服刑人员思想认识的同时，用真情实感去感染他们，引起他们思想上的共鸣，激发他们积极改造的热情。

监狱人民警察要作好警务报告，充分发挥其对服刑人员教育感化的作用，就要做到如下要求：

第一，了解对象，有的放矢。要熟悉、了解和掌握服刑人员的案情种类、年龄结构和文化程度，了解他们的心理需要及改造现状，有针对性地对他们进行教育，让他们听得清、听得懂、听得进、记得住，从而达到预期目的。

第二，观点鲜明，立场坚定。对服刑人员进行教育，提倡什么、反对什么、肯定什么、否定什么、保护什么、禁止什么都必须明确提出，不能含混不清，莫衷一是。这样才能帮助他们树立正确的是非观念，自觉服刑改造。

第三，事例典型，富启发性。对服刑人员作报告，应避免空洞无力的简单说教，可以援引典型生动的事例来说明道理，使复杂的问题简单化，抽象的观点具体化，动之以情，晓之以理，使他们心悦诚服地接受你所阐明的道理和意图，明确努力方向和行动目标。

第四，运用口语，表达规范。报告面对的是服刑人员群体，这个群体年龄大小不等、文化程度参差不齐、思想性格差异很大、接受能力强弱不均，为适应这些情况，在报告中首先要讲普通话，并在此基础上运用文明规范的口语化语言进行讲述。语言要生动朴实、通俗形象，符合口语习惯。

第五，清晰流畅，语速适当。不同的报告内容，报告者应运用与之相适宜的言辞、语气、语速，表达清楚，语言流畅。还要运用语调的抑扬顿挫，跌宕起伏，富于变化，使报告灵活生动，感染力强。

第六，尊重人格，感情真挚。服刑人员也是人，因此在作报告时应当尊重他们的人格，循循善诱、以理服人，充分表达出对他们的真诚关心和爱护。

第七，仪态庄重，自然大方。报告者应保持着装规范、仪态端庄，表情自然，大方得体。态势语要自然大方，与内容相协调，从而为报告增添色彩，能吸引服刑人员认真听讲，强化报告的教育作用。

【训练任务】

一般来说，作报告都有预先写好的报告稿，但如果一味地照稿宣读，那这个报告会令人感到乏味沉闷。所以，对于有讲话水平的报告者来说，尽量脱开稿子，用自己的话作报告，更能吸引和打动听众。这样，在展示自己语言水平的同

时，更能体现自己作为监狱人民警察的职业素质，树立威信，增加影响，以达到最好的教育效果。这就要求我们要有意识地在学习中多演练、在实践中多磨练、在平时多修炼。

训练任务1　形势报告口才训练

形势报告就是通过向服刑人员宣传党和国家的形势政策、法律法规，宣讲社会公德、前途理想、人生观价值观以及监狱工作的方针政策、监规纪律等，强制性地促使他们了解和把握形势，扭转思想认识上的偏差，让他们知罪、认罪、悔罪、改罪，增强改造自觉性，从而走向正途。重大节日的集体活动讲话、特定时期的形势教育讲话等，都是形势报告的重要内容。我们演练形势报告口才，也是提高自身政策理论水平和职业修养的途径。

1.1 范例

情境再现：

在国庆五十八周年升旗仪式上的讲话

全体服刑人员：

今天，是中华人民共和国成立五十八周年纪念日。我们组织大家在这里举行隆重的升国旗仪式。首先，我代表监狱党委向大家致以节日的问候！当前，党的十七大即将召开，为确保国庆、十七大期间监管秩序的持续稳定，确保阶段性安全目标和全年工作大丰收的胜利实现，借此机会，我主要强调三个问题。

一、喜迎党的十七大胜利召开，要牢固树立维护稳定的首位意识

党的十七大将于 10 月 15 日隆重举行。如何确保十七大期间的安全稳定是当前压倒一切的头等大事、政治任务。维护稳定，人人有责。作为一名正在服刑改造的人员，相信大家此时此刻也都能掂量出"确保稳定"的分量，这也是检验大家能否真诚靠近政府、积极改造的具体体现。因此，要求大家一定要牢固树立维护稳定的首位意识，以每个人都不发生任何问题的优异成绩向党的十七大献上一份厚礼。

二、确保阶段性安全目标胜利实现，要继续强化规矩意识和遵章意识

在过去的 9 个月里，尤其是 6 月初"确保阶段性安全目标动员大会"之后，我监的安全生产取得了突破性进展，安全周期达到了 243 天。这当中大家所付出的改造努力令人欣慰。但规矩意识依然不强，特别是习惯性违章尚未得到彻底根治。现在，距离年底还有 92 天，监狱党委确保阶段性安全目标胜利实现的决心是无比坚定的，我们绝不允许发生任何安全事故。这就要求大家要确实把规矩意识、遵章意识的增强作为自己义不容辞的改造义务去

履行、去完成。相信大家一定会保持清醒的头脑、理智的思维、明智的选择。

三、夺取全年各项工作大丰收，要从现在做起，从自我做起

综观全年各项工作，方方面面都体现出蒸蒸日上的良好局面，夺得大丰收指日可待。但我们不能盲目乐观，越是在这个时候越要保持清醒的头脑。针对近期表现出的一些突出问题，要求大家要从现在做起，从一点一滴改起，务必做到"三个防止"、"三个到位"：

第一，要防止麻木不仁，做到认识到位。要从务求实效的高度对待自身的改造，把自己的一言一行、一举一动都和监狱的奋斗目标挂起钩来，脚踏实地，扎实改造。对于那些我行我素、放任自流，或者蓄意破坏捣乱者，监狱将坚决予以严厉打击，绝不心慈手软，姑息迁就。

第二，要防止麻痹大意，做到行动到位。要拿出改恶从善的决心和真诚改造的行动，找准自身存在的问题，找准改造中的薄弱环节，在确保两个安全上下真功，在改过自新中见实效，真正展示出一名服刑人员在关键时刻应有的精神风貌。

第三，要防止事不关己，做到监督到位。监狱的安全稳定与你们每个人的相互监督息息相关。要从落实"互监组"制度做起，人人强化"互监意识"，个个确立"共保意识"，做到"在我身边无违纪"，"在我岗上无违章"。

全体服刑人员，喜迎党的十七大胜利召开使命光荣，确保十七大期间乃至全年"两个安全"的持续稳定责任重大。最后我坚信，大家一定会以更加饱满的改造热情和更加优异的改造成绩向党的十七大献上一份厚礼，向我监阶段性安全目标的胜利实现献上一份厚礼，向我监全年各项工作的大丰收献上一份厚礼！

范例评析：

这份形势教育报告，首先，不失时机抓住国庆节举行升旗仪式的契机对服刑人员进行爱国主义教育。其次，结合党的十七大召开的大形势，教育服刑人员牢固树立维护稳定的首位意识，做到维护稳定，人人有责。最后，紧紧结合本监狱教育改造工作形势及目标，对服刑人员提出从现在做起，从一点一滴改起，务必做到"三个防止"、"三个到位"的具体的改造要求。从大局到小局，从宏观到微观，观点鲜明，立场坚定地对他们进行形势教育，有分析、有威慑、有引导、有要求，是一份比较成功的形势教育报告。

1.2 训练

形势教育报告灵活多样，针对性强，可进行单一内容的教育报告，也可进行

综合内容的教育报告。如党和国家召开重要会议、监管改造工作发生重大事件、针对特殊服刑人员（法轮功）、针对某种改造中出现的不良现象等，都可不失时机地进行形势教育。我们在训练时要注意理论联系实际，针对现实情况进行教育报告。

训练情境 1　某监狱集训大队一批服刑人员入监之初，思想状况复杂混乱，情绪不稳定，波动较大。有不认罪服法的，有不遵守监规纪律的，有紧张害怕的，也有悲观失望的。监狱教育改造科的领导同志决定针对上述情况，从法制宣传角度，结合人生观价值观教育，对这批服刑人员作法制教育报告。

训练要求：训练前先搜集有关材料，如《监狱法》、树立正确的人生观价值观以及在改造中受过挫折但是后来居上、取得进步的典型事例等，拟写报告稿，重点宣讲对服刑人员进行教育改造的有关法律法规、监狱的监规纪律，帮助服刑人员认识自己人生观价值观的偏差与错误，树立身份意识，端正改造态度。讲稿写好后要反复试讲，熟悉报告内容达到脱稿表达的程度。时间以10～15分钟为宜。

训练提示：拟写报告稿可独立完成，也可分组进行。注意报告的全局性和权威性，能体现监狱人民警察作为国家执法者的形象与素质。报告过程紧凑、连贯、完整，可个人独立完成，也可采用三人接力方式来完成。

训练情境 2　某监狱为庆祝中华人民共和国成立六十周年，组织各监区服刑人员举办了一场"大墙红歌会"歌咏比赛。在歌咏比赛活动结束时，监狱长结合这次活动内容，向服刑人员作了爱国主义教育报告。

训练要求：报告内容独立完成，撰写报告稿并脱稿讲述。演练时要根据讲稿，又不拘泥于讲稿，要"讲"报告，而不是"读"报告，同时要不时抬起头来扫视全场，用目光和表情与听众交流，及时掌控听众情绪和反应。时间不宜过长，3～5分钟即可。

训练提示：可以结合这场"大墙红歌会"的内容，回顾我党老一辈无产阶级革命家和无数先烈抛头颅、洒热血，经过艰苦卓绝的奋斗，建立中华人民共和国的艰难历程，也可以用热情洋溢的语言展现我国改革开放三十年所取得的伟大成果，以激发全体服刑人员对伟大祖国的热爱和赞美之情，对中国共产党的信赖和崇敬之情，对老一辈无产阶级革命家和无数先烈的赞颂和怀念之情，并以此为切入点，激发服刑人员的进取精神和改造热情。

训练情境 3　某监狱某监区有两名服刑人员蓄意逃跑，被监狱民警及时发现并阻止。这件事情引起监狱领导的高度重视，安排各监区组织开展"反逃跑"专项教育整顿活动。某监区领导集合全监区服刑人员召开教育大会，并作以"脱逃无出路，改造有前途"为主题的教育报告。

训练要求：讲练之前写出报告的详细讲稿，熟悉讲稿后进行脱稿讲练。声音要洪亮，表情要严肃，神态要威严。讲练时采用站姿，适当配合手势动作，但不宜过多。时间以 10～15 分钟为宜。

训练提示：运用教育改造服刑人员过程中发生的正反两方面的典型事例，以事说理，以理服人。也可结合《监狱法》相关内容和监规纪律，强化服刑人员的法律意识、规矩意识。

训练情境4　中秋节到了，监区请一部分服刑人员家属到监狱来进行帮教活动。请面对服刑人员及其家属讲一段话。

训练要求：即席讲话，内容简短，中心突出，表达干净利索，条理清晰。

训练提示：首先对家属的到来表示欢迎；中心内容要讲帮教活动的意义及作用；还可表达对帮教活动成果的信心。

●●●训练任务2　动员报告口才训练

在监管工作过程中，必然要结合生产劳动、思想政治教育、文化技术教育等开展一些必要的、丰富多彩的活动，目的是让服刑人员在活动中接受教育改造，转变观念，端正态度，积极改造。这就需要在活动开始时对服刑人员进行动员。活动动员报告一般针对某一活动，内容单一具体，具有阶段性、紧迫性、号召性、鼓动性的特点，作报告时应运用真挚的感情、激励的言辞来鼓动服刑人员、感染服刑人员，使之产生共鸣，积极付诸行动。

2.1 范例

情境再现：

庄严的承诺　崭新的起点

——在"依法改造，自觉改造，文明改造"签名活动仪式上的讲话

全体服刑人员：

当2004年的第一缕阳光洒满大墙的时候，当新年的钟声在我们耳旁响起的时候，我们满怀胜利的喜悦！充满奋进的豪情！在此，我代表监狱党委，向全体服刑人员致以新年的问候和美好的祝福——祝你们在新的一年里改造顺利，身体健康，也祝你们的家人平平安安，合家欢乐！

刚刚过去的2003年，是我监发展史上极其重要的一年。在这一年里，我们实行封闭式管理，取得了抗击非典的重大胜利；我们狠抓规范化管理，确保了监管秩序的持续稳定，实现了"夺七"的目标；我们突出中心，积极探索新形势下教育改造的新路子，精心打造监区文化建设品牌，教育改造质量进一步提高；我们转变观念，加快调产步伐，使监狱经济继续保持了稳定健康的发展态势。这些成绩的取得，浸透着全监服刑人员的汗水和智慧，也是你们真诚认罪悔罪、积极改造的真实反映。

2004 年，是全面贯彻落实党的十六大和十六届三中全会精神，继续推进各项改革和发展的重要一年，为了激励广大服刑人员以新的精神状态，投入到新一年的改造生活中，今天，我们在这里隆重举行"依法改造，自觉改造，文明改造"为主题的签名活动。

依法改造，就是要求你们在监内的一言一行都要严格遵守国家的法律法规以及监规纪律，严格遵守《罪犯改造行为规范》，不得各行其是。这是你们顺利改造的基础，也是你们享受权利、履行义务的重要保障。

自觉改造，就是要求你们从主观上深刻认识自己犯罪的危害性，不断增强改造的积极性和主动性。这是你们顺利改造的关键，也是你们改造自我，重新做人的重要途径。

文明改造，就是要求你们在政府干部的教育下，逐步改掉以前的匪气恶习和不良习惯，树立正确的人生观、世界观和价值观，不断规范自己的言行，提高自己的素质，为将来回归社会奠定良好的基础。这是你们顺利改造的重点，也是你们弃旧图新、脱胎换骨的重要保证。

在新年的第一天，我们举行这样的活动可以说是意义深远、作用巨大。在此，我对全监服刑人员提三点希望和要求：

第一点，希望你们牢记誓言，积极行动起来，投身到"依法改造、自觉改造，文明改造"的活动中来。你们在鲜红的条幅上庄严地签名，就是表达你们告别罪恶的过去，走向美好明天的强烈愿望。你们要利用年终评审和节日休息这一有利时机，认真审视自己，总结经验教训，查找问题与不足，制订新一年的改造计划。从今天做起，从现在做起，用自己的聪明才智实现自己的郑重承诺，为我监整体工作健康有序地发展做出自己的努力。

第二点，希望你们牢记身份，遵规守纪，争做文明犯人。《罪犯改造行为规范》和《罪犯一日行为规范》是你们必须遵守的言行准则，是检验你们改造表现的重要依据。每一名服刑人员都要用"规范"约束自己的一言一行，一举一动，做到不该说的坚决不说，不该想的坚决不想，不该做的坚决不做，形成人人守规范、人人保安全，人人争做文明犯人的良好改造氛围，为实现监狱党委提出的"夺八"目标做出自己的贡献。

第三点，希望你们牢记责任，加速改造，争取早日新生，回归社会。你们的身份不仅仅是服刑人员，还是父亲、丈夫、儿子，你们肩上的担子还很重很重，你们未来的路还很长很长。因此，我要求你们在这里安心改造，加强学习，掌握一技之长，不断净化自己的灵魂，升华自己的人格，争做一个有责任心、有正义感、讲诚信、有毅力的男人，早日回归社会，尽一个身为父亲、丈夫、儿子应尽的职责，做对社会有用的人。

庄严的承诺，是崭新的起点。我相信在政府干部的耐心教育下，你们一定会在新的一年里自加压力，奋力争先，走正、走好、走稳改造的每一步，取得新的改造成绩，回报每一位关心你们改造的监狱民警，回报牵挂你们的亲人！请大家大声回答我："能不能做到？"

我的讲话到此结束，谢谢大家！

范例评析：

报告利用新年伊始举行改造活动签名仪式的时机，先回顾过去一年的改造成绩，以增强服刑人员的改造信心；再确立新一年的改造目标并宣讲"依法改造，自觉改造，文明改造"活动的内涵及意义；最后热情洋溢地动员服刑人员积极投入到新一年的改造活动中，并提出具体的希望和要求，鼓动性的结尾更是把这个报告推向高潮，达到群情激奋的效果。整个报告充满人性化的关怀、师长般的劝导、热情洋溢的鼓励，很好地体现了动员报告鼓动性的特征和监狱人民警察作为教育改造者的正义威严而又充满人性光辉的形象。

2.2 训练

动员报告最突出的特点就是鼓动、激励服刑人员积极参加某一活动，在活动中积极改造自己。我们在训练时要把握这个特点，从遣词造句到语调、语气的运用都要充满真情，体现激励，以达到动员的目的。

训练情境1 某监狱为庆祝中华人民共和国成立六十周年，举办服刑人员文艺汇报演出，反映教育改造工作所取得的巨大成就，展现监管工作新形势、新面貌，以此向祖国汇报。在服刑人员文艺演出队开始排练之际，管教副监狱长针对此次活动作了动员报告。

训练要求：这项活动阶段性强，时间比较短，任务比较集中，动员报告内容要集中具体，篇幅不宜过长，时间以3~5分钟为宜。报告语言要具有鼓动性，激励性。宣讲时应脱稿，适当灵活地把握报告内容，掌控现场情绪。

训练提示：这项活动是服刑人员非常愿意做的事情，他们的热情和积极性会很高，报告内容可宣讲这次活动的重大意义和主要任务，强调遵守监规纪律和排练纪律，鼓励服刑人员积极表现，共同努力，高标准地完成这项活动。

训练情境2 某监狱针对服刑人员不同的文化层次，举办文化扫盲班、初高级文化学习班、自考大专班、职业技术培训班等。新年伊始，监狱举行文化技术学习班新学年开学典礼仪式，监狱有关领导作动员报告，鼓励学员把刑期当学期，把监房当学堂，认真学习，刻苦钻研，提高文化水平，掌握一技之长，做社会有用之才。

训练要求：报告内容围绕文化技术学习，应以正面的引导、鼓励为主。表情不要过于严肃，神情应庄重而不失热情，充满期盼。要注意用事实去说服、用真情去感染、用激情去鼓舞服刑人员，充分体现动员报告的号召性和鼓动性特点。

训练提示：可以就地取材，列举学员中刻苦学习、学有所成的典型事例加以引导，也可以列举已回归社会的有用之才的典型事例加以印证。让服刑人员明白学习文化技术并不难，难在自己要有决心；学习文化技术非常有用，是夺取改造成绩、今后走向新生的必要途径；学习文化技术非常光荣，是自食其力的必要保证。从而号召更多的服刑人员参加进来，走向自觉成才的道路。

训练情境3　某监狱根据省监狱管理局的统一安排和要求，决定在全监集中开展"严厉打击抗拒改造行为，彻底整顿监管改造秩序"的专项治理活动，以严厉打击服刑人员中的违法违纪行为，铲除牢头狱霸，净化改造环境，维护良好的监管改造秩序。为此，召开全监服刑人员动员大会，监狱长作动员报告。

训练要求：撰写报告稿可以分组进行，合作完成。熟悉讲稿，脱稿演练。神情要庄重严肃，语气要坚定有力，以强化活动的严肃性，强化法律法规、监规纪律的刚性和约束性。采用站姿作报告，作报告时要着装整齐，端庄大方。时间以10～15分钟为宜。

训练提示：此类报告的内容应紧紧围绕活动主题，一要讲清这次活动的背景形势，让服刑人员从思想上认识这次活动的重要性；二要准确分析目前监管改造的现状及服刑人员中存在的抗拒改造心理及表现；三要提出具体的改造目标和要求，让服刑人员明确应如何做。报告内容较长，可采用多人接力来完成演练，也可分组，每组准备其中一部分，进行片段练习。

训练情境4　我国四川地区发生地震灾害，全国人民都在进行救援。监狱安排各监区在服刑人员当中开展"送温暖、献爱心"活动，请你动员服刑人员拿出自己的零花钱，奉献自己的一片爱心。

训练要求：内容要集中、简练，感情要充沛，鼓动性要强。

训练提示：因内容单一，可进行即席讲话训练；动员内容应激发潜藏在服刑人员心底的"为他人、助他人"的情感，达到净化灵魂、陶冶情操的目的。

训练任务3　奖惩总结报告口才训练

奖惩是监狱人民警察教育改造服刑人员的基本手段，也是监管工作的重要任务。监狱一般都会制定一套严格的奖惩制度，对服刑人员的改造表现奖优罚劣，比如"积分考核制度"、"行政奖惩制度"等。各监狱每年都会进行年度教育改造工作评比总结，召开全监奖惩总结大会，各监区、分监区也会根据教育改造工作情况定期或不定期的召开奖惩大会。作奖惩报告的一般是监狱领导或监区领导。奖惩报告内容要实事求是、详略得当、突出重点；表达方式以叙述、议论为主；语言要平实、简洁。

3.1 范例

情境再现：

在年终评审总结表彰动员大会上的讲话

全监服刑人员：

今天，我们在此隆重召开年终评审总结表彰动员大会。刚才，有关领导分别宣布了我监2003年度获得各种奖励的服刑人员名单；监狱长代表监狱党委作了关于开展"强五基、创五好、保五无"竞赛活动的动员报告。今天的大会，可以说是一次表彰先进、鞭策后进的总结大会，也是一次鼓舞士气、奋力争先的动员大会。在此，我代表监狱党委，向在2003年度改造中获得各种奖励的服刑人员表示热烈的祝贺！

今年是我监全面落实党的十六大和十六届三中全会精神的重要一年，也是我监不断推进监狱工作法制化、社会化、科学化进程的一年。监管改造工作要认真贯彻落实省局工作会议精神，以提高教育改造质量为中心，突出监管安全与公正执法为重点，进一步加大规范化工作力度，加强基层基础工作，加强监区文化建设，提高公正执法水平，提高科学施教水平，为实现"保八、夺九、争十"的监管安全目标奠定良好基础。下面，我代表监狱党委向全体服刑人员提三点要求：

第一，调整心态，冷静思考，正确对待年终评审结果。获得奖励的服刑人员不能因此沾沾自喜，更要看到自身在改造中存在的不足；没有获得奖励的服刑人员也不要因此怨天尤人，更不能自暴自弃，破罐子破摔，要正视自身存在的问题，剖析原因，找到差距，迎头赶上。改造是一个艰苦的过程，更是一个磨炼人、考验人的过程。你们要时刻保持清醒的头脑，经受住顺境和逆境的种种考验。我们评审的主要意图就是要让每一名服刑人员通过对自己一年来的改造表现进行全面、客观、公正的回顾与剖析，及时发现改造中存在的问题与不足，明确今后的努力方向。因此，大家要以平和的心态对待评审结果，更要在以后的改造中做到"三个十分注重"，即十分注重行为养成；十分注重改造过程；十分注重调适情绪。同时，我要求改造积极分子要充分发挥骨干、示范、带头作用，每一名省级改造积极分子带动两名消极的服刑人员、每一名监狱级改造积极分子带动一名消极的服刑人员，在全监形成一个"比、学、赶、帮、超"的改造氛围，营造一个文明、轻松、舒适的改造环境。

第二，明确目标，突出重点，积极参加到"强五基、创五好、保五无"竞赛活动中。近年来，我监的监管改造工作通过全监上下的共同努力取得了骄人的成绩，多次受到省局的肯定与表彰。但我们也清醒地认识到，目前监管改造工作中还存在一些不容忽视的、突出的问题。为进一步理顺监管秩序，确保监管安全和"保八"目标的实现，监狱党委研究决定，从2004年3月12日起到7月12日止，在全监开展"强五基、创五好、保五无"竞赛活动。为确保这项竞赛活动达到预期效果，我要求你们必须做到"三个到位"，即一要认识到位。每一名服刑人员要站在维护监狱整体形象、确保监管安全的角度，提高对开展竞赛活动的重要性、必要性、紧迫性的认识。目前，我监的监管改造工作，还停留在传统型、经验型、粗放型的程度，距离监狱工作法制化、科学化、社会化的要求还有很大差距，这就要求我们，无论是民警的管理理念，还是服刑人员的改造理念，都要做到与时俱进。二要行动到位。每一名服刑人员要不折不扣地服从管理，听从指挥，积极投入到竞赛活动中。坚决杜绝雷声大、雨点小，或者只打雷不下雨的阳奉阴违的行为。三要整改到位。每一名服刑人员要认真梳理自身存在的问题，要高标准、严要求，逐项落实整改措施。对于在活动期间顶风作案的违纪行为，监狱要给予坚决打击，从重从快处罚。确保整改不走过场，确保整改见到实效。

　　第三，全面普法，依法改造，深入开展普法教育年活动。今年是"四五"普法的第三年，为了深入贯彻普法工作的总体要求，进一步推进监狱工作法制化、科学化、社会化建设，监狱党委决定从2004年4月～12月，在全监服刑人员中开展普法教育年活动。教育科将有计划、有步骤地对全监服刑人员进行系统的普法教育；开展普法知识竞赛、文艺节目评比、演讲比赛等一系列活动；开展"假如我是一名受害者"的大讨论。每一名服刑人员都要积极参与，结合自身犯罪实际，不断提高认罪、悔罪、赎罪意识，逐步增强知法、守法、用法观念，自觉投入改造，为加快我监创建现代化文明监狱步伐做出自己的贡献。

　　最后祝全体服刑人员在新的一年里，身体健康，改造顺利，用你们新的改造成绩，回报所有关心、理解、支持你们的每一位民警和亲人！

范例评析：

　　这篇报告在表达结构上把对前一阶段教育改造工作的回顾糅合到对下一阶段教育改造工作的布置中来，先回顾，再引申出新的改造要求。新旧工作衔接自然，递进有序。这样的表达更有利于服刑人员总结改造得失，明确改造目标，付诸改造行动。如果再加上报告者清晰的语流、铿锵的节奏、庄重的表情和适当的手势动作，这篇报告无疑是十分精彩的。

3.2 训练

　　奖惩报告语言首先要做到的就是尊重事实、是非鲜明、奖惩明确。这就要求我们在训练时要注意报告语言的简洁明了、语调的抑扬顿挫、语气的铿锵有力。充分体现对服刑人员奖惩的严肃性和威慑力。

训练情境1 某监狱召开年终服刑人员奖惩大会，回顾总结了全年教育改造工作和年终评审工作，对评审中产生的标杆分监区、文明分监区、文明小组、文明互监组以及评选出的监狱改造积极分子给予表彰奖励；对少数抗改分子予以惩处；对下一年教育改造工作进行安排部署。在会上，监狱长作奖惩报告。

训练要求：年终奖惩报告内容较多，篇幅较长，可以分组准备，每组准备其中一部分，合作完成报告稿。熟悉讲稿内容层次，脱稿讲练。保持神态庄重大方。报告时间20～30分钟。

训练提示：监狱年度奖惩报告一般包括对上一年教育改造工作的回顾、对目前教育改造现状的分析和对下一年教育改造工作的安排。演练时可以分3～6人接力完成，每人着重讲一部分。

训练情境2 某监狱召开服刑人员奖惩大会，根据上半年服刑人员的改造表现，依法进行奖惩。其中有5人获得减刑、3人获得假释、10人获得记功奖励、50人获得表扬；2人员因脱逃罪受到加刑处罚。有关法院领导到会进行了宣判，副监狱长作了奖惩报告。

训练要求：报告内容应有前期教育改造工作总结，表彰积极改造的，批评消极落后的，训诫一意孤行、抗拒改造的，并指出存在的问题，提出改进的方向和具体要求。以站姿讲练、声音洪亮、语速适中、语调抑扬顿挫、神态庄重。时间以10～15分钟为宜。

训练提示：可把报告稿的内容分成几部分，分组准备。讲练时可采用3人接力进行。

训练情境3 某监狱针对服刑人员中存在的浪费现象，开展了"厉行节约 反对浪费"活动。活动历时3个月，收到了良好的效果。某监区为了巩固活动成效，召开全监区服刑人员奖惩大会，对在这次活动中表现突出的分别予以加分、表扬或记功奖励；对个别表现差、浪费严重的予以批评、警告或记过处分。监区领导在会上作奖惩报告。

训练要求：报告内容主要总结这次活动，表扬奖励表现好的，批评惩戒消极落后的，并提出今后的努力方向。演练要根据报告内容提纲脱稿进行，不要"照本宣科"。报告内容应单一集中，时间不宜过长，10～15分钟为宜。

训练提示：报告内容可以列举正反典型事例来叙述，避免语言空洞。演练可由个人独立完成，也可采用多人接力完成，还可进行片段练习。

训练情境4 年终，监区的文化教育课告一段落，请你利用最后一节课的时间作一段总结。

训练要求：内容应单一集中，语言应简练、准确，用时 5 ~ 10 分钟。

训练提示：可以结合年终文化课考试成绩，表扬先进，批评后进；可以结合平时学习情况如学习态度、作业完成、出勤量等来进行总结。

总之，警务报告口才是监狱人民警察在教育改造服刑人员过程中经常用到的一种口语表达方式，也是监狱人民警察必备的一种岗位职业能力。口语表达水平的高低直接影响着教育改造服刑人员的实效，从而也直接影响着管教工作的成效。报告作得好坏取决于两个方面：报告的内容和作报告的技巧。因此，作为监狱民警或预备警员，应当在学习、生活、实践中多思、多想、多写、多说，从报告的内容结构、表达方式、语言风格到语音的高低、语速的快慢、语调的节奏、态势语言的运用等方面进行学习和锻炼，以提高自己的职业素养。

【考核与评价】

考核内容：

1. 请你在全国法制宣传日（12 月 4 日）这天，为服刑人员作一段法制宣传教育报告。

2. 请你动员服刑人员参加监狱开展的职业技术培训及考证活动，主要工种有钳工、车工、厨师、理发师、汽车摩托车修理工等。

3. 为预防"甲流"，监区组织服刑人员进行了一周卫生清理工作。请你作一段总结。

◆学生自评

1. 练习后自我评价法制教育的权威性和表达的庄重严肃性。

2. 练习后自我评价动员报告的鼓动性、号召性，表达是否具有激情。

3. 练习后自我评价总结内容的条理性，是否实事求是，表达是否清晰、平实。

拓展学习

1. 杨四安主编：《监狱工作口才学》，中国民主法制出版社 1998 年版。

2. 《最新监狱文书写作与格式范本》，中国知识出版社 2006 年版。

训练项目十九　警务谈话口才训练

【训练目标】

通过本项目的训练，掌握教育改造罪犯工作中谈话口才的技巧，能与服刑人员进行有针对性、注重教育改造效果的个别谈话。

【训练内容】

告知谈话口才训练、劝慰谈话口才训练、训诫谈话口才训练、制服谈话口才训练、勉励谈话口才训练。

【知识储备】

一、谈话口才的特征、类型

在监管工作中，监狱领导、监区负责人及民警针对服刑人员个体情况和特殊问题，对他们进行单独谈话教育的活动，以便了解服刑人员的现实表现、思想状况，充分运用专业性智能、谋略及技巧，有计划地、个别地同服刑人员进行的口头交谈的一种口才活动就是谈话口才。谈话口才依据内容和性质可分为告知谈话口才、劝慰谈话口才、训诫谈话口才、制服谈话口才及勉励谈话口才。告知谈话口才是指干警对服刑人员的管教过程中，把一些服刑人员必须知道的相关信息告诉服刑人员，促使服刑人员积极改造；劝慰谈话口才是指当服刑人员因家里遭遇不测等心理低落或者情绪波动较大时，干警运用朴实无华的语言对其进行疏导，使得服刑人员感到政府对他（她）的关怀；训诫谈话口才是指对服刑人员在改造的过程中出现的各种各样的错误言行进行批判和教育的口才；制服谈话口才是指服刑人员在改造的过程中出现各种各样的消极反应时，干警有针对性、不失时机地运用调整教育的方法控制其言行促使其认识错误的口才；勉励谈话口才是指服刑人员在改造的过程中，经干警的教育，对自身的行为有真正的认识，从而表现出积极改造的心态及在行为与言论上都有向上的表现，干警对其在一定的场合给予肯定的口才。

谈话教育是监狱领导、监区负责人及民警对犯人进行教育的一项日常工作和基本的业务。是干警对服刑人员因材施教的重要手段，是干警对服刑人员最经常、最普遍运用的一种教育方法。做好对服刑人员的谈话工作对增强管理效能，保障监所的安全，促进深挖犯罪都有着重要的意义。

二、谈话口才的要求

谈话教育的目的一是通过谈话获得信息；二是改变服刑人员的情绪；三是调整服刑人员的错误行为。个别谈话教育因其对象的特殊性，我们把谈话的内容分为必须说的话，允许说的话，禁止说的话等类型。所以，在谈话过程中，我们要做到因人、因时、因地施语，讲究表达对象的差异性，表达内容的针对性，表达效果的实用性。因此，个别谈话要做到：

1. 准备要精心。对服刑人员进行个别谈话前，应进行详细的个案了解调查，根据谈话对象各自的性格缺陷、智力水平、个性特点、兴趣爱好、犯罪情节、犯罪后果及思想状况等不同情况，制定个别谈话的方案，准备好谈话的内容，考虑到可能出现的问题，研究好应对的办法，做到心里有数、因材施教。

2. 策略要掌握。在个别谈话过程中，要注意因时、因地、因人制宜，要做到有理、有利、有节，运用说理的方法，选择好谈话的时机，尽力把思想问题解决在萌芽状态，灵活机动地对待和处理个别谈话中可能出现的各种情况。

3. 态度要真诚。谈话的过程中，既要严肃认真，又要诚恳耐心；既要进行必要的思想斗争，又要积极疏通引导、循序渐进；既要不迁就错误，又要给服刑人员一个认识错误的过程；既要注意解决思想问题，又要注意解决具体实际问题，力求把个别谈话做深、做细，使得谈话对象感到你是在帮助她（他）、挽救他（她），这样才能使得服刑人员心悦诚服地接受教育，达到认错伏法的目的。

4. 表达要到位。在个别谈话教育中要注意因人而异，因材施教，因时制宜，找准谈话的相容点，然后由相容点逐渐深入，进行短兵相接：从痛心处谈起，刺其痛心，找准症结的原因；从寒心处谈起，暖其寒心，使其感到政府社会的关怀和温暖；从灰心处谈起，亮其灰心，使其消除自暴自弃的思想。

5. 言语要诚恳。"人非草木，孰能无情"，虽然罪犯在人生的途中曾经迷失了自我，失去了方向，危害了社会，但罪犯也是人，人都是情感的动物。因此，在谈话教育中，要做到坦率真诚，才能使得罪犯消除对干警的怀疑恐惧心理和对立的情绪；话必由衷，要说真心话，摆出自己的观点，才能促使服刑人员心理相容，幡然悔悟，直至化疑惧为信任。

6. 记录要做好。每次个别谈话教育后，都要把谈话的内容及时记载下来，留待以后分析情况时参考。对谈话中尚未谈通的思想问题，要及时研究并拟定解决的方案。

三、谈话教育中的技巧表现

个别谈话教育，从本质上说既是一种信息交流，又是一种特殊的人际间的接触，因而它必然带有人所特有的情感色彩。这种情感色彩同信息内容交互作用，使个别谈话教育变得微妙而富有艺术性、技巧性。

（一）谈话教育中的非语言技巧的运用

罪犯个别教育作为监狱民警与罪犯沟通的一种方式，可以通过语言和非语言的手段。语言手段是我们能进行个别教育的主要手段，但表情、动作、语调、时间、空间等可以作为语言手段的辅助手段帮助监狱民警和罪犯之间的沟通，这些辅助手段我们统称为非语言手段。罪犯个别教育的非语言策略，主要包括表情、手势、态势、界域、副语言、时间、场景等方面。在个别谈话教育中，监狱民警恰当地运用非语言，能起到配合、辅助和强化语言教育效果的作用。

1. 目光。在个别教育中，监狱民警要善于运用目光在个别教育中的作用。如，用温暖的目光熔化罪犯心灵的寒冰；用鼓励的目光增添罪犯改造的信心；用信任的目光鞭策罪犯早日新生；用提醒的目光督促罪犯不要落伍；用严峻的目光促使罪犯祛罪归正；用愤怒的目光警戒罪犯悬崖勒马；等等。如果监狱民警在罪犯面前总是目光单一，那么个别教育很难在罪犯身上起到很好的效果。

2. 表情。一个人的思想感情大多数是通过面部来表现的，也就是说，人的面部表情是内心心理状态的指示器。监狱民警在进行个别教育时，要善于运用面部的不同表情传递各种信息，对罪犯的言行持肯定或否定的态度，同时也要善于观察、识别和利用罪犯的面部表情。例如，在罪犯做出值得表扬的事对他个别教育时，民警可以做出微笑的表情。又如，民警可以通过个别教育时罪犯细微的表情变化来做出某种判断，从罪犯眼神的朝向即可以分析出他是在倾听、思考还是对话题漠不关心。

3. 手势。监狱民警在对罪犯进行个别教育时可以充分利用手势来表情达意，同时也应避免使用某些可能带来不利影响的手势。如手势中的手掌向下的"指令式"，经常被用来表示控制或命令；伸出食指、弯曲其余四指的"专制式"，经常被粗暴的或缺乏自制能力的人使用；双臂交叉的臂腕势通常表达了一种防卫、拒绝和抗议。在个别教育时，监狱民警都要控制使用这些手势。

4. 态势。民警在进行个别教育时，要善于运用身势来表达自己的感情，同时要密切注视罪犯的身体姿势所反馈的信息。如在进行个别教育时，民警对罪犯的某些举动比较满意时，不仅可以用表情来表达赞成和满意，还可以通过点头这个态势动作加强这种情感。监狱民警与罪犯谈话时，不要让罪犯坐着自己站着，这会给罪犯一种居高临下的感觉，从而产生抵触对抗情绪。脚部的摇动常常表达一种得意或紧张的情绪，因此，在进行个别教育时，民警就要控制使用这一态势动作。

5. 界域。界域也称空间语言、人际距离，指人对空间的需求和使用。一个人的自我感觉并不以皮肤为界，走到哪儿他都会被一种"个人气泡"所包裹。这个气泡代表了他感觉自己跟别人之间必须保持的空间距离。人类使用的界域情况可分成四个不同的区域：亲密区域（空间距离为 0 ~ 30 厘米）、个人区域（30 厘米 ~ 90 厘米）、社交区域（70 厘米 ~ 250 厘米）、公共区域（大于 250 厘米）。这四个不同的区域所反映的空间距离是不一样的。民警对罪犯进行个别教育，是属于社交区域，空间距离以 70 厘米 ~ 250 厘米为佳。这种距离既不会显出民警与罪犯的疏远关系，也不会对民警产生自我保护的威胁。民警对罪犯的个别教育除了在谈话室之外，也可选择室外，特别是对某些顽固危险犯的教育转化工作。

6. 副语言。监狱民警在个别教育罪犯的时候，除了运用语言外，还需要身势语言和副语言的辅助，以增强语言教育的表现力。在罪犯个别谈话教育中，监狱民警适当地或不自觉地插入一些笑声、叹息声、嗯、啊之类的声音，可以弥补语言教育的不足。在某种情况下，声音和语调比说话本身更有意义。监狱民警通常要以诚恳的态度、委婉的语调来开展罪犯个别谈话教育，尽量规避疾言厉色、高声大嗓门的"劝"。但是，和颜悦色、低声细语来教育顽固危险犯，恐怕难以奏效。监狱民警应当根据个别教育内容的不同穿插少许副语言，使笑声、叹息声、咳嗽声、口头语等的运用恰如其分。

7. 时间。时间作为个别教育的一种非语言策略，在监狱教育改造时间中经常运用。个别教育要选择罪犯在心理上容易被触动的时刻，此时他们最需要关怀、帮助、安慰和鼓励；要选择罪犯在心理上正进行激烈斗争的时刻，此时他们迫切需要他人的指点或引导。又如罪犯作为特殊的人类群体，也有一些他们所独有的"特殊日"，如犯罪日、判决日、入监日、会见日等等。所有这些"特殊日"都能在罪犯心中掀起波澜，形成罪犯思想转化成功的时机。所谓"特殊日"教育，就是利用在"特殊日"出现的这些有利时机，通过各种形式积极开展教育改造工作，促进罪犯的思想改造。

8. 场景。场景是指与个别教育有关的各种客体要素所构成的场面。场景既是个别教育的物质空间，同时也是个别教育的基础和个别教育过程中的客体因素。影响个别教育效果的场景因素很多，如个别教育的场地、摆设、颜色、光线、温度等。如果选择谈话室，可以在谈话室里摆上象征生命的绿色花草。这对没有自由的罪犯来说，绿色可以缓解他们的烦躁心理。对于需要深度谈话的罪犯，一般会安排在一个色彩温和且使人颇感舒适的房间，房间内可放置一些绘画图案或播放一些合适的背景音乐，音乐调子选择柔和、轻松或忧郁抒情。再有，谈话场所室温过高，容易头脑发昏、反应迟钝，而室温过低则使人神经紧张。因此，个别教育的场景需要结合个别谈话教育的策略来刻意安排。

（二）谈话教育中的语言技巧运用

个别谈话教育因其对象的特殊性，谈话教育必须明确谈话的目的，理清谈话的思路，明确找谁谈，为什么谈，谈什么，在哪里谈，谈话达到什么目的，谈话中可能出现的情况。在谈话过程中，讲究表达对象的差异性，表达内容的针对性，表达效果的实用性。个别谈话的语言运用通常包括语境、语词、语调、语气、语速、语音等因素。

1. 语境。语境是谈话的背景。来自不同地域的犯人，因其年龄、性别、教育背景、犯罪动机、犯罪前的社会地位，以及犯罪后的心态、认罪态度等不同，因此，对其谈话前要掌握好语境，有针对性地看清对象，因人制宜；注意场合，因地制宜；把握时机，因时制宜，这样才能把教育内容说的到位、得体、策略。

2. 语词。"一样话百样说"。谈话追求的是效果，而效果主要体现在语词的运用上。由于谈话对象身份的特殊性，一般情况，即使是肯定或激励，我们采用的词尽量选择中性词。不用或少用褒义词和贬义词。犯人配合改造、表现上进或行为抵触时应该用直言法点出，而对其具体的行为却可用委婉法、模糊法督促其注意。

3. 语调。语调是贯穿在谈话过程中语句、语词的高低、升降和曲直变化的声调。语调运用恰当与否能产生"一句话让人笑，一句话让人跳"的效果。语调是语言的外在表现力，它包括重音、停顿、声调。谈话的过程语调要富有变化。重音是为了强调，突出加重话语的意义。停顿是话语中的间歇，谈话对象的理解水平不高，或者要督促其重视和思考时，可用长时的停顿。声调的高低蕴含着情感，表示肯定、感叹、希望和祝愿或结束话语时，可用降抑调，即语势先高后低；表扬某个人，对他的进步表示兴奋、惊喜、探询时可用升扬调，即句子语势先低后高；讲解事物、陈述事实、说明情况、解释原因等用平直调，即要用平稳舒缓，没有明显的高低升降变化，适用于比较严肃、庄重等内容的个别谈话。

4. 语气。语气是指声音的顿挫、缓急。不同的语气，有不同的表情达意效果。用柔声表示关切；用硬声表达恨铁不成钢；用缓声表达悲痛；用高声表达喜悦；用促声表达着急；用重声表达愤怒；用粘声表达疑问；用撇声表达焦虑。场合不同，对象有异，内容不一，语气也要跟着变化，才能把话说到位。

5. 语速。语速是指谈话时，口语表达的快慢缓急，即在相同的时间内，所发音节字数的多少。谈话时通常可用三种语速：快速、中速、慢速。快速的语速是每分钟200字以上，用在鼓动情绪、质问原由等，表达兴奋、愤怒、不安等情绪；中速的语速每分钟200字左右，用来叙述和交待工作；慢速是每分钟100字左右，表达追忆、失望、哀痛、深切等情感。语速的快慢要与谈话内容、对象、场合、节奏相符，要快而不乱，慢而不断。

6. 语音。口语表达是通过声音来传递信息的。谈话教育词不达意多半是发音不准引起的。对教育背景较好的犯人要能说标准的普通话，谈话过程要发音准确、吐词清晰。表达肯定的内容时，语音要明朗；叙述客观事实时，语音要浑厚，要用实声；表示关心时语音要柔和；表达严肃、郑重、促其醒悟时，语音要厚实；表达振奋、激动给其激励时，语音应激情；强调内容、引其注意时，语音要舒缓、铿锵有力。对文化程度较低的犯人，要研习方言和俗语，甚至还要研究些行话、黑话。

【训练任务】

对服刑人员进行个别谈话教育，一般来说是在因材施教原则的指导下，针对服刑人员个体存在和暴露出来的特殊情况和问题，有选择性地、灵活地对其展开单独的谈话教育。个别谈话因其针对性强，便于干警通过谈话了解服刑人员真实的思想情况，可以随时解决问题并及时掌握教育的效果，但是因为涉及面广，工作量大，因此对干警个人的综合素质要求较高，尤其是在谈话过程中，干警不仅要具备较高的思辨能力、表达能力，更要有较好的控场能力。这就要求我们平时不仅要积累知识，厚积薄发，而且要在学习中多演练、在实践中多磨练、在以后的职业生涯中多修炼。

◎◎◎ 训练任务1　告知谈话口才训练

告知谈话口才是在管教过程中，把一些必须让服刑人员知道的相关信息告诉服刑人员，从而使得服刑人员产生积极改造效果的谈话过程。进行告知谈话，在"告"之的同时，更应注意观察罪犯的态度、反应，并根据其细微变化，随时作出必要的说明、解释、疏导或激励，以达到使其"知"的结果，从而保证达到谈话的效果。告知类谈话要求语音平实、清亮，语调的缓急、高低、轻重等变化不大。

1.1 范例

情境再现：

　　时间：下午6点。

　　地点：中队办公室。

　　谈话内容：岗位调动。

　　人员：某监狱分监区中队长李警官，服刑人员王××。

　　王犯：（经允许后，走进办公室）报告队长，你找我有事儿？

　　李警官：（态度和蔼，语气温和）对，有点事儿。你先坐下，坐下来谈。

　　王犯：是。（坐在对面的一张凳子上）

　　李警官：（语调亲切）王××，你入监四年多了吧？

　　王犯：是，（略做思索）再有三个月就五年了。

　　李警官：还有两年多到期？

　　王犯：（感激地）本来还有三年多，去年政府给我减了一年半，就还剩两年零两个半月了。

　　李警官：（面带微笑）怎么样，减刑以后，没松劲儿吧？

　　王犯：队长，我没松劲儿，政府给我减刑，是鼓励我，我哪能松劲儿呢！

　　李警官：（满意地点头）这就对了。不过，你也快60岁的人了，做加工视力还行吗？

　　王犯：行，队长，我身体结实，没什么大碍；再说，我是农村出身，从小就能吃苦，没事儿。

　　李警官：你有这个干劲儿，我们相信你干啥都能干好。我今天找你是这么回事儿，质量检验处的犯人，有一个明天到期出监。我们商量了，准备把你调过去。你有什么想法没有？

王犯：（迟疑地）我……

李警官：（关切地）怎么，有什么困难吗？

王犯：（露出为难的表情）我没干过质量检验的活，就怕干不好，耽误事儿。

李警官：（目光中露出鼓励）噢，没干过不怕，你本身就是个好的车工！我们相信你能干好。

王犯：（露出感动的神情）政府这么鼓励我，我还有啥说的；再说，让我干轻活，这是照顾我。我无论如何也得干好，请队长放心吧。

李警官：那好，以后你就到质量检验处。张警官具体负责对你们的管理。到那里的要求和注意事项，他还会对你详细讲。等会你回监舍把自己的东西都收拾好，明天早上，张警官会带你去。就这样吧！

王犯：是，谢谢队长。

范例评析：

干警通知服刑人员调动劳动岗位，这本是用一两句话就可以交代清楚的事情。但李警官充分运用告知谈话的机会，使其成为一个循循善诱、沟通教育的感化过程。通过谈话王××不仅乐于接受新工作，而且从中受到教育。分析整个流程，李警官没有开门见山地向王犯说明谈话意图，而先从关心其改造、肯定其改造成绩入手，关心其身体状况从而顺理成章地把话题转到调动劳动岗位的问题上，使得王××对这次调动理解为是对他的信任、关心和照顾，起到了积极的作用。

李警官的谈话口才值得肯定。他运用了态势技巧、语调技巧，体现了沟通的目的性、教育的勉励性和思想的疏导性。从谈话内容看，李警官对王某××入监时间、减刑的情况了如指掌，信息的熟练把握使王××感受到李警官对他的关心，奠定了进一步沟通的情感纽带。"我们相信你会干好"，"你本身就是个好的车工"等话语，都对王××起到了勉励和疏导的作用。

1.2 训练

在管教工作中，根据需要告知服刑人员监纪监规以及岗位变换，对服刑人员扭曲的心灵进行矫正属于正常的工作范畴。但在教育的过程中怎样把话说得入情入理却得花一些时间斟酌。

训练情境 1 因无证醉酒驾驶在成都市造成 4 死 1 伤的交通事故，被法院终审判处无期徒刑的孙伟铭在成都监狱服刑，从一个白领沦为阶下囚，面对漫长的刑期，他的内心经历了煎熬，而对父母、对受害者、对自己未来的人生，他也感到迷茫。如果你是入监队的干警，请你拟就个别谈话，告知其监狱监纪监规，为他指明努力的方向。

训练要求：学生分成若干组进行角色扮演，对谈话过程进行评价，比较哪个组的谈话效果最好。

训练提示：把握服刑人员的心理，交谈时注意应变控场，剖析道理，阐明利害。

训练情境2　罪犯王某，因犯抢劫罪，被判处有期徒刑5年6个月，入狱前就患有严重心脏病。该学员在监狱改造中，参加劳动主动积极，但其性格暴躁，容易和别人发生争吵、摩擦，从而容易犯病。如果你是分监区的警官，拟就一次告知性的个别谈话，使其能安心改造。

训练要求：学生分成若干组进行角色扮演谈话。谈话要讲究针对性。

训练提示：此类罪犯属于管理难度轻，但给警官造成心理压力大的一类，因为其患有心脏病，因此对他进行违规违纪教育时，要格外讲究方式方法。

训练任务2　劝慰谈话口才训练

劝慰性谈话口才是指服刑人员心理低落或者情绪波动较大时，干警掌握其产生低落情绪的原因后，运用朴实无华的语言对其进行心理疏导、劝解。在劝慰性谈话的过程中，必须要考虑的是服刑人员的特殊身份，因此，要把握好哪些话能说，哪些话不能说，哪些话允许说，哪些话必须说。

2.1 范例

情境再现：

　　某未成年管教所×中队服刑人员张×× （18周岁，因强奸杀人罪被判处无期徒刑），三天前收到一封家信，看信后大哭一场，当晚没有吃饭，第二天发高烧达40℃；第三天，仍持续高烧不能出工。为了解该犯得病原因、询问病情并给予安慰，张警官按中队领导的要求，到监舍看望。张警官走进监舍时，只见张××躺在床上，两眼直勾勾地盯着天花板在发呆。

　　张警官：（来到病床前）张××，病好些了吗？

　　张犯：（从沉思中猛然醒悟，神色凄凉）好些了，烧退了些，只是全身都疼，心里闷得慌。

　　张警官：吃饭了吗？

　　张犯：吃了。

　　张警官：能吃东西就快好了。你的病怎么得的？是不是着凉了？

　　张犯：（答非所问）队长，能不能准我假，我想回趟家？

　　张警官：（面带怒容）什么？胡思乱想！你以为未教所是茶馆旅店，想来就来，想走就走！

　　张犯：（眼泪涌流，近于哀求）求求您队长，让我回去一趟吧！哪怕去一天加一年刑我也情愿。

张警官：你是无期，还往哪加？你想回去干什么？得点儿病就受不了啦？

张犯：我不是受不了，所里有吃有穿，活也不苦。我就是想回去看看奶奶，她老人家死了。（含着泪，从枕下取出一封信，递给张警官）

张警官：（草草看过）噢，已经死了，都埋了，那你还去干什么？

张犯：（痛哭失声）让我回去吧，求求您，让我回去看看她老人家的坟就行，我去坟上磕几个头，去最后叫几声："奶奶"！我是无期徒刑呀！她老人家含辛茹苦把我养大，我对不住她老人家，我伤了她的心呀！让我到她坟前去忏悔吧，去忏悔吧……

张警官：啊，你现在才想到要尽孝了。

张犯：队长，这几天，我一闭上眼睛，就看见我奶奶站在我面前，用手指着我，一个劲地抹眼泪。我知道，奶奶对我不放心，不放心哪！队长，你就让我去她坟前看一眼吧。让我告诉她老人家，我今生今世再也不会犯罪了。啊，队长，我求求您，就准我假吧。

张警官：（打断对方的话）行了，行了，别啰嗦了，你这才是"活着不孝，死了乱叫"。你要是有这份孝心，当初何必犯罪？你要给你奶奶去上坟，有什么用？你喊破嗓子她能听见吗？你要有孝心，就好好改造吧，别再胡思乱想了！（说完离去）

张犯：（流着泪，声嘶力竭地叫喊）队长，你，你不是人！

范例评析：

服刑人员在狱内遭遇刺激而得病，极易萌生思亲想家之念。此时如果干警及时给予安慰，示以关怀，会建立信任关系，使罪犯受到安慰，从而促进情感沟通。张警官是以安慰为目的去劝慰张××，但由于不注意谈话技巧，不仅没达到劝慰的目的，反而加重了张犯的悲观情绪和对立心理。

经过分析，可以发现张警官的表达言辞简单、生硬，缺"情"又少"理"。张××是由奶奶一手养大，奶奶病故，希望能到奶奶坟前去祭悼，这是人之常情。作为干警应表示同情，予以劝慰。"噢，已经死了，都埋了，那你还回去干什么？"这样的话缺乏情感显得冷漠，言辞毫无沟通性。对张××想回去给奶奶上坟的要求，同意与否张警官无权决定也不应立即表态。张警官在以劝慰为目的的谈话中却只注重批评、斥责，让张××无法接受，以至于最后由悲痛变为愤怒并破口大骂，使得谈话效果没有疏导性，我们应以此为鉴。

2.2 训练

劝慰谈话在监管工作中经常使用。言辞的表达要因人而异，要注重情理交融，有激有励，不能空谈，要把话说到位，才能体现出干警对服刑人员的关心、关怀。

训练情境1　罪犯张某，男，38岁，入狱前是大学教师，因破坏军婚被判处有期徒刑2年。入狱后，他想到自己的工作、职称、地位全丢了，思想一直不稳定。妻子来信提出离婚，更加重了张某的思想负担，因此，他情绪低沉，十分苦闷。对此，拟对张某进行一次劝慰性谈话，以帮助他增强生活的勇气，树立积极改造的心理，勇敢地正视现实和对未来充满信心。

训练要求：一对一的角色扮演谈话，谈话语言要真，谈话态度要诚，谈话目的要明。

训练提示：劝慰谈话要注意时间及地点的选择。谈话的内容要务实，才能解除服刑人员的后顾之忧。

训练情境2　女犯王某，25岁，被捕前是某公司会计，因贪污罪被判处有期徒刑10年。王某性情孤僻，沉默寡言。入监后，王某因丈夫提出离婚而心灰意冷。终日神情恍惚，不思茶饭。干警得知这些情况后，拟对王某进行一次劝慰性谈话，帮助她振作精神，安心改造。

训练要求：一对一的角色扮演谈话，要把握女犯人的心理特征，要以关心、体恤和帮助服刑人员的情感和心态投入角色演练，谈话语言要真，谈话态度要诚，谈话目的要明。

训练提示：劝慰谈话特别注重情理交融，有针对地进行交心。同时要注意以解决实际问题为主。

🌑🌑🌑训练任务3　训诫谈话口才训练

在改造的过程中，服刑人员在思想未发生根本性转变以前，会出现各种各样的错误言行，干警对其进行批判和教育的口才即为训诫谈话口才。训诫类谈话要求语音稍高、略重、较快、有力，表达出不满的情感。

3.1 范例

情境再现：

李犯原是中学计算机教师，因猥亵强奸多名女学生被判刑。入监后，仍恶习不改，经常与他犯进行流氓活动，且愿扮女性角色。其丑行为人所不齿。为争取李犯转变，中队几名干警采取了多种教育、处罚方式，如个别谈话、关押禁闭、开批判会，以及上报加刑等等，但均未见效，李犯总是反反复复，直至愈演愈烈。后来该犯的情况被监区领导获知，监区领导亲自对李犯进行谈话教育，通过多次的谈话，李犯终于幡然悔悟，痛下决心，戒除恶习，成为一名积极改造的服刑人员。

请比较中队张警官和监区教导员分别对李犯进行训诫谈话的摘要。

（1）中队张警官与李犯的谈话。

某天，当李犯的行为又被发现后，张警官把李犯找到中队办公室。

张警官：（瞪视对方，态度轻蔑）李××，你的老毛病又犯了？

李犯：（故作惊讶）报告政府，我，我什么毛病又犯了？

张警官：（反诘的语调，表情严厉）什么?! 自己有什么毛病还不知道？尽装糊涂！你还问我，你自己说，你有什么毛病?!（语气高，语气重，表情恼怒）

李犯：报告，我是有毛病，这我承认，没毛病能犯罪吗？可我毛病太多，真记不清了，就麻烦你给指点指点吧。我保证虚心接受，批评使人进步嘛。（开始忸怩作态）

张警官：你给我坐好了！你瞅你那副熊德行，那个损样儿！还什么批评使人进步，批评你多少回了？100回也过去了吧？你怎么不进步呢？还让我给你指毛病，亏你说的出口！我给你说，我都怕脏了自己的嘴！（言辞尖刻，满面鄙夷）

李犯：哎呀，用不着那么生气上火吧？有话慢慢儿说呗。（嬉皮笑脸地又拖出了娘娘腔）

张警官：你给我住嘴！好，既然你不要个脸，我也用不着再跟你客气！我问你，你是不是又跟刘××干那畜生事儿了？

李犯：哟，您说的那个事儿啊，这事现在不算啥事儿吧？在社会上同性恋也算不上违法吧？在外国，还有全国性的同性恋协会呢！还……（故作害羞，又振振有词）

张警官：赶紧给我闭住你的臭嘴！你真是不知羞耻啊，我早就跟你说过人有脸，树有皮，你老干那埋汰事儿，老让人说，你脸发不发烧？还美其名曰同性恋。（挖苦的语调）就算你是同性恋，你知道那最终都是什么下场？艾滋病！我看你是不想好了，你是越来越没个样儿了，你瞅瞅你像个什么玩意儿！（神态中显示强烈的厌恶，嫌弃）

李犯：我……

张警官：你，你什么你，你纯粹就是个狗男女！

李犯：队长，你，你怎么骂人那？（激怒，不满）

（2）监区教导员与李犯的谈话。

事隔几天后，监区教导员仍在中队办公室找李犯谈话。

教导员：你叫李××吗？（语气平缓）

李犯：报告政府，李××就是我。（做害羞状，低着头，说话细声细气）

教导员：我，你不认识吗？监区教导员。你称王教就行，别政府、政府的。再说，你说话怎么像个女人似的？男子汉嘛，说话挺起腰板儿，大点声儿！（谈吐豪爽，声音洪亮）

李犯：是，王教。（端正坐姿，表情稍加严肃）

教导员：我今天找你，知道是啥事儿吗？（表情严肃）

李犯：（面露疑惑）不知道。

教导员：听说你有一手绝活儿，我就是特意为这事儿来找你的。

李犯：报告王教，我……（面露愧色，赶紧站起来）

教导员：坐、坐、坐。这用不着遮遮掩掩的，人都是既有长处又有短处。对人对己，都应该既看短处，更看长处。你说对不对？（语气温和，表情和蔼）

李犯：对，对。可我，没啥长处，尽是短处。我最大的毛病就是爱搞同性恋。王教，你就是为这事儿来找我来的吧？我是没脸，没人味儿，是狗男女，你就批评吧！（面红耳赤，有些激动）

教导员：你误解了。我今天确实是冲你那手绝活儿来的。我说的绝活儿，是你的速写功夫。听说你的速写能力是全监区数一数二的，我是想发挥你的长处，打算办个学速写的训练班，由你当老师。要是办好了，就推广到干警中去。

李犯：哎呀王教，我，我可不行。我这个德行，人不人鬼不鬼的，别说干部，连犯人都瞧不起我，我实在不行。（流露出惊奇、疑惑的神情，言辞语调很恳切）

教导员：怎么不行？噢，你是说因为你有缺点，有错误？当然，这不可否认，这对你发挥特长肯定有一定影响。不过，这不等于说因此你就不能发挥特长了。这正像你们虽然都犯下了各种严重罪行，但政府还要极力改造、挽救你们一样，就是因为看到在你们身上还不同程度地存在着一些积极因素。有这些积极因素，就表明你们大多数人是可以改造、可以重新做人的。对你们的改造，归根结底就是要在不断消除你们心理、行为上消极因素的同时，不断发展你们的积极因素嘛。你说是不是这么回事儿？（温和的表情、辩证的言辞，伴随着温婉的语调）

李犯：是，是。（露出敬佩、专注的神情）

教导员：不过，如果你们自己总是顽固坚持原有的那些消极、腐朽的东西，那你们身上的积极因素也是很难发挥出来的。你说呢？

李犯：报告王教，我明白你的意思。可我，我总是控制不住自己，我没脸，不要脸，真是个畜生！（激动的直摇头，露出悔恨、痛苦的神情）

教导员：你能正视自己的错误，能作自我谴责，而且你觉得自己有短处，这都说明你还有自尊心，有是非感。这就是你的积极因素，是你可以改好、可以进步的基础。当然，要想改正错误只停留在认识上是不行的。你说，你对自己控制不住。我认为，你还是缺乏改正错误的决心和毅力。（训诫的语气）我就不信，你如果能经常想一想这个错误对你的名誉，对你的改造，对你和别人的关系，对你的家庭，对你的前途乃至生命所带来的危害，你会控制不住自己吗？（巧妙地运用了激将口语表达方法）咱们监区原来有个盗窃犯，他从十几岁就开始盗窃犯罪，直到三十多岁。盗窃对于他，不仅已经当成职业，而且已经成瘾成癖。就是在监内，他一天不偷点儿什么，用他的话说：心里就没着没落的，就像自己丢了东西似的。就是这么个盗窃大王，经过教育，经过他自己总结教训，最后有了悔悟。有一天，他当着我的面儿，流着眼泪表示，一定改掉恶习，决不再犯。后来他就再没犯过，还成了一名积极改造的标兵。我觉得，你也同样是个男子汉，年龄还不算大，又有知识、文化，就不如一个盗窃大王？就不能下狠心根除自己的毛病？（继续用激将口语表达方法，既有批评又有激励）好了，这个问题你再慢慢考虑吧。现在，还是言归正传，我准备让你当速写老师的事儿，你到底怎么个想法？

　　李犯：谢谢王教，那就让我试试吧！（语气虽不坚定，但神情既感激又庄重）

范例评析：

　　两位施教者的教育目的相同，但效果却截然相反：前者的训诫使得罪犯反感、抵触；后者却使罪犯对悔过自新有所醒悟，基本达到了施教目的。

　　张警官虽对罪犯有恨铁不成钢、急其落后、催其转变的良好愿望，但由于缺乏口才修养，出现急不择辞，辞不达意，用语过激，乃至出现有悖职业道德、有损干警的不良语言表达现象。

　　教导员的成功在于正确掌握和运用了谈话口才的方法和技巧。教导员注重口才谋略的运用，独辟蹊径，从肯定李××的特长入手，进行情感激励，使之产生情感共鸣，减轻对立心理，在此基础上巧妙地把训诫与疏导，关怀和信任有机地融合在一起，创造出一种较和谐、宽松的语言环境。教导员善于抓住谈话时机，因势利导，借题发挥，表现了口才运用的机智应变性。如谈话一开始采用欲擒故纵，使用双关语"绝活儿"，有理有据地说明自己的谈话主旨是要发挥李犯的特长。这一主旨与李××的心理准备形成了强大的反差，这种反差对李××产生了较强的激励和震撼作用，为李××作自我谴责做出积极的反应。在此基础上顺理成章地对李××进行简明、扼要的训诫教育，指出李××不能改正错误的症结所在，指明错误的危害，同时用榜样来激励并及时转移话题，从而使李××自始至终保持了"鼓励是谈话主旨"的印象和感受。

教导员的语言使李××达成心理相容。坦诚、直率、善于说理、富于感召力正是能够使训诫目的得以顺利实现的重要条件。谈话开始就及时纠正李××的"娘娘腔"，使李××端正态度，为谈话扫除障碍，鲜明地表现出是非、爱憎分明的性格和立场。"发挥长处与改造罪犯之间关系"的议论，既阐明了谈话主旨的客观依据，又表现出对罪犯改造的关切、期待的政治品质。

列举盗窃大王转变的实例，证明"改正错误在于决心和毅力"这一观点，注重摆事实，讲道理，深入浅出，以理服人，寓情于理，情理相融，使得李××乐于接受。这也正是训诫性谈话的成功之处。

3.2 训练

训诫性谈话尽管是因服刑人员出现各种各样的错误言行后，干警对其进行批判和教育时所运用的谈话方法，但绝不是简单的批评、训斥、责怪，甚至讽刺、挖苦或者辱骂，要找出根源，独辟蹊径进行话语沟通和情感激励。

训练情境 1　少年犯宋某，因盗窃罪被判处有期徒刑 3 年。投入少管所后，开始时宋某好逸恶劳，不遵守所规监纪，受到批评。但是宋某性情耿直，有一定的正义感，曾因阻止他犯斗殴在全中队受到公开表扬，自尊心得到了满足，改造、学习都开始有进步，干警也比较看重他。然而近一个时期，宋犯认为自己在干警那儿受到几次表扬，干警对他较信任，便开始自高自大、自满起来，在劳动中敷衍消极，出工不出力，只做表面文章。当干警从其他罪犯的汇报中得知这一情况后，进行了观察和侧面了解，情况属实，于是决定对其进行批评性谈话，以达到教育、挽救的目的。

训练要求：表达要坦诚、直率，要善于说理，注重谈话的方法与技巧，讲究谈话的策略，训诫应适可而止，把握好度。

训练提示：训诫性谈话不能板起脸孔训人，更不能讽刺、挖苦及辱骂。

训练情境 2　罪犯廖某，男，35 岁，曾因盗窃罪被判处有期徒刑 3 年。刑满释放后，廖某不思悔改，继续作案，于次年因抢劫罪被判有期徒刑 7 年。廖某入监后，开始表现积极，在取得干警信任之后，便开始欺上瞒下，凭借自己身材高大、年轻力壮，以老大自居，当起了牢头狱霸。本该由他值日整理内务和清扫卫生，廖某却命令他犯去做。一次，罪犯方某因没有将其家属送的衣服给廖某"进贡"，廖某竟恼羞成怒，动手痛打方某，致其轻伤。廖某因此被禁闭。针对上述情况，廖某所在大队的干警拟对其进行一次训诫性谈话，抑制住他的嚣张气焰，迫使其规规矩矩、老老实实地改造。

训练要求：表达要坦诚、直率，要善于说理，注重谈话的方法与技巧，讲究谈话的策略，训诫应适可而止，把握好度。

训练提示：训诫谈话不能板起脸孔训人，更不能讽刺、挖苦及辱骂。

训练任务4 制约谈话口才训练

在改造的过程中服刑人员出现各种各样的消极反应时，干警要有针对性、不失时机地调整教育的方法控制其言行，促使其认识错误。制约类谈话，要求语音激烈粗重、快疾有力，表达出愤怒的情感。

4.1 范例

情境再现：

某分监区两名青年犯互不服气，都想在中队称王称霸，多次吵嘴都想寻机打服对方。一个星期天的午后，二人相约到伙房后面的空地上进行较量，一决高下。经过一场搏击，终于分出胜负：败者被打昏在地，十多分钟后才清醒过来，胜者也鼻青脸肿，多处挂彩。伙房的犯人看到了斗殴的全过程，并汇报给张警官。可当张警官询问二人时，二犯均矢口否认是打架，一口咬定是"闹着玩儿"。为维护改造秩序，张警官决心查个水落石出。经分析，他确定钟犯（即败者）为薄弱环节，首先找其谈话，经几轮较量，终于将其制服，在此基础上又将赵犯（即胜者）制服。

以下为张警官与钟犯的谈话摘要：

张警官：钟×，你和赵×上伙房后边到底干什么去了？（神情严肃）

钟犯：报告张警官，我俩真是闹着玩儿去了。（似笑非笑，装出老实、诚恳样）

张警官：钟×，你把态度放老实点儿，这事儿又不是你一个人在场，你能蒙混过去吗？（对其伪装一针见血地揭露）

钟犯：我真一点儿没想蒙混。您要不信，就再去问问赵×，他说的要跟我有一点儿出入，您治我什么罪儿都行。（语气强硬）

张警官：哼，你倒挺迷信你们的攻守同盟，啊？（面露轻蔑的冷笑）

钟犯：（故作惊讶）攻守同盟？我们就是闹着玩儿，定那玩意儿干啥！

张警官：那赵某身上的伤怎么来的？（盯视，语气咄咄逼人）

钟犯：那，那是我不小心，一时失手……（有些慌乱，但仍加狡辩）

张警官：一时失手？一时失手只能造成一处受伤，他三处受伤，能说是一时失手吗？再说，从他的三处伤情来看，不用很大力气，是达不到那种程度的，那能是失手的问题吗？（连续发问，步步紧逼）

钟犯：我……（张皇失措，无言以对）

张警官：我跟你说，无论你动机如何，你已经造成了轻伤害的后果，而

且，你又是在违反监规，私自离队的情况下干这事儿，再加上你态度恶劣，所以对你……（晓以利害，施以压力）

钟犯：报告队长，我，我也受伤了。（畏惧受惩处的心理使之借助托辞以减轻责任）

张警官：你也受伤了？你哪儿受伤了？你把人家打得鼻青脸肿，他能伤着你吗？（明知故问，运用迂回发文的谋略技巧，引其吐露实情）

钟犯：我确实受伤了。他，他比我厉害。他把我都打昏了，你摸摸，我头上现在还有包呢？

张警官：（关切地走过去摸他的头）嗯，这包这么大，好几个呢！

钟犯：那小子可狠呢！他把我打倒了还踢我脑袋！（表情恼怒，出语节奏快）

张警官：就是啊，你狠，他比你还很，都这么狠，还叫闹着玩儿？（直言揭露，切中要害）

钟犯：（一愣。自知失言，立即掩饰）我，我俩开头儿是闹着玩儿，后来，就闹急了。

张警官：住嘴！你的态度太不老实了！到现在还说是闹着玩儿。我问你，闹着玩儿，为什么非得背着人？闹着玩儿，为什么非得专门找个地方？再说，什么人之间能闹着玩儿？那得是关系不错的，起码没有很大矛盾的。你跟赵×是什么关系？你说好还是不好？（表情愈发严厉，语调激愤，节奏加快）

钟犯：不好。

张警官：怎么个不好？

钟犯：有矛盾。

张警官：什么矛盾？（紧追不舍）

钟犯：他老想在中队装老大，老欺负人，我不服，跟他骂过几回。

张警官：他欺负人？你不欺负人？你说，你欺负过人没有？

钟犯：（想起张警官曾因此处理过他，不得不承认）欺负过。

张警官：对了，正像你说的，你们之间是一种互相欺骗，又互不服气的针锋相对的关系。就是这么一种对头关系，到头来，竟能发展到在一块闹着玩儿？这合乎情理吗？合乎逻辑吗？你能解释得通吗？（声色俱厉，气势逼人）

钟犯：报告张警官，我，我照实说了吧。（如实作了交代）

范例评析：

为逃避处分，钟、赵二犯显然已统一口径，不承认他们的行为是斗殴，双方均咬定是闹着玩儿。

为此，彻底揭穿他们这一谎言，成为制服钟犯的关键。也正是围绕着对这一谎言的有力揭露和批驳，显示出张警官值得称道的口才能力。张警官注重讲理，善于讲理，坚持以理取胜，以理服人。针对钟犯所说的"闹着玩儿"这一核心谎言对其无理辩解逐一剖析，各个击破，迫使钟犯理屈词穷，在无言以对的情况下低头认输。表达过程中，张警官不仅言辞表达有张有弛、有理有节，语调、语速及态势配合也适度。张警官能制服钟犯，还在于证明其辩解的荒谬性，对之晓之利害，使之产生畏惩心理，进而产生了分散责任心理。适时归纳的三条错误，使得二犯因斗殴而受伤的事实真相暴露无遗，进一步戳穿了二犯诡称斗殴为闹着玩儿的荒谬性。

4.2 训练

制服性谈话要求干警不仅要具备良好的政治品质而且要具备优异的思维品质、意志品质；不仅要具有较好的教育谈话技巧而且必须具有较强的应变能力；不仅要了解服刑人员的是非观点，而且要具备良好的语言表达能力。

训练情境1 某监狱，服刑人员邱××，从事车工劳动。该犯性格暴躁，经常违纪。一天，他利用去材料库领取机加零件之机，顺手偷走一瓶工业用酒精。带回车间后，在兑自来水饮用时，被另一名罪犯发现，并汇报给中队指导员。指导员让犯人组长通知邱××到办公室，邱××却以"活儿忙，离不开"为由不去，并旁敲侧击地谩骂："又是哪个混蛋算计我"，"让我知道了，跟他没完！"如果你是管教人员，你怎样将其制服？

训练要求：开门见山地提出警告和要求，营造谈话的氛围，令其反思。

训练提示：制服性谈话是一场语言的交锋，在阐明事理、分清是非、显示正气时应该言简意赅，言辞刚正，态度果断。

训练情境2 罪犯黄某，因破坏通讯设备被判处有期徒刑3年。黄犯生性胆小怕事，少言寡语。同监舍的其他罪犯正好利用黄犯这一弱点，对他进行威胁、恫吓，让其为他们的违法违纪行为保密。黄犯慑于他们的淫威，始终保持沉默。如果派你去制服黄犯，你将怎样进行谈话？

训练要求：对服刑人员提严格要求，严厉批评，营造氛围，制造威慑力。

训练提示：以正压邪进行思想疏通，分析利害，结合理据，明确立场，给罪犯以威慑感。

训练任务5　勉励谈话口才训练

勉励谈话口才是指，服刑人员在改造的过程中，经干警的教育对自身的行为有真正的认识，从而表现出积极改造的心态及在行为与言论上都有向上的表现，

干警在一定的场合给予肯定的言辞表达。勉励性谈话，要求语音高昂响亮，略上扬，有力而富有变化，表现出喜悦期待的情感。

5.1 范例

情境再现：

　　郑××，20 岁，小学文化，因犯抢劫罪于 2008 年 1 月 8 日被福建省高级人民法院判处 15 年有期徒刑。2008 年 7 月 24 日入监，刚到监狱，由于刑期长，文化程度低，改造没有方向，焦虑，自闭，不学习，厌恶劳动，消极抵抗改造，因此，经常被点名批评。某日出工时，犯人赵某与李某发生争吵，发展到互相推搡，直至拳脚相交。当时，只有一名五十多岁的干警在场，制止不听。郑犯见此，便主动上前劝阻，劝说中被其他犯人打了几拳，仍未退缩。后经干警努力，终于将双方劝止。

　　在当晚监区犯人大会上，对郑犯的行为给予了大会表扬。会后，中队指导员又趁热打铁，对郑犯进行了勉励性谈话。

　　指导员：郑××，你对今天的大会有什么想法？

　　郑犯：（有些难为情地用手挠着头，露出憨笑）嘿嘿，我这还是头一回受到表扬呢。说实在的，我真没想到，那点事还能受表扬。

　　指导员：你没想到，这是正常的。因为你不是为了受表扬才去做好事的，对不对？（郑犯点头）无论是谁，犯了错误就得批评；做了好事，就得表扬，就该鼓励。

　　郑犯：（面露愧色）可我，以前干了那么多坏事，给你们找了那么多麻烦……

　　指导员：（宽宏大度地）噢，那已经是过去的事了，谁都可能犯错误，重要的是知错能改，能改就是进步，就有前途。而且改得越快，进步越大。

　　指导员：（微笑着）你才 20 岁。就算你一天刑都不减，你还有 13 年就能出监。那时候，你也才三十多岁，正是人生的黄金时代。你知道你有多少事可以做，你有多少机会可以施展自己的才华吗？当然，要想展示才华就离不开学习知识，学习各项技能。如果你都能像今天那样端正自己的方向，认真地去学习和改造，你的未来是很光明的。

　　郑犯：（闪烁着泪光，声音有些哽咽）指导员，我明白。为了将来能做一个有用的人，我一定好好学习。指导员，我还有个事儿想问你。

　　指导员：（鼓励的语气）什么事？你说吧！

　　郑犯：指导员，我，我能减刑吗？

　　指导员：（放慢语速）任何犯人都有获得减刑的可能，当然，要使可能变成现实，关键是还得靠自己的努力。只要你们的表现达到了减刑的条件，即使你们自己不想，政府也会为你们想到的。所以，作为个人来说，不应该过多地考虑减刑。当然，你们希望早日回家、早日回到社会的心情是可以理解的。不过，如果你们过多地考虑减刑，就容易造成为减刑去做各种事情，而一旦减不了刑，你们就可能从积极变为消极。就拿你今天来说，你能主动协助干警去劝阻打架，在自己挨打的情况下，仍然奋不顾身劝架。你说，你当时想到了减刑吗？

郑犯：没有。

指导员：那你为什么那么做呢？

郑犯：我就觉得应该那么做。

指导员：（语调舒缓地）你说的是心里话。这跟你过去比，有了很大提高，说明你明白是与非，如果你在各项活动中都表现出主动、积极。该不该给你减刑，什么时候减和应该减多少，都是政府考虑的问题。你听明白了吗？

郑犯：听明白了，不该想的事以后决不再想。该做什么，不该做什么，我都按政府说的办。

指导员：（热情、亲切地）那就好。只要你持之以恒地努力下去，那么你方才说的头一回，就绝对不会是最后一回，你一定会有第二回、第三回、直到无数回受表扬。郑××，你有这个信心吗？

郑犯：（语气坚定，诚恳）指导员，你放心吧！我有信心，也有决心，一定在各方面都争取更大的进步。

范例评析：

勉励谈话要注意时机的选择，服刑人员因为受表扬而兴奋，因此，选择晚上谈话有利于服刑人员有时间去思考。指导员的语调、态势亲切温和，言辞表达坦诚、质朴。尤其对郑犯的未来寄予希望的一番话，语重心长催其泪下。针对郑犯轻视文化课，追求减刑的动机给予深入浅出的细说与解释，提高了郑犯对学习、改造的自觉性。谈话中因势利导，肯定其成绩又指出其缺点，既给以勉励又体现鞭策。使郑犯不因受表扬而沾沾自喜，止步不前。有利于巩固取得的成绩和勉励其争取更大的进步。

5.2 训练

勉励性的谈话不仅要选好时机，而且要找准要点，在进行教育的时候，因势利导，巩固成绩。

训练情境 1 罪犯朱某，因盗窃罪、抢劫罪被判处有期徒刑 8 年。入监后，朱犯拒不认罪伏法，不遵守监规纪律，并且多次无理申诉，均被驳回。通过"三课"教育，详细地对罪犯讲解《刑法》的有关定罪、量刑等条款后，经干警几次谈话，朱犯的思想认识开始有所转变，并主动请求承担中队黑板报的工作。为巩固其改造成果，干警拟对朱犯进行一次勉励性谈话。

训练要求：要以关心、体恤和帮助服刑人员的情感和心态投入角色演练。

训练提示：明确定位，注意谈话的方法和技巧，因人而异，因事而异，因地而异。

训练情境 2　某监狱罪犯赵××，被捕前是某中学美术教师，因伤害罪，被判处有期徒刑 8 年。该犯入监后表现较好，被选用为犯人文化课教员。任教后的第二年，经考核、评比，赵犯得奖。最近，在监狱举办的"服刑人员文艺作品展"中，赵犯创作的油画《炼狱之神》又获得美术作品特等奖。为督促其进一步修改好该作品，同时给予勉励，干警拟找赵犯进行个别谈话。如果由你对该犯进行谈话，你该怎样展开？

训练要求：进行角色扮演，语言表达要具有较强的知识性、哲理性，并善于深入浅出地阐明道理。

训练提示：要了解一些画作的知识，由画的真善美展开，增加其谈话的说服性、导向性。体现干警对其的关怀、亲近，做到适度、得体，不失之于庸俗。

【考核与评价】

考核内容

1. 制定一个谈话教育的预案，理清谈话思路，明确谈话目的，围绕找谁谈，为什么谈，谈什么，在哪里谈，谈话达到什么目的的各要点做好谈话预案，并对谈话中可能出现的情况设计应对策略。

2. 在与服刑人员进行谈话前，你应从哪些方面入手做好谈前准备？

3. 个别谈话时，你如何把握好与服刑人员的谈话时机，从而做到事半功倍？

4. 针对不同的谈话目标，从语词、语音、态势、语境上把握谈话技巧。

5. 结合自身特点，谈谈怎样加强对服刑人员个别谈话技巧的把握。

◆学生自评

1. 对个别谈话教育的权威性、表达的庄重性、内容的严肃性把握的如何？

2. 参与训练时，你的内容把握是否明了，言语表达是否清晰，情感融入是否真诚？

3. 参与训练时你是否注意运用好态势语言？

4. 在训练的过程中你是否能把握因时、因地、因人施语？

拓展学习

1. 王世杰、王宝权主编：《监狱人民警察口才训练教程》，黑龙江教育出版社 1996 年版。

2. 张建秋：《个别谈话：沟通心灵的艺术》，江苏教育出版社 2008 年版。

训练项目二十 警务讲评口才训练

【训练目的】

通过本项目的训练，锻炼和强化作为监狱民警在教育改造罪犯工作中有关队前讲评口语表达的能力，培养基本的岗位职业素养。

【训练内容】

训诫讲评口才训练、评议讲评口才训练、总结讲评口才训练。

【知识储备】

一、讲评口才特征、类型

在监管工作中，监狱人民警察经常运用口语表达的方式，对狱政管理、劳动改造、教育改造等情况，有针对性地进行讲评教育，这就是监狱人民警察警务讲评口才。根据讲评内容、性质，可以将警务讲评口才分为训诫讲评口才、评议讲评口才和总结讲评口才。训诫讲评口才是根据监管工作的任务要求，告知服刑人员监管改造期间应当遵守的言行准则和规范并对其原有的错误思想、行为恶习等进行教育训诫。评议讲评口才就是根据服刑人员各方面的改造情况，民警做出恰如其分的评价，对改造表现好的服刑人员能起到勉励本人、示范大家的效果，对改造表现差的服刑人员能起到督促本人、警醒大家的效果。总结讲评口才是针对监管工作中开展的劳动改造、"三课"教育以及各项专题活动等，活动前做好布置安排并鼓励服刑人员积极参加，活动后及时以先进典型为重点进行总结宣传的讲评口才。

二、讲评口才的要求

队前讲评是分监区监狱民警对服刑人员经常使用的一种常规管教活动，也是对服刑人员进行集体教育的最常见的一种形式。由于讲评对象的特殊性，讲评目的复杂性，监狱人民警察的讲评口才要注意得体性、策略性、感化性和及时性。

得体性是指讲评口语表达要符合说话人即民警作为管教人员的身份和立场，围绕特定事件和抓住典型，并考虑听众即服刑人员的认知理解水平，做到准确、恰当、简练。策略性是指因讲评口语表达经常用于对服刑人员的思想言行做出中肯评价，要褒贬分明，甚至要提倡一些正面的、先进的理念来引领服刑人员，为避免空洞的说教，就需要民警讲究思维和语言的艺术，做到会说理、巧说理，以理服人，能顺其耳、入其心、促其行。感化性是指讲评口语表达要发挥教育服刑人员的作用，就需要说话人即民警在队前讲评时融入个人真挚的感情，并援引典型生动的事例来说明道理，做到言之有情、以情感人，激发服刑人员积极改造的热情。及时性是指讲评口语表达一般针对服刑人员当前时境下的改造、生产、学

习等情况，就需要民警在安排讲评活动时讲究时效性，抓住契机、有的放矢，能有效发挥队前讲评对服刑人员的全程指导意义。

【训练任务】

队前讲评是一种特殊的演讲活动。因此，民警应在队前讲评中，做到以讲为主、以演为辅，根据讲话内容的需要选择启迪思维的讲述、令人信服的论理、正确无误的解说，以达到感化服刑人员、劝服服刑人员、鼓动服刑人员的目的。

●●●训练任务1　训诫讲评口才训练

训诫讲评是向服刑人员宣传监狱工作的方针政策、监规纪律、言行准则和规范等，同时针对服刑人员各种错误的思想言行进行教育训诫，让他们明白是非对错，逐步扭转思想认识和行为习惯方面的偏差，为顺利回归社会做好准备。训诫讲评应精神饱满、义正词严，直陈是非对错、轻重利害，让服刑人员树立正确的是非观，从而响应号召积极改造。

1.1 范例

情境再现：

随着我国经济建设的发展，人民生活水平的提高，狱内服刑人员追求高水平享受，向家人索要钱物，甚至"不吃囚粮"的现象时有发生，这是新的历史时期监管改造工作面临的新问题。某监狱二监区四分监区的监区长针对这种现象，为净化改造环境，稳定改造秩序，利用一次周讲评的机会，给全分监区服刑人员作了一次训诫队前讲评。

警官：全体稍息。现在，我向大家讲一讲，当前在你们之中出现的一些怪现象，这些怪现象已成为影响你们改造的严重障碍，应当引起大家的高度重视和警惕了！当然，最近一段时间以来，通过深入贯彻落实《监狱服刑人员行为规范》，分监区的改造秩序已有明显好转，大多数服刑人员能够遵守监规纪律，朝着良性的方向发展。但是，改造和反改造的斗争却一直没有停止过，少数服刑人员的消极改造表现，甚至反改造表现虽然不是那么明火执仗，但也像一股股浊流，污染着改造场所，动摇着你们的改造意志。其中就包括我所说的怪现象。什么怪现象呢？就是个别人，身为服刑人员，却一味追求高水平享受，频繁地向家里索钱要物，这是一个既影响到自我改造，又扰乱整体秩序，值得高度重视和认真对待的问题。

有人可能会说，你这是拿着芝麻当西瓜，小题大做。其实不然，古语说的好："勿以善小而不为，勿以恶小而为之"。进行思想改造就是要从小事做起，从一点一滴做起，日积月累，从量变到质变，才能实现思想的根本转变。可是就有那么几个人，经常伸手向家里索要现金、用品和零食。服刑人员钱某上个月家人来接见两次，每次留下 300 元钱，吃的抽的用的一应俱全，可他还觉不够用，谩骂家人吝啬，以强硬口气写信回家要求铁皮枫斗、虫草洋参等高级补品。这哪里是来改造？分别是来摆阔、享福的！

还有服刑人员王某，家里经济条件很差，只有父亲一人外出打工，家中有年迈体弱的祖母要赡养，还要供妹妹上学，日子过得很拮据，几乎无结余。可王某却不管这些，只想着自己如何享受，根本不考虑家中的难处。当他母亲来探监时，因带来的不是他上次要求的名牌球鞋而大发雷霆，说什么"丢不起那个脸"，扔下球鞋，气呼呼地扭头离开会见室，把千辛万苦、远道而来的母亲撂在那。这哪是一个儿子对母亲做的事、说的话？"羊羔跪乳，乌鸦反哺"。你王某作为一个服刑人员，触犯刑律，被捕入狱，不但不能孝敬父母、分担家人的困难，反而给父母在精神上和经济上都造成了很大的负担，你还有什么资格对父母提出额外的要求呢？甚至还以如此蛮横无理的态度对待生你、养你、疼你的母亲！这还有天理人性吗？

还有几个人也在向钱某、王某看齐，向家人索要钱、物，不以为耻，反以为荣。在这里，我要警告你们：作为一名服刑人员，你们时刻不要忘记了自己的身份！现代社会主义监狱，尊重犯人人格，保障犯人法定权利。基本废除了打骂体罚和肉刑，并给你们足以维护身体健康的生活待遇和文化娱乐享受。千方百计创造条件办好"三课"教育，让你们学政治、学文化、学技术。对确有悔罪立功表现的，还可受奖、减刑、假释。但作为刑罚执行机关的监狱，同时还要依法对服刑人员予以监禁，限制人身自由，并以强制手段作保证，这样才能转变你们的犯罪思想，矫正你们的恶习。你们应该知罪悔罪，老老实实地服刑改造，不能忘乎所以，失去做人的起码道德和良心，失去改恶从善的机会。当你们向家人要钱要物的时候，你们替家人考虑过吗？父母含辛茹苦地把你们拉扯大，供你们吃穿，送你们上学，期盼着你们成人，可是你们偏不往好道走，一步步走向深渊。如果说你们的犯罪是咎由自取的话，那么，父母的期望变成泡影、心血付之东流又该怪谁呢？你们身为人子，非但没有尽到一份孝心，没有给双亲带来幸福和欢乐，反而带来了无尽的痛苦与悲伤。扪心自问，你们有什么理由和脸面去指责挑剔，甚至谩骂养育你们的双亲呢？

我再强调一下，监狱不是养老院、休养所、慈善机构，更不是养尊处优之地。服刑改造就是要时时处处受到一定的约束，就是要吃一定的苦头，要在强迫管制的痛苦中去感知幸福和自由的可贵，并以崭新的姿态，去迎接艰苦劳动和俭朴生活的考验。"苦其心志，劳其筋骨"，洗心革面，改恶从善，才有光明前途。反之，追求享乐，贪图安逸，只能重蹈覆辙，只能在犯罪的

泥坑里越陷越深，希望我的话能对大家有所启发。

好，今天我就讲到这里，各队带回。

范例评析：

讲评伊始开门见山地提出了怪现象的出现；接着平铺直叙、直抒胸臆，吸引了服刑人员的注意力，引起了他们听讲的兴趣；再从摆事实入手进道理，做到事理相融、褒贬分明，动之以情、晓之以理，令服刑人员心悦诚服、乐于接受；最后义正词严地告诫服刑人员监狱是他们服刑改造的场所，不是养尊处优之地，要端正态度、积极改造。整个讲评饱含威严激情、言辞得体富有策略性，体现了训诫讲评正义性和强制性的口语表达特点，也体现了监狱人民警察正义威严、执法育人的特殊教师形象。

1.2 训练

在监管工作中，要经常向服刑人员宣传监狱工作的方针政策、监规纪律、言行准则和规范，因此，干警语言的得体、策略显得极其重要。

训练情境1　某监狱入监队的部分服刑人员投入改造后，缺乏身份意识，既不知罪、认罪，也不悔罪、改罪，无视监规纪律，出现了消极改造甚至反改造的行为。教育科知情后，认为入监教育是对服刑人员进行教育的第一个环节，对改造罪犯成为新人有着极为重要的作用。经全科民警认真研究讨论并上报领导后，专门指派了教育能手王警官对入监队服刑人员进行了认罪伏法队前讲评教育，让该服刑人员群体明确监狱的性质任务，提高认罪、悔罪、赎罪意识，增强知法、守法、用法观念，主动接受教育和改造。

训练要求：训练时态度要严肃、认真，内容要真实准确，言辞要简洁合法，态势要自然得体。通过言辞、情感和态势，表现出告诫训示类讲评的正义性和强制性特征。可选择空旷并带有阶梯的场所进行训练，训练人以站姿形式面对全体同学，时间以 5~10 分钟为宜。

训练提示：训练前先熟知《监狱法》、《监狱服刑人员行为规范》等相关的法律法规、监管规定和条例，搜集入监教育中正反两方面的典型事例，拟写讲评大纲或打好腹稿，脱稿演练，认真宣讲监狱的性质任务、监规纪律，重点阐明认罪伏法与守法、改造以及前途的关系，并晓以利害，通过正面引导、反面鞭策，帮助服刑人员扭转不良倾向，树立身份意识，端正改造态度。

训练情境2　某分监区的服刑人员赵某，因盗窃罪被判处有期徒刑 7 年。投入监狱后，该服刑人员不思悔改，于本月 5 日出外工时脱逃。经狱内侦查科和所在监区民警外出搜捕，并在当地公安机关的配合下，于昨天抓获归案，听候加刑判决。另外该分监区服刑人员刘某，过去曾是反改造尖子，经过分监区民警多次谈话教育和家属的规劝，终于走上了良性改造的道路。现在，刘某带领翻沙组的几名服刑人员，努力学习铸造技术，改革铸造工艺，使汽车制动盘铸件合格率提高了 10.5 个百分点。为此，该分监区受到了大队及监狱的表扬。为了教育本分监区的其他服刑人员，在今天早上出外工时，分监区民警就这两个典型案例进行了思想教育队前讲评。

训练要求：根据材料，该讲评属于既有表扬又有批评的告训诫示类讲评。要求表扬时内容准确、言辞恳切、感情真挚，善于运用先进事迹鼓动、激励全体服刑人员；批评时态度鲜明、义正词严、精神饱满，及时将反面教材公布于众，以警醒、敦促全体服刑人员。为有的放矢，讲评内容应集中具体，时间 3 ~ 5 分钟为宜。

训练提示：训练前对正反两方面的典型事例在内容上、性质上和意义上要有全面的认知与把握；掌握用事实说服人、用激情鼓动人、用威严震慑人的讲话技巧，注意把握和选择讲评的时机与环境，掌控现场的秩序和气氛，使讲评产生及时、有效的正面影响与警示作用。

训练情境 3 某分监区的服刑人员中，有不少人对接受政治思想、文化知识、生产技术等"三课"教育的态度不端正，学习不认真，甚至出现"厌学"的不良倾向。针对这一问题，该分监区民警进行了深入的调查研究，较全面地掌握了犯人对"三课"教育的不同认识和态度以及导致出现"厌学"现象的主客观原因。为彻底扭转服刑人员在学习活动中的不良倾向，该警官便于某日服刑人员收工后，集合全体服刑人员，对他们进行了训诫队前讲评。

训练要求：针对服刑人员中关于"三课"教育的错误言行，运用事理相融法，娓娓道来、形象生动，充满着师长般的教诲与关怀；表情神定气闲、端庄大方，充满着对工作的热忱和对服刑人员的期盼。讲评时间 5 ~ 10 分钟为宜。

训练提示：可以通过去监狱实习，搜集相关素材，包括服刑人员中有关"三课"教育的一些不良言行，也包括服刑人员中刻苦学习、学有所成的一些典型事例。用毋庸置疑的道理和真实可信的事理，让服刑人员明白"三课"教育的重要性、必要性，引导和激励他们把刑期当学期、把监舍当学堂，认真参加"三课"教育，积极实现思想转变，努力提高文化水平，熟练掌握一技之长，争取早日回归社会，做社会有用之人。

训练任务 2 评议讲评口才训练

评议讲评口才是对服刑人员某阶段的思想、行为状况进行客观、准确的评价，激励先进，督促后进，促进服刑人员改造心理的良性发展，抓住教育的最佳时机，发挥教育的最佳效果，优化整体改造氛围，从而提升整体改造质量。讲评时抓住服刑人员趋奖避惩的心理，做到感情真挚、褒贬分明、援引典型事例和客

观数据，以情感人、以理服人，保持和强化服刑人员积极改造的心理意识。

2.1 范例

情境再现：

为深入贯彻监狱工作宽严相济的刑事政策，充分调动服刑人员改造的积极性，某监区于1月30日召开了服刑人员年终奖惩大会。监狱奖惩工作对服刑人员的改造行为具有引导、预测、评价和激励作用，对服刑人员的改造具有极其重要的现实意义。四监区一分监区监区长正是充分认识到了这一点，在奖惩大会召开后当天晚上集队时，对全分监区服刑人员进行了一次评议类队前讲评。

警官：全体稍息！现在我准备就上午的奖惩大会与你们谈几点。奖惩大会是对大家一年来改造成果的检验。我们分监区共减刑、假释8人次，占5.3%；记功、表扬和物质奖励35人次，占23.3%；处分、加刑4人次，占2.7%。这些成绩的取得，是全分监区民警在上级部门领导下共同努力的结果，也是你们中大多数人积极改造成果。它凝聚着许多心血和汗水，确实来之不易。

上面列举的一些数字，不仅有力地说明了党的监管改造政策的伟大，同时也更有效地调动了你们改造的积极性，使你们实实在在地看到希望、看到未来。服刑人员孙某等8人之所以分别获得减刑和假释，是因为他们在日常改造生活中，自觉用监规纪律约束自己，大胆揭发坏人坏事，刻苦学习，争做好事，生产劳动热情高，脏活累活抢着干，常年坚持加班加点，在保证产品质量的基础上，超额完成生产任务；在修旧变废、技术革新、节约原材料等方面，都取得较高的经济效益。他们用自己的实际行动，坚定不移地告别过去，彻底脱胎换骨，才赢得了自新与新生。

可是，像他们一样，同处大墙内，却有极少数服刑人员，不思悔改，企图与政府顽抗到底。他们不但不认罪伏法，改恶从善，反而变本加厉地在狱内进行犯罪活动。服刑人员张某被加刑，不仅说明了狱内的改造与反改造斗争依然存在，同时也有力地说明了人民民主专政国家机器的强大，对于胆敢以身试法的累犯，绝不心慈手软，必将严加惩处，狠狠打击。张某为什么会重新犯罪，他应当吸取什么教训？这是值得每个人深思的问题。过去的犯罪生涯，使他养成了自由散漫、放荡不羁、低级下流、好逸恶劳的恶习。他触犯了刑律，投入监狱后，本应转变思想，改毛病去恶习，可他却置监规纪律于不顾、胡作非为、我行我素。早晨不起床、不出操、不学习、不出工；晚间不睡、想玩就玩、想闹就闹，甚至酗酒赌博、打架斗殴。这哪里是来改造，分明是在对抗。虽然经过无数次批评教育，乃至于戴戒具、蹲禁闭，可他却一直满不在乎，在犯罪的泥坑中越陷越深。结果咎由自取，受到了严惩。这是一切反改造服刑人员顽固对抗的必然下场。

面对正反两方面的"榜样"，何去何从，你们心似明镜。中国有句老话叫做"善有善报，恶有恶报"。作为正在服刑改造的你们，一定要认清形势，相信党和政府的改造政策，知罪悔罪，认真改造。在日常改造生活中，要按《监狱服刑人员行为规范》的要求，时时处处对照检查自己的一言一行，经常向管教民警汇报自己的思想和表现，揭发检举他犯的反改造言行，积极参加各项学习，热爱劳动，努力完成政府规定的任务，这样你们就一定会有光明的前途；一定会成为家庭、社会都欢迎的人！我相信，在我们分监区，这样的服刑人员一定会越来越多！好，我的讲话完毕，望大家回去认真反思。

范例评析：

这段评议类讲评，首先，民警注意到了奖惩有激起服刑人员心理冲突的作用这一特点，及时抓住年终奖惩会议后的集队时间对服刑人员进行思想教育工作。其次，结合全分监区过去一年的改造表现，既肯定了成绩，又指出了问题，用翔实的材料、准确的数据，做到有点有面、点面结合，通过以事说理达到以理服人的目的。最后，循循善诱地劝导服刑人员积极投入到以后的服刑改造工作中，并对他们提出具体的要求和殷切的期盼，通过言之有情达到以情感人的目的。整个讲评语句流畅、通俗易懂，真正做到了化笼统为具体，化抽象为形象，令服刑人员易于接受。

2.2 训练

评议讲评口才是对服刑人员某阶段的思想、行为状况进行客观、准确的评价，只有以情感人、以理服人，才能使得服刑人员产生心理的认同，从而促进他们的改造。

训练情境1 春节前夕，地方民政部门组织工、青、妇及社会知名人士到未管所帮教送暖。他们同未成年服刑人员谈话，举行报告会，赠送书刊，参观劳动、学习、生活场所。这些活动在未成年服刑人员当中引起了很大反响，许多未成年服刑人员与有关人士建立了通信联系，表示要努力改造，刻苦学习，争取早日回归社会。特别是一些平时行为散漫的后进典型，也表现出了要求上进的决心。连日来，他们主动找民警谈心，有的坦白余罪，有的揭发同案犯，有的要求多承担劳动任务……各分监区的改造、劳动、学习等指标都在直线上升。在这种情况下，分监区长在一次座谈会之后，对所属分监区的未成年服刑人员进行了一次评议类队前讲评。

训练要求：根据材料，该讲话属于表扬评议类讲评。要求根据未成年服刑人员的生理、心理特征等组织语言，表达时做到言之有物、言之有理、言之有情、言之有趣，体现评议类讲评激励性和感化性的特点。训练人务必以热情洋溢的表情、慷慨激昂的语调、大方得体的态势在队列前面进行讲评，时间 5～10 分钟为宜。

训练提示：讲评内容要选取具有说服力和教育性的典型材料，重点宣讲未成年服刑人员中的积极改造表现，并给予充分的肯定和高度的评价；讲评训练前须酝酿好教育人、挽救人和感化人的真情实感。

训练情境2   出于深化法制教育和认罪教育，促进服刑人员的改造需要，某监狱在服刑人员中开展了"深挖余罪"活动。一监区三分监区大多数服刑人员都能积极参与，也有少数服刑人员消极对抗，妄图蒙混过关。为及时消除少数服刑人员的思想障碍，保证该项活动健康、顺利地开展，取得预期效果，该分监区长便在这项主题活动期间，专门选择了某日在服刑人员队列前，针对该项活动开展以来，全分监区服刑人员的不同认识和不同表现，进行了一次评议类队前讲评。

训练要求：训练时神情要威严庄重，语气要铿锵有力，语调要抑扬顿挫，以强化活动的严肃性和强制性，体现监狱人民警察依法管教、执法育人的国家公职人员形象。因主题活动内容相对丰富，时间 10～15 分钟为宜。

训练提示：此类主题活动讲评一般须围绕主题活动的安排和要求拟写大纲或打好腹稿，脱稿演练；讲评内容应紧扣活动主题，注意讲话层次，让服刑人员认清活动的背景形势，了解正反两方面的表现及利害，明确自己改造的目标和要求。

训练情境3   警校学生进入监狱顶岗实习，在监狱民警的带领指导下，参加对服刑人员的半日改造管理。在中午收工时，或学习结束后，由学生对服刑人员的半日改造、劳动、学习情况，做常规性的评议类队前讲评。

训练要求：努力进行角色转换，尽快树立民警的身份意识；在分管民警的指导带领下，参与完成服刑人员的半日改造管理；队前讲评时做到语音洪亮、语速适中、语气坚定、语调自然、神情威严、态势大方，注意收集反馈信息并及时做出相应调整。

训练提示：带队实践中，注意观察，勤于思考，善于积累带有常规性、典型性的素材，为队前讲评做准备，并打好腹稿。讲评时，要调整好临场情绪，保持稳定、持重、自信的心理状态。

●●● 训练任务3   总结讲评口才训练

总结讲评是监管工作中最常用的一种集体讲评形式。民警经常运用这种讲评口才对监狱服刑人员开展的狱政管理、劳动改造和教育改造等活动做出安排布署及宣传总结，保证改造活动得以顺利实施并取得预期效果。总结讲评时态度要严肃认真，内容要真实准确，言辞要简洁合法，态势要自然得体，口齿清晰、条理清楚，褒贬分明，方能告知准确、总结到位。

3.1 范例

情境再现：

8月份，时值某农场型监狱服刑人员收割水稻之季节。为贯彻上级领导关于本次水稻收割的精神指示和任务要求，同时也为开启本次任务的良好工作风貌并明确当日的收割任务、保证收割质量，二监区三分监区带队民警在第一天收割水稻出工前，对全体服刑人员进行了一次专门的布置队前讲评；并在下午收工后，针对当日全体服刑人员的生产劳动情况进行了相应的总结队前讲评。

1. 出工前的布置讲评。

警官：全体稍息！一年一度的水稻收割又在我们监狱拉开帷幕了。围绕这一劳动任务，今年在全监范围内，将开展"争高产、保质量、夺红旗"的竞赛活动，希望我们三分监区全体服刑人员能拿出我们的斗志、取得最大的成绩、夺回流动红旗。为实现这一目标，今天作为我们开始收割的第一天，我想说以下几点要求和建议：

首先，我们分监区今天起码要完成1至10号田地的收割任务，并争取收割完第11和12号地的水稻。这一方面是为了打响本场比赛的第一枪，在士气上鼓舞大家；另一方面，是为了先苦后甜，尽量减轻后面的担子。

其次，望罪犯改造积极分子委员会在人员组合、工作流程、时间安排上精心策划，尽量做到科学合理，以最优的策划带来最高的效率。

最后，望大家能发扬吃苦耐劳的精神，发扬团队协作的精神，发扬争当标兵的精神，从劳动中改造自己、磨砺自己、发展自己，让自己早日新生，照顾家人、奉献社会。

2. 收工后的总结讲评。

警官：全体立正，稍息！我简要点评一下今天的情况。总体上讲，大家表现都不错，都能按照上午出工前我讲的要求去做，相互配合、精诚合作，基本完成了预定任务，对此，我甚感满意。优点我就不详细展开了，对存在的问题，我想讲以下几点：

首先，收割不细致、不干净，收过的田地里，仍有不少稻穗，浪费很大，影响了整体收割质量。

其次，分组不科学、不合理，有的组熟练工较多，速度较快。而有的组相对新手较多，割得过慢，影响整体收割进度。

再次，个别人消极怠工，出工不出力，看似在收割，实质在消遣，这种浑水摸鱼现象害己害人，影响了整体的改造士气。

最后一点，也是最为严重的一个问题：个别人竟然故意捣乱，将大捆水稻硬塞进打稻机，造成机器卡壳，耽误了时间；谁干的？你我心知肚明，今天我暂不点名，明天看你的行动。

　　我的讲话完毕，希望引起大家的注意；天色不早，大家也辛苦了一天，现在带回。

范例评析：

　　上述的布置类讲评，明目标、明任务、明要求，层次清晰、条理清楚，较好地体现了布置类讲评告知性和及时性的鲜明特点；同时鼓动性的言辞也有力调动了服刑人员劳动改造的积极性与主动性。而相应的总结类讲评，讲事实、讲现象、讲问题，先扬后抑、褒贬分明，对服刑人员端正劳动态度、提高工作效率有很好的引导作用，较好地体现了总结类讲评启发性和及时性的鲜明特点。

3.2 训练

　　总结讲评是干警每天必做的工作。讲评时要态度严肃认真，内容要真实准确，言辞要简洁合法，口齿要清晰清楚，褒贬要分明。因此，加强总结讲评的训练必不可少。

训练情境1　元旦将至，某监狱准备举办一场文艺晚会，要求各分监区出几个节目，能展现监管改造工作中的新形势、新面貌、新成绩。就此内容，分监区长在下午收工后对全体服刑人员进行了布置队前讲评。元旦文艺晚会活动结束后，结合工作开展情况，分监区长又进行了相应的总结队前讲评。

训练要求：这项活动时效性较强，任务比较集中。布置讲评时，内容要集中具体，语言要平缓清楚，神态要热情洋溢，鼓励服刑人员积极参与节目表演；总结讲评时，饱含感情、包罗万象、褒贬分明，以实事求是的评价启发引导服刑人员树立正确的狱内改造观。两段讲评时间不宜过长，均以 3～5 分钟为宜。

训练提示：服刑人员一般对此类活动的参与积极性比较高，讲评中要特别注重体现对他们的接纳、尊重和信任，善于用优势视角发现每个服刑人员的闪光点；同时，强调排练节目中有关监规纪律遵守的注意事项。总结时尤其要充分肯定他们的表现，给予及时的表扬和奖励，让服刑人员获得满足感、成就感，以强化他们良性改造的心理意识。

训练情境2　三月份，某监狱组织开展了"学《规范》、查表现、促改造"以及"争高产、保质量、夺红旗"的竞赛活动。在活动开始前，二监区三分监区分监区长进行了布置类讲评。到月末时，竞赛活动基本结束，为了进一步巩固和发展竞赛活动对服刑人员改造的激励和推动作用，分监区长根据监区的统一部署，在服刑人员出工前，又对全区服刑人员作了一次总结类讲评。

训练要求：平时勤于思考、善于积累，结合狱政管理专业知识以及自己平时了解到的监狱日常工作情况，编写切合实际的队前讲话素材；在表达时要调节好自己的情绪状态，讲评布置性内容要语气平和、条理清楚，总结性内容要感情饱满、褒贬分明。

训练提示：注意在布置时，多运用鼓励方法，调动参加人的积极性；总结时，抓好典型材料，增强说服力。

训练情境3 学生进入监狱进行实习，在分监区民警的指导下，承担分监区有关的改造、生产管理工作，全面了解服刑人员的实际情况。在实习结束时，就所在分监区的改造、生产、学习、生活等各方面情况，做阶段性总结讲评。

训练要求：学生进入监区后，在实习岗位上，要以一个管教民警的标准要求自己，听从分管民警的指挥，虚心向民警学习，注意举止言谈，树立良好的监狱人民警察形象；队前讲评时，内容准确翔实，语言简洁合法，表情威严庄重，态势大方得体，并注意运用控场技巧；因内容涉及面广，讲评时间较长，10~15分钟为宜。

训练提示：监狱实习期间，要深入"三大现场"，掌握服刑人员的实际情况并注意积累材料。讲评前，可根据服刑人员各方面的表现拟写详细的讲评大纲，认真练讲，一练语音、语调、语感，二练表情、手势、姿态，三练心理、生理、精神状态，直至自然脱稿。

【考核与评价】

考核内容：

请就以下情境作讲评练习。要求内容集中具体，表达流畅自然并能根据内容适当运用态势语言。用时3~5分钟。

1. 某日下午，监狱有关方面邀请全国劳模某同志来监狱作报告，某分监区全体服刑人员将去参加这个报告会。出发前，就会场纪律、听讲要求等事项分监区长做了告诫类队前讲评。

2. 某分监区的全体服刑人员近段时间刚接受了服装加工的生产劳动任务，请你利用周讲评的时机专门就这项新任务中出现的情况、涌现的事迹做评议类队前讲评。

3. 监狱准备举行第四届服刑人员文化节，请你围绕"读一本好书、写一手好字、看一部好片、唱一首好歌"的活动主题，给某分监区服刑人员作一次布置总结类队前讲评。

◆学生自评

1. 自我评价讲评内容的组织和讲评技巧的运用。

2. 对自己语言表达的重点，语音、语速、语气、语调、语感、表情、态势等方面的运用等作出客观正确的评判。

 拓展学习

1. 王秉中主编：《罪犯教育学》，群众出版社 2003 年版。
2. 孙平主编：《狱政管理》，中国政法大学出版社 2005 年版。
3. 《监狱法》、《监狱服刑人员行为规范》。

训练项目二十一　警务教学口才训练

【训练目标】

通过本项目的训练，掌握警务教学口语的表达技巧；在"三课"教育中，能胜任课堂教学任务，有效、得体地进行授课，符合监狱人民警察"特殊教师"这一职业岗位的要求。

【训练内容】

思想教育教学口才训练；文化教育教学口才训练；技术教育教学口才训练。

【知识储备】

一、警务教学口才的含义、特征

《监狱法》规定，监狱必须对服刑人员开展以思想政治、文化知识和职业技术内容为中心的"三课"教育。警务教学口才是指监狱人民警察在给服刑人员开展"三课"教育教学过程中运用讲解、讲述、提问等教育手法来传授思想政治、知识技能、文化理论，促进服刑人员转变思想，认罪伏法的口语表达才能。它集中体现为民警在课堂教学中的语言表达水平。根据教学内容的不同，我们把警务教学口才分为思想教育教学口才、文化教育教学口才和技术教育教学口才。思想教育教学口才是指对罪犯进行思想教育包括法制、道德、形势、政策、前途等内容的教育所运用的口才；文化教育教学口才是指监狱根据服刑人员原有的文化水平进行分班并以正规课堂教学的形式开展文化知识的教育，它包括扫盲教育、初等教育和初级中等教育所运用的语言技能；技术教育教学口才是指监狱为了让服刑人员掌握技能而组织的，对应劳动生产的岗位技能需要的教育，以及适应出狱后就业谋生的技能教育所运用的警务教学口才。由于授课对象的特殊性，"三课"教育又因其教学的内容、客观环境的不同，教学语言的使用也有其自身的特征。

1. 教育性。"三课"教育教学是有目的、有计划地改变服刑人员的思想，重塑服刑人员的是非观，增进服刑人员的知识和技能，让他们走向社会能重新做人。因此影响他们的思想品质的教学活动，无论是政治思想教育、文化知识教育还是职业技术教育，都具有一定的教育目的，教官的语言表达能够给服刑人员的心灵以冲击、震撼和启迪。

2. 口语化。教学的目的是传播知识，教官在上课前要做好认真、细致的备

课工作，如何导入新课，本课的主旨是什么，先讲什么后说什么，怎样应对课堂中可能出现的意外，都必须心中有数，有条不紊。讲授时尽量用通俗简洁的语言，以便不同文化程度的服刑人员都能理解并学习消化。

3．启发性。古人云："故君子之教，喻也。道而弗牵，张而弗抑，开而弗达。"在"三课"教育中，尤其对世界观、人生观和价值观等思想教育的课堂教学，教官不仅要传播理论知识，更要注重启迪服刑人员的思想，让他们通过理性的思考拥有正确的是非观、价值观。

4．针对性。因材施教是教学追求的目的，也是针对不同服刑人员进行教育改造的有效手段，民警在组织教学语言的过程中，应充分考虑受教育群体的特殊性，根据服刑人员不同的文化教育背景和层次，运用准确、精炼、生动、感人、幽默、风趣的语言施教，这样才能达到教育的目的。

二、警务教学口才的要求

监狱人民警察的语言表述因授课对象的特殊性，教学过程中除了要体现教育性、口语化、启发性及针对性的教学语言要求外，在"三课"教育教学中还要达到以下几个方面的要求：

1．规范简洁，清晰流畅，条理清楚，重点突出。首先，要用标准的普通话教学。现在流动犯罪的服刑人员占了很大的比例，如果发音不准确，无疑就要影响教学效果。无论是讲解还是讲评都要具有一定的信息量，语流顺畅、完整，不能吞吞吐吐、时断时续，不能掺杂口头禅，而且要遵循先易后难、先具体后抽象的认识规律安排教学内容，只有这样，才能促使服刑人员听得清、听得进、听得懂。

2．表情丰富，生动感人，态势自然，大方得体。教官在课堂教学时，教学姿态应庄重大方，自然文雅；要善于利用表情、手势、动作的魅力提高课堂教学效果。在课堂上多一些亲切、友好的微笑，少一些威严、冷漠的神态；多一些鼓励、信任的眼神，少一些犀利、冷峻的目光。这样，不仅能在课堂教学活动中营造轻松的学习氛围，同时可以激发培养服刑人员对学习的兴趣。

3．关注对象，因人施教，循序渐进，整体提高。服刑人员作为特殊的受教育群体，因教学对象自身的特殊性和学习目标的不同对他们实施的法制、道德、文化、技术知识的教育，要根据刑期、年龄、原有文化程度等因素，制定切实有效的教学目的、教学内容。同时依据教学目标、教学内容的特点、施教对象的具体情况合理地选择、优化教学方法，以适应教学过程的前后衔接及不同文化层次对象的特点，让服刑人员在课堂上能够针对自己的特点吸收到实用的学科知识，并结合自身的特点循序渐进有效地提高。

【训练任务】

霍姆林斯基曾说："教师的语言修养在极大的程度上决定着学生在课堂上的

脑力劳动的效率。"口才对于"特殊园丁"称号的民警教官显然非常重要，是否具备良好的教学口才，直接影响"三课"教育教学的质量，从而影响监狱对服刑人员实施教育矫正的效果。

训练任务1　思想教育教学口才训练

思想教育教学是监狱采用课堂教学的形式向服刑人员进行以认罪悔罪、法律常识、常用的法律法规知识为主要内容的法制教育，以道德基本知识、爱国主义、劳动常识、中华民族传统美德、社会公德为主要内容的道德教育，世界观、人生观、价值观教育以及形势、政策、前途教育。监狱的思想教育教学的语言要具有指引性、说理性和感染性，在课堂教学中，民警不仅要关注服刑人员对思想教育内容掌握、了解程度，还要重点解决服刑人员对思想教育内容的可信度与行为贯彻度。通过课堂传授，使思想教育犹如"春风化雨"，做到"润人无声"。

1.1 范例

情境再现：

　　某监狱对全体服刑人员普及《监狱法》，监狱长以报告的形式进行了以《如何认识服刑人员的权利和义务》为主题的政治思想教育。为促进服刑人员紧密联系自身改造实际，深化对"服刑人员的权利义务"问题的认识理解，监狱要求各分监区利用思想教育教学时间组织服刑人员展开讨论。以下是该监狱第五监区思想教研室民警教官在课堂教学中，组织开展了"服刑人员的权利义务"的讨论课。

　　教学内容：《服刑人员的 权利义务大讨论》——权利我要享，义务我来行。

　　教学目标：培养服刑人员从日常生活事件中领会法律精神的意识，掌握初步的权利义务知识，使"权利要积极保障、义务要主动履行"的观念深入服刑人员的内心。

　　教官：经过几天的学习，想必你们已经明确了《监狱法》颁布实施的重大意义，理解了《监狱法》各条款的内容精神。今天主要就监狱长讲的"服刑人员的权利义务"问题，组织你们进行讨论。

　　《监狱法》对服刑人员的权利和义务作了明确规定，这充分表明了我国监狱制度的进步、文明和人性化。如果你们懂得如何依法正确履行义务、行使权利，对促进你们的自身改造，具有十分重要的作用。

　　下面，你们就围绕着服刑人员的权利义务这个中心题目，紧密联系个人实际，广开言路，各抒己见。（服刑人员默默相对，注视着民警教官，有的现出思考状，有的欲言又止）

教官：你们不要有顾虑，怎么认识的就怎么谈。万事开头难，雁飞看头雁，谁先开个头？（语速较快，语气温和，"谁先开个头"语调较高）

服刑人员陈某：我先说一说，说错了请教官批评。（语气诚恳）《监狱法》里说了，监狱对服刑人员实行惩罚与改造相结合，教育和劳动相结合的原则，是监狱管理人性化的体现，对我们的改造有巨大的指导意义，使我们更加相信党的政策，坚定了改造的信心。

教官：刚才陈某的发言，对《监狱法》确定的改造服刑人员的原则有了一定理解，而且发言积极踊跃，值得发扬。下面，希望大家能围绕"服刑人员的权利和义务"问题发言讨论。

服刑人员高某：我发言。（表情很激动）我投改已十余年了，余刑不多。起初还有很多疑虑，认为犯过罪的人即使刑满出监，别人也不会正眼看你的，自己也会感到自己只能是个二等公民。通过学习《监狱法》和听取了监狱长的报告，受到了很大教育和启发，现在顾忌全没有了。因为国家不仅没有歧视服刑人员，而且对我们今后的就业安置问题也给予了法律保障。《监狱法》规定了"刑满释放人员依法享有与公民平等的权利"。《监狱法》给我吃了定心丸。

服刑人员梁某：我也说说，（高某话音刚落便抢着发言，语速由快转慢，语调中露出激动）我投改后，一直担心着自己的房产，是《监狱法》解除了我积久的心病。《监狱法》规定了要保护犯人的合法财产，原话不是这么说，但意思是这样的。我们的管教民警更是为犯人的利益着想，为犯人解决困难，这还不都是为了我们好好改造着想吗？前不久，在政法干部的关怀支持下，尤其是我们分监区的领导不辞辛劳地帮助我打赢了房产官司，保住了我的房产，真叫我感激万分。同犯们，你们想想，这些事实不充分说明了犯人的合法财产和各种权益也同样得到了国家法律的保护吗？（激动地坐下）

教官：（面带笑容，注视在座服刑人员，示意大家静下来）刚才几个人的发言都是围绕服刑人员的权利谈的个人认识，看来大家对权利问题非常重视，这是无可非议的。你们能不能再谈谈服刑人员应履行的义务？如果理解不了这个问题，不很好地履行自己的义务，你就不可能更好地得到应有的权利。下面谁来谈一谈？大家要积极发言。（以手示意举手待发言的服刑人员发表个人看法）赵某！你来带个头吧。

服刑人员赵某：一个犯人如果只想到个人，只要求保护自己的权利，而不履行法律让我们履行的义务，就不可能好好改造自己。不好好改造，不争取重作新人，就是把权利和义务对立起来了，片面追求权利而不履行义务这是《监狱法》所不能容许的。我说完了。

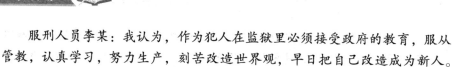

　　服刑人员李某：我认为，作为犯人在监狱里必须接受政府的教育，服从管教，认真学习，努力生产，刻苦改造世界观，早日把自己改造成为新人。不但要树立信心，而且一定要落实在行动上，只要我们好好履行义务，政府能更好地保护我们的权利。所以我们不能只强调权利问题，还要保证履行义务。

　　教官：以上发言，通过互相启发、互相补充，认识更清楚了，更全面了，这对你们今后的改造会起到积极的促进作用。你们就照这样继续发言吧。（肯定的语调言辞，露出比较满意的表情，用鼓励的目光注视着服刑人员。）

　　……（服刑人员又顺着教官指引的方向展开讨论，气氛越来越热烈，内容越来越深入。就这样，一节气氛热烈的法制教育课按时结束了，教官又布置大家写一篇讨论后的感想）

范例评析：

　　法制教育的课堂要做到言为心声、言行一致，思想教育课堂讨论的关键在于教官引导与鼓励服刑人员积极、主动地参与讨论，控制讨论的方向和局面，讨论的问题既要展得开又要收得拢，从而达到讨论的目的。教官首先引导服刑人员认真回顾《监狱法》与监狱长的报告，指出讨论的中心内容，然后直接抛出了讨论题目，引起全体服刑人员的关注。教官在表达时言辞简明干脆，自然通顺。当服刑人员明了讨论题目之后，教官高度概括了这一讨论题目的实质以及讨论的问题对服刑人员改造的作用，引导服刑人员放弃思想顾虑，积极发表个人见解。在讨论过程中，当服刑人员思路未能集中，发言偏于服刑人员的权利一面时，教官马上加以控制和引导，提出服刑人员不能忽视履行对应的义务。这样的控制、引导，使讨论的主题更趋于集中，从而使讨论气氛更加热烈。教官在此运用了组织讨论口语表达方法，一是在表达技巧上展示了教学口语的精炼与简短，使服刑人员一听就懂，便于接受；二是语调语速适中，使服刑人员喜闻乐见；三是态势自然而随和，使服刑人员没有压抑感，能把自己的认识自然地表达出来。该实例虽然只展示了讨论的片段，但展现在我们面前的却是紧紧围绕讨论中心，发言积极的热烈讨论场面。

1.2 训练

　　监狱思想教育教学的关键是以法制、道德等知识所蕴涵的思想魅力去激励、感化服刑人员，引导他们树立正确的世界观、人生观和价值观。这就需要民警教官在课堂教学中，多用启发性、鼓励性、煽情性语言，做到动之以情、晓之以理、明之以法、促之以行。

训练情境1　某监区民警教官要给服刑人员进行德育课教学。通过欣赏电影《当幸福来敲门》，让服刑人员感受亲情的力量，明白成功的路径；同时，使他们领悟无论身处何境，都要有追求幸福的信念。（该电影主要剧情为：已近而立之年的父亲全部财产投入股票失败后，妻子伤心离去，留下 5 岁的儿子与他相依为命、颠沛流离；小儿子的不断鼓励使父亲迸发出了惊人的斗志，历经多次挫折之后，终于成就了自己的事业。）

训练要求：进行人生观、价值观教育。精心设计一段意味深长的导课语，用时 8～15 分钟。要求语言生动、感情真挚、语调舒缓、表情自然，引导服刑人员认真观看，并体会剧中主人公的精神境界。

训练提示：影片时间较长，课前要充分考虑播放的进度安排；观前布置好课外作业，并且营造良好的课堂气氛和情绪以便引导服刑人员作自身的反省以及对将来生活的追求。

训练情境 2　某监区民警教官给服刑人员进行法律课教学。学习《刑法》第十九章第四节"侵犯名誉、人格的犯罪"，具体讲解侮辱罪、诽谤罪的概念、特征以及它们的异同，让服刑人员掌握"侵犯名誉、人格的犯罪"的基本知识，提高他们对罪行的认识，培养他们正确的法律意识。

训练要求：法律知识教育，分组训练。主讲的同学要精心设计教学过程（40 分钟），注意理论讲授与实例剖析相结合；引导课堂主题讨论；要求语言表达准确精炼，教态端庄大方，教具使用得当。

训练提示：熟记《刑法》的法律条文，搜集典型案例，以案例导入教学，讲课中以案例为剖析对象，启发引导思考。

训练情境 3　某监区民警教官联系当前的社会现实，结合服刑人员的实际情况，给全分监区服刑人员进行以"只有积极改造才有光明前途"为主题的课堂教育，培养服刑人员对自己人生的把握能力，帮助他们"明身份、懂规矩、学养成"，激发他们积极改造的信心和愿望。

训练要求：角色扮演，集体评议。主讲的同学要精心设计教学过程（40 分钟），讲授时既要阐释理论，又要结合实例并进行实例剖析。突出形势、政策、前途教育。

训练提示：做好课前准备，结合具体的案例，编写教案，包括教学目的、教学要求、教学重点与难点、教学方式、教学环节和教学过程；搜集服刑人员成功改造的案例，要求材料翔实，便于课堂剖析。教学语言要求言简意赅，意味深长，有理有据，有情有意，做到以理服人、以情感人。

训练任务 2　文化教育教学口才训练

文化教育教学是监狱根据服刑人员原有的文化水平进行分班并以正规课堂教

学的形式开展文化知识的教育。其课堂教学的层次主要有扫盲班、高小班、初中班、提高班。扫盲班设置识字、算术和常识课程；后面三种班级则至少开设语文、数学和政治常识三门主课。文化课教学的语言一般具有鲜明的学科性特点。如语文课教学要求语言形象生动、富有感情；数学课堂教学要求表述严谨、论证严密。教官只有把握好这些教学语言的特点，才能展现课堂教学的内容，解决服刑人员对知识的"知与不知、懂与不懂"的问题，提高并强化他们职业技术的理解能力，加强服刑人员的人文底蕴，防止因无知、愚昧而重新犯罪。

2.1 范例

情境再现：

　　某监区文化教研室民警教官给初中班的服刑人员开展语文课的教学。教官讲授课文《老王》，强化服刑人员对人物形象的个性化解读能力，养成语文课学习既要学文又要悟道的学习习惯，领悟文章所传递的人文气息和生命诗意。

　　1. 关注氛围营造，激发服刑人员的阅读欲望。

　　教官：生活中，总有一种声音让我们泪流满面，总有一张照片让我们隐隐作痛。在我们身边，总有一群本应和我们一样的人正在苦苦挣扎……直到我读到了杨绛女士的散文《老王》，才蓦然发觉：辛劳的、苍凉的人生原来也可以泛起温情的波澜——只要我们怀着一颗真诚、善良的心生活在这个世界上。今天，就让我带领大家来聆听一个关于三轮车车夫的故事。（多媒体文字显示：老王）下面就让我们走进课文，走近老王。（导课语）

　　……

　　（教官要求一名服刑人员朗读1~4段，其他听读，筛选概括老王生活状况的信息，填写老王个人基本情况表，包括姓名、职业、家庭成员、外貌特征、家庭住址，概括出老王的"生活之苦"；进而教官要求大家默读第5~16段，并相互之间讨论交流，再请几名服刑人员用简洁、精炼的语言表述以反映老王"心地之善"的几件事）

　　教官（小结）：穷苦的人让人同情，穷苦而心地善良的人值得人尊敬，值得我们一辈子铭记。老王在贫穷中保存着一颗金子般善良的心，就是这颗善心，深深地感动了作者，也感动了你我！

　　教官：好文不厌百回读，每读一回我们应该有不同的体会和更多的收获。下面，请大家再读课文，把那些最感动你的细节、给你印象最深刻的片断有感情地自由地朗读出来。在朗读时，请大家抓住课文中一些意味深长的语句或词语，细细地反复地品味，想一想：你选读的内容为什么能拨动你的心弦？（多媒体播放背景音乐，服刑人员有感情地自由朗读课文，时间2分

钟)

2. 注重个性化解读，给服刑人员以抒发情感的平台。

服刑人员甲：我认为文中最让我感动的事情是老王送钱先生去医院。因为老王总替别人着想，关心作者一家人。"老王帮我把默存扶下车，却坚决不肯拿钱。他说：'我送钱先生看病，不要钱。'"当作者一定要给他钱，他哑着嗓子悄悄说："你还有钱吗？"最后拿了钱却"还不大放心"。

服刑人员乙：我认为文中最让我感动的事情是老王为平板三轮装半寸边缘以防止乘客掉落。因为老王是欣然为乘客装上这半寸边缘的，没有半点勉强，于细微处体现了老王的善心。

服刑人员丙：我认为文中最让我感动的事情是老王去世前一天给作者家送香油、鸡蛋。因为他要死了还想着作者，想着报恩。

教官：能说的再具体些吗？

服刑人员丙："有一天，我在家听到打门，开门看见老王直僵僵地镶嵌在门框里。"

教官："镶嵌"两字能否换成"站立"？为什么？

服刑人员："镶嵌"这两字是夸张的写法，形象生动地写出了老王步履维艰、身体僵直的状态，强调了老王已经病入膏肓。

教官：还有吗？

服刑人员："他面如死灰，两只眼上都结着一层翳，分不清哪一只瞎，哪一只不瞎。说得可笑些，他简直像棺材里倒出来的，就像我想象里的僵尸，骷髅上绷着一层枯黄的干皮，打上一棍就会散成一堆白骨。""他直着脚往里走，对我伸出两手。"

教官：老王这个样子实在有些恐怖，你怎么会觉得这样的描写很感人呢？

服刑人员：因为这样的描写突出了老王当时的病情严重，老王病成这样了还来见作者，实在让人太感动了。

教官：对，其实这样的描写也暗示了老王的不幸，说明了关心他的人实在是太少了。这不能不让读者涌起一股悲凉。还有吗？

……（大家踊跃发言，又说出了很多令人感动的细节）

教官（小结）：是的，这篇文章中有太多的感动。这篇课文我也读了很多遍，大家感触最深的是老王临终前送香油和鸡蛋的片断——这个情节也深深地感动着我。（教官朗读8～16段，多媒体播放背景音乐）

3. 问题环环相扣，有效激活服刑人员的思维。

教官：大家能不能找出文中表明作者对老王的情感的语句呢？（服刑人

员齐读课文最后一段）

服刑人员："每想起老王，总觉得心上不安。"

教官：请大家想想：作者为什么会心上不安？她对老王不好吗？

……（服刑人员回答"好"，教官又启发他概述了老王对作者好的表现）

教官：我们认为作者对老王这么好，那么作者自己的感受是怎样的呢？

服刑人员丁：愧怍！

教官：作者对老王已经这么好了，但她为什么还会感到愧怍呢？请大家先想一想，可以互相讨论交流。作者为什么会感到愧怍呢？

……（服刑人员思考、讨论、交流，教官参与讨论。2分钟后，大家谈看法。）

教官（小结）：诚如大家所作的解释，作者对老王的愧怍，是作者在深深自责，在深刻反省，这种愧怍是作者通过与老王比较生活状况、情感付出的多少的差别而产生的。用课文中的一句话概括就是："那是一个幸运的人对不幸者的愧怍。"杨绛曾在她的一部作品的后记中明确指出："在我们的社会，文学创作毋需鼓吹嚣张、毋需宣张残忍、毋需吹捧权势，而要同情弱者、关注底层、表达人性的善良与关爱。"……在我们现实的生活中，像老王一样值得我们同情和关爱的又何止一个老王呢？

……（多媒体播放现实生活中弱势群体的组画）

4. 整体感情升华，引领服刑人员思考生命的真谛。

教官：（教官饱含真情，语音深沉、语调舒缓，并辅以恰当的手势）刚才大家都坦诚地表达了自己心中真实的情感。无论我们大家是幸运者还是不幸者，我们都有责任去关爱别人，爱是人间的春风，爱是生命的源泉。虽然大家曾经彷徨过、迷失过甚至泯灭过，希望大家永远记着：爱是一种可贵的情感，我们每个人都需要；善良是一种可敬的品德，我们每个人都持有。（多媒体文字显示："爱在左，同情在右，走在生命的两旁，随时撒种，随时开花，将这一径长途，点缀得香花弥漫，使穿枝拂叶的行人，踏着荆棘，不觉得痛苦，有泪可落，却不是悲凉。"）

范例评析：

教官先以饱含深情的话语导入新课，引发服刑人员的情感共鸣："辛劳的、苍凉的人生原来也可以泛起温情的波澜——只要我们怀着一颗真诚、善良的心生活在这个世界上"；接着，在教官的带领下，开始读课文，了解老王的生活之苦，认识老王的"心地之善"；再接着，服刑人员反复品味文中句子，尤其是那些最感动人的细节，给人印象最深刻的片段被大家自由地朗读出来，然后谈认识，说感想；之后，从说老王转到评作者，从课内拓展到课外，从关注弱者到关爱弱者……教学的过程如行云流水，育人的细节又不露痕迹。服刑人员与文本的反复的、多层次的对话，教官的恰当点拨、巧妙设问与思维、感情的引导，使得服刑人员交流互动、热烈讨论。正是在对话、点拨、设问、引导、互动中，服刑人员体会到了如何做人，从而促使他们灵魂得以净化，生命得以重生。

2.2 训练

监狱文化教育教学的关键在于给服刑人员传授文化知识的同时找准教学内容与育人的最佳"渗透点"，通过匠心独运的教学设计和简洁得当的教学口才，使文化知识在服刑人员心中升华为人文气息和理性精神。

训练情境 1 给扫盲班的服刑人员进行识字教学《看图会意识字》，让服刑人员在一节课学会 5 个生字。并通过看图体会字义，能在识记时巩固运用。

训练要求：精心设计一堂课，关注服刑人员的需求与兴趣，通过识记教学，激发服刑人员学习汉字的兴趣，培养识字能力。做好示范效应，让服刑人员明明白白认字、清清楚楚读字、端端正正写字。

训练提示：讲课前认真搜集我国汉语有关象形字、会意字的资料；制作精美的flash 动画或图片，以展现象形字、会意字的构成。讲课中可安排听、说、读、写环节，以加深对生字的识记与理解。

训练情境 2 给初中班的服刑人员进行数学教学，讲授《数学文化教育——勾股定理》，让服刑人员通过"观察——试验——归纳——猜想——验证"的探索勾股定理的过程，掌握一定的数学思维方式并用它去观察、分析事物，养成数学思维，能理性解决工作、学习和生活中碰到的困难及问题。

训练要求：精心设计一堂数学教学课。教学语言要求质朴无华、充满智慧、富有启发；导课语要激发学习兴趣；讲解要能引起思考；结语要体现对数学的感知力和审美力。让服刑人员在思考问题时能举一反三。

训练提示：备好教案、认真练讲并做好时间的分配。课前认真搜集古今中外有关勾股定理发现与应用的材料。如毕达哥拉斯与勾股定理、费马与勾股定理、金字塔与勾股定理、达·芬奇与勾股定理、大禹治水与勾股定理等；根据华罗庚的论断制作一副勾股定理的数形结合图。

训练情境 3 提高班的服刑人员要参加社会上的高等自学考试。请你扮演教官给他们讲授《英语阅读课——The Olympic Games》，通过教学让服刑人员掌握英语文章的阅读方法和技能，提高他们的阅读速度和理解准确率，使他们形成有效的阅读策略。

训练要求：精心设计一堂教学课。把听、说、读、写四种技能贯穿于课堂活动，以激发阅读兴趣、加深阅读理解。

训练提示：这篇课文阅读理解主要介绍了三方面的内容：奥运会的历史和举办时间，奥运会的精神，中国在悉尼奥运会的成绩以及中国申奥成功的事实与意义。课前搜集2008北京奥运会主题曲《You and me》的MTV、2001年中国申奥成功的录像、北京奥运会组办花絮、赛场花絮及闭幕式片断等素材激发学习兴趣；同时让大家谈谈对奥运会的认知，然后通过快读、跳读、细读、概读等方法进行阅读；同时让大家自由表达感情，加深对文章内容的理解；最后布置《我看北京奥运会》的课外写作，以训练英语写作能力，激发爱国主义情感，有效地实践监狱以"思想教育"为核心的"三课"教育理念。

●●●训练任务3　技术教育教学口才训练

技术教育教学是监狱对服刑人员进行的以职业技能的培训为主要内容的有计划、有目的的系统性教育教学活动。一般设有岗前培训、在岗培训、以师带徒、脱产培训和就业培训等教育形式。在技术课教学中，其教学语言要求：①简要；②直观；③追求操作可行性。讲解时可适当使用一些比喻的方式以利于理解，同时要求语流连贯、简练。

3.1 范例

情境再现：

某监区为有效服务服装加工的生产劳动项目，全面提高全监区服刑人员的生产劳动能力，特要求本监区技术教研室的民警教官给新入监区的服刑人员开展"服装加工基本技能"的系统培训。本节课主要介绍《服装加工基础知识》，具体内容有基本概念、服装加工程序、服装型号系列。具体要求服刑人员了解服装和服装加工的常用名词、术语，掌握服装加工的基本程序，熟悉服装号型标准以及服装成品规格的设计。

教官：大家已在入监教育中经历了岗前培训，都明白了监狱生产劳动的意义，掌握了一般的生产基本知识，懂得了安全生产常识。大家在劳动改造的路上已经迈出了第一步，今天开始我们要学习本监区生产劳动所需的"服装加工基本技能"，以便大家在服刑期间学得一技之长。本节课我们将学习《服装加工基础知识》。（多媒体播放一件衣服从布料到成衣的整个动画，以吸引服刑人员的注意力，激发他们学习的兴趣）

1. 名词介绍环环相扣，激发服刑人员的学习兴趣。

教官：今天第一部分内容是：介绍服装加工的常用名词。（说完取出事先准备好的一件标准的成衣向服刑人员展示）这就是一件成衣。成衣是指服装大批量生产时，服装生产商根据服装标准号型成批生产和销售的成品服装。请问：裁缝店里定做的衣服或者自己家里制作的衣服是不是成衣？

服刑人员甲：是。

服刑人员乙：不是。

教官：我们回答时应严格对照"成衣"的定义，尤其是几个关键词，如服装标准号型、成批生产、成批销售等。我们发现无论是在裁缝店定做还是自己家里制作的都不是成衣。而一般在商场、服装店等出售的服装则都是成衣。那么，在大批量投产前所生产的服装，我们又称其什么呢？

服刑人员（齐声）：样衣。

……（接着教官简要介绍了制作样衣的目的与过程）

教官：我们都知道了，样衣要有一个服装款式图。（多媒体展示一幅连衣裙服装款式图）（指着图形）这是正面图，这是反面图，图形下面一般都有该款式特征的一个简要文字说明。根据这个服装款式图我们就可以进行服装样板设计，服装样板就是服装结构平面纸样设计，也称服装纸样，可分为毛样板和净样板。（多媒体展示一幅男西服主要部件毛样板图）

……（教官就这样把21个服装加工的常用名词、术语按照内在联系串联起来讲解，时而配合图片、时而配合实物、时而配合动画，中间在教官指导下还以快读、提问的形式让服刑人员讲解若干名词）

2．问题导学，活跃课堂学习氛围。

教官：下面开始第二部分内容的学习——服装加工程序。这是我们今天最重要的内容。（多媒体展示整个服装加工的流程图，一边指着图一边介绍道）服装加工程序有6个环节、3道工序。这6个环节分别为：生产准备、裁剪工序、缝制工序、熨烫工序、质量检验、包装储运。除去前期的准备和后期的保障，中间裁剪、缝制和熨烫就是服装加工的3道主要工序。你们说这3道工序究竟哪一道是最重要的呢？大家先花3分钟时间快读教材，后面我们再来讨论。

……（全体服刑人员认真阅读后，先私下议论，后教官以提问的方式请人作答；有认为裁剪工序是最重要的，也有认为缝制工序是最重要的。大家在陈述理由过程中把这两道工序的内容、特点都一一阐明，并举实例来进行论证）

教官：大家谈的都在理。裁剪是服装加工生产的第一道工序，这一剪定形啊！而缝制又是整个加工过程中最复杂的工艺，这一缝便出样！看来两个都很重要啊！（配合着讲解，多媒体中以简洁的文字显示各道工序的内容和特点）

……（教官又简要介绍了服装加工前期准备和后期保障的内容）

3．动手动脑，在操作中领会学习内容。

教官：今天最后一部分学习内容是：服装号型系列。生活中，我们经常讲我穿160/82A、你穿175/90A，这就是我们说的服装号型。号是指人体的身高，以厘米为单位表示，是设计和选购服装长短的依据；型指人体的胸围或腰围，也以厘米为单位，是肥瘦的依据。服装号型以胸围与腰围的差数为依据，把人体划分成Y、A、B、C四种体型，具体请看此表。(多媒体展示"人体体型分类表")……

教官：(多媒体中显示"170/88A"的服装号型，一边手指着，一边介绍)这就是服装号型的表示方法：号与型之间用斜线分开，后接体型分类号。图中170表示身高，88表示胸围，A表示一般体型。考虑到消费习惯，很多服装除标有号型标志外，还会附加规格或S、M、L等代号，但号型标志必须要有。下面就请大家相互看看对方的服装号型，到时请上台来书写。

……(全体服刑人员非常踊跃地查看服装号型，并积极举手上台书写；接着教官就提醒大家在选择和应用号型时应注意的问题；后来又简要介绍了号型系列并用多媒体显示了"男女各体型号型系列表"；最后教官要言不烦地总结了本节课的主要内容，并布置了课外作业：要求服刑人员课后制作一幅"服装加工生产程序图")

范例评析：

教官先以"服装成衣过程的动画"导入，新颖别致、吸引眼球。随之按照服装加工各专业名词之间的内在联系，顺藤摸瓜、环环相扣地依次介绍名词，尊重认知发生、发展规律的教学思想值得提倡。针对"服装加工程序"内容的重要且繁琐，采用问题导学的方法，有效地激发了大家的学习热情和兴趣，促进学习效率的提高。课堂中指导大家讨论、操作，使本节课的学习内容深入人心。总之，本节课教官的教学语言简洁、通俗、晓畅，利用多媒体技术和直观的教具作为有效的辅助手段，中间穿插提问、讨论指导、操作指导等多种教学技能，使得一堂本应略带枯燥的技术基础知识教学课，显得生动有趣、富有魅力，较好地体现了技术课教学不但要讲理论还要讲实践操作的教学特点。

3.2 训练

监狱技术教育教学的关键在于紧密结合当前监狱生产劳动实际，选择针对性强的教学内容，根据国家对于职业技能培训"应知、应会"的要求，将理论讲解与实践操作有机结合，使技术真正地渗透到服刑人员的心里，掌握到服刑人员的手里。这就要求我们在训练中，不仅要培养讲解能力，还要锻炼操作能力。

训练情境1 某监狱入监教育队给新入监的服刑人员进行为期2个月的生产劳动短期技术培训。主要是介绍监狱生产劳动的意义、生产的基本知识、工艺操作规程和安全生产常识、有关工具和设备的维修与保养等。如果指定让你来讲《安全生产常识》这一课，你将如何来备课、讲课？

训练要求：岗前培训。让服刑人员正确识别安全标志和安全色，正确使用各种劳动防护用品，掌握安全作业基本知识，提高安全作业能力。教官授课语言要求简洁精练、准确规范、富有条理，便于识记；注意多种教学方法的运用，尤其是视频演示、实物展示和操作示范等，以吸引服刑人员的注意力，激发他们的学习兴趣，从而提高职业技术教育教学的质量。

训练提示：课前广泛搜集各种安全标志的电子图片做成多媒体组画，或者准备好各种安全标志的实物图片，重点是监狱生产中的安全标志；搜集常见机械伤害事故的典型案例。授课过程中配合着内容讲解亲自演示监狱主要劳动防护用品的使用过程，示范操作常见的灭火方法。

训练情境2　某监区要给服刑人员进行生产劳动的项目"花卉种植"的教学。请你扮演教官给全分监区服刑人员作花卉种植技术的系统培训。让服刑人员掌握盆栽花卉的栽植技巧以及管理、养护知识，具备独立动手操作的能力。

训练要求：在岗培训。分组角色扮演，设计一堂课。理论讲解时要求配合大量图片的展示或者操作流程的示范，用语简洁流畅、语速适中，操作动作娴熟规范、循序渐进；讲究教学策略，对重要的技能安排当堂操作练习；对一些注意事项可采取启发讨论的形式让大家从思考中领会。

训练提示：讲课前搜集大量各类盆栽花卉的图片，既有栽植成功养护健康的，也有相反的，以作讲解时正面示范、反面教训；对一些重要的教学环节，如课堂训练、课堂讨论等均有事先的安排，才能取得应有的效果。

训练情境3　某监区要求教官给即将刑释的人员开展为期3个月的初级厨师职业技能培训，以便回归社会后有一技之长。具体内容为拌制菜肴的制作、炝制菜肴的制作、腌制菜肴的制作、酱制菜肴的制作、卤制菜肴的制作、冻制菜肴的制作、熏制菜肴的制作、凉菜装盘；让服刑人员掌握各种中式凉菜的制作方法与技巧，能独立制作凉菜并学会装盘艺术。

训练要求：就业培训。角色扮演，分组完成一项项目。让服刑人员听得清楚，做得明白。

训练提示：讲课前搜集各类凉菜的成品图片制作成课件，设计好各制作程序关键处的教学语言；讲解时注意通俗易懂，把握好语速，及时对服刑人员的反应做出反馈及调整。介绍各种凉菜制作时，要求重点介绍在凉菜制作中色、香、味俱全的方法。示范操作，讲解说明结合。

【考核与评价】

考核内容：

1. 请你给服刑人员进行以《中华民族传统美德》中的"仁义"为主题的思

想道德教育教学。

2. 某监狱一批新入监的服刑人员正在参加入监教育，请你为他们讲授《监狱法》。

3. 请你为某分监区初中班服刑人员进行语文课教学，讲授鲁迅先生的小说《一件小事》。

4. 请你为某分监区高小班服刑人员进行语文课教学，讲授《如何写记叙文》。

5. 某分监区服刑人员在生产劳动时接连发生了两起安全生产事故，请你为他们讲授《监狱安全生产各项规章制度》。

就以上情境进行讲课训练。要求内容有针对性，体现课堂教学艺术，并能根据内容运用得体的态势语言。用时 20～30 分钟。

◆学生自评

1. 对讲课中教学内容的选取和教学过程的设计进行客观评价。

2. 对自己语言表达的重点，语音、语气、语调及神情态势的运用进行合理的评判。

3. 通过本项目训练，你掌握了课堂教学的基本技能了吗？

拓展学习

1. 唐树芝：《实用教学口才》，中南大学出版社 2003 年版。

2. 柏恕斌、丁振芳主编：《教师口才学》，中国书籍出版社 1994 年版。

3. 王秉中主编：《罪犯教育学》，群众出版社 2003 年版。

4. 刘旭编著：《新课程这样评：20 个精彩课案实录与评析·初中篇》，四川教育出版社 2008 年版。

5. 王世杰、王宝权主编：《监狱人民警察口才训练教程》，黑龙江教育出版社 1996 年版。

图书在版编目（CIP）数据

口才训练 / 何欣主编. —北京：中国政法大学出版社，2010.9（2021.6重印）
ISBN 978-7-5620-3732-3

Ⅰ.口... Ⅱ.何... Ⅲ.司法-口才学 Ⅳ.D90-5

中国版本图书馆CIP数据核字(2010)第171086号

书　　名	口才训练　KOUCAI XUNLIAN	
出版发行	中国政法大学出版社	
经　　销	全国各地新华书店	
承　　印	固安华明印业有限公司	

720mm×960mm　　16开本　　17印张　　320千字
2010年9月第1版　　2021年6月第13次印刷
ISBN 978-7-5620-3732-3/B·3692
印　数:41 001-46 000　　定　价:26.00元

社　　址	北京市海淀区西土城路25号
电　　话	(010)58908435(教材编辑部)　　58908325(发行部)　　58908334(邮购部)
通信地址	北京100088信箱8034分箱　　邮政编码 100088
电子信箱	fada.jc@sohu.com(教材编辑部)
网　　址	http://www.cuplpress.com　　(网络实名:中国政法大学出版社)
声　　明	1. 版权所有，侵权必究。
	2. 如有缺页、倒装问题，由本社发行部负责退换。